KB269697

역사의
미술관

| 일러두기 |

·이 책은 『월간중앙』에 「이주헌의 아트스토리」로 연재된 내용을 바탕으로 새롭게 쓴 것입니다.
·각 장 뒤에 있는 '한눈에 읽는 OOO의 역사'는 저자의 동의를 얻어 편집부에서 작성한 것입니다.
 여기서 참고한 도서는 다음과 같습니다.

·조현미, 『알렉산드로스: 헬레니즘 문명의 전파』, 살림, 2004
·파멜라 마린(추미란 옮김), 『피의 광장: 로마 공화정을 위한 투쟁』, 책우리, 2009
·서정복, 『프랑스 혁명』, 살림, 2007
·이영림, 주경철, 최갑수, 『근대 유럽의 형성: 16~18세기』, 까치글방, 2011
·문명식, 『러시아 역사』, 신아사, 2009
·김경묵, 『이야기 러시아사』, 청아출판사, 2006
·알렉산더 라비노비치(류한수 옮김), 『혁명의 시간: 러시아 혁명 120일 결단의 순간들』, 교양인, 2008
·헤이르트 마크(강주헌 옮김), 『유럽사 산책2: 20세기 유럽을 걷다』, 옥당, 2011
·손주영·송경근, 『한 권으로 보는 이집트 역사 100장면』, 가람기획, 2001
·요시무라 사쿠지(김이경 옮김), 『고고학자와 함께하는 이집트 역사기행』, 서해문집, 2002
·김복래, 『프랑스 왕과 왕비, 왕의 총비들의 불꽃 같은 생애』, 북코리아, 2006
·진원숙, 『손에 잡히는 서양사 이야기2』, 신서원, 1999
·이동렬, 『빛의 세기 이성의 문학: 프랑스 계몽사상과 문학』, 문학과지성사, 2008
·전국역사교사모임, 『처음 읽는 터키사』, 휴머니스트, 2010
·이동훈, 「세상을 바꾼 전염병의 역사」, 『파퓰러사이언스』 113호, 2009. 10
·매튜 휴스·윌리엄 J. 필포트(나종남·정상협 옮김), 『제1차 세계대전』, 생각의나무, 2008
·존 키건(류한수 옮김), 『2차세계대전사』, 청어람미디어, 2007
·올리비에 크리스텡(채계병 옮김), 『종교개혁: 루터와 칼뱅, 프로테스탄트의 탄생』, 시공사, 1998
·이성덕, 『종교개혁 이야기』, 살림, 2006
·스털링 P. 램프레히트(김태길 옮김), 『서양철학사』, 을유문화사, 2008
·강성률, 『청소년을 위한 서양철학사』, 평단문화사, 2008
·네이버 제공, 두산백과사전(www.encyber.com)

역사의 미술관

그림, 한눈에 역사를 통찰하다

이주헌 지음

문학동네

가장 재미있는 이야기 역사,
가장 아름다운 이야기 그림을 만나다

그림을 보다가 가끔 이런 생각을 한다. 우리 옛 그림이 '자연의 소요^{逍遙}'를 그린 그림이라면, 서양의 옛 그림은 '인간의 역주^{力走}'를 그린 그림이라고. 자연의 소요를 그린 그림이란 삼라만상을 유장한 리듬으로 운행하는 자연의 섭리를 그린 그림이라는 뜻이고, 인간의 역주를 그린 그림이란 희로애락의 파도를 타고 투쟁을 벌이는 인간의 열정을 그린 그림이라는 뜻이다. 우리 옛 그림과 서양 옛 그림은 이렇듯 관심사가 크게 달랐다. 우리 미술이 산수화를 최고의 회화 장르로 발달시키고 서양미술이 역사화를 최고의 회화 장르로 발달시킨 데는 이런 차이가 중요하게 작용했다. 동양인들이 자연의 기운^{氣韻}에 심취했다면, 서양인들은 인간의 드라마에 열광했다.

그래서인지 우리 미술에서는 서양의 역사화에 비견되는 그림을 찾아보기 어렵다. 서양 역사화는 역사적, 신화적 영웅과 사건을 주된 주제로 삼았다. 그림이 대부분 크고 스펙터클하다. 우리 미술에서는 이런 장르가 아예 없었다. 단군왕검이나 세종대왕, 이순신, 퇴계 이황 등의 삶과 사건을 주제로 한 그림도 찾기 어렵거니와 이런 주제를 장대한 화면으로 구성해 보여주는 그림은 더더욱 만나보기 어렵다.

서양화의 큰 매력 가운데 하나가 이처럼 우리에게는 없는 역사화가 있다는 것이다. 사람은 사람에게 관심이 있다. 영웅적인 삶을 살거나 드라마틱한 운명을 거친 이들, 남다른 사연을 겪은 사람에게는 더 많은 관심이 간다. 서양의 역사화에서는 이런 이들을 무수히 만날 수 있다. 그것도 결정적인 순간 혹은 극적인 장면이 주로 표현되었으니 볼수록 심장이 뛰게 만든다.

이 책은 이런 서양의 역사화들을 주된 소재로 다룬다. 그러나 역사화 일반에 대해 이야기하는 책은 아니다. 역사화의 성립이나 전개, 사용된 양식, 장르 구분 따위를 다룬 책이 아니다. 유명한 역사적 인물이나 흥미로운 역사적 사건과 현상 가운데 그림으로 그려진 사례들을 모아 주제별로 풀어 쓴 책이다. 그림을 감상하고 그림에 대한 이해를 높이면서 역사에 대한 관심과 흥미를 채울 수 있도록 꾸민 책이다.

물론 이 책이 보여주는 서양의 중요한 역사적 인물이나 역사적 사건, 현상은 제한적이다. 일단 책 한 권이 소화할 수 있는 분량 자체가 한계가 있지만, 중요한 역사적 인물이나 사건이라고 모두 그림으로 충분히 그려진 것 또한 아니기 때문이다. 필자가 가진 지식의 한계도 당연히 소화할 수 있는 주제나 소개할 수 있는 그림에 한계로 작용했다. 이 점이 이 책의 미진한 부분이다. 그럼에도 이 책을 펴낸 것은 이 책이 미술을 통해 역사를 들여다보고 역사를 통해 미술을 들여다보는 입체적이고 흥미로운 관점을 제공할 수 있기 때문이다.

무엇보다 역사화는 그림이 그려진 시기의 시대정신과 사람들의 감성을 반영한다. 그런 시대적 구분을 넘어 큰 틀에서 봐도, 대중 일반이 역사에서 무엇을 보고 싶어 하고 무엇에 공감하는지 알 수 있도록 해준다. 미술가들은 역사학자만큼 엄밀하게 역사를 바라보지 않는다. 그들에게는 사건이 역사의 행로에 미친 영향보다 사람들이 사건에 대해 보이는 정서적 반응이 더 중요할 때가 많다. 미술가는 그 정서적 반응을 핍진감 넘치는 시각 언어로 압축해 보여준다.

사실 역사화는 순수한 역사의 기록이 아니다. 역사화의 장르적 특질은 역사 기록보다는 서사시에 가깝다. 서사시에는 영웅주의적인 시선과 장엄한 내러티브, 풍부하고 비약적인 상상이 깔려 있다. 역사화도 마찬가지다. 일례로 19세기 화가 다비드가 그린 〈나폴레옹의 대관식〉에는 이런 서사시적 특징이 잘 나타나 있다. 화가의 붓은 나폴레옹을 거의 하늘이 내린 영웅 수준으로 드높이고, 성당에 쏟아져내리는 빛은 상서로운 기운으로 충만하다. 이 그림에서는 사실관계가 왜곡된 곳이 여러 곳 있다. 흥미로운 것은 화가가 의도적으로 이런 왜곡을 서슴지 않았다는 것이다. 역사화가 엄밀한 사실의 기록이 아니라 서사시적 성격을 지닌 회화라는 사실을 이로써 알 수 있다. 영웅적인 드라마로 펼치려다보니 비약과 왜곡이 자연스럽게 일어난다. 물론 이 책에서는 그림이 역사적 사실과 어긋나면 그 부분은 그 부분대로 찬찬히 설명했다.

소개된 그림과 관련해 한 가지 더 부연하자면, 이들 그림이 오로지 역사화로만 이뤄져 있는 것은 아니라는 사실이다. 일부 그림은 장르상 역사화라고 하기 어렵다. 하지만 다뤄진 역사적 인물이나 사건에 대해 흥미로운 사실을 전하거나 주제를 잘 뒷받침하는 그림이면 그에 맞춰 적절히 활용했다.

앞에서도 말했듯 이 책은 역사화에 대해 설명하는 책이 아니다. 그림을 통해 역사를 보고 역사를 통해 그림을 보는 책이다. 그림 역사책이다. 그런 점에서 이 책은, 역사가 다른 무엇이기에 앞서 이야기라는 사실을 새삼 되새기게 하는 책이라고 할 수 있다. 우리가 역사를 읽는 것은 교훈을 얻기 위한 것이라고 하지만, 그 이전에 역사는 하나의 흥미진진한 이야기다. 이야기 중의 이야기요, 가장 재미있는 이야기다. 사실 역사에서 흥미와 교훈을 분리하는 것은 불가능하다. 가장 교훈적인 역사가 가장 흥미로운 역사다. 그림도 본질적으로는 하나의 이야기다. 그림에는 사람살이의 모든 이야기가 두루 담겨 있다. 그렇게 이야기로서의 역사와 이야기로서의 그림이 만나 짝을 이룬 게 이 책이다. 부디 이 책이 독자 여러분께 풍성한 이야기 주머니로 받아들여질 수 있기를 소망해본다.

2011년 10월
바우재에서
이주헌

II

History 속의 Herstory

IV

정신의 역사, 역사의 정신

알렉산드로스·아우구스투스·루이 14세·나폴레옹·이반 뇌제·스탈린

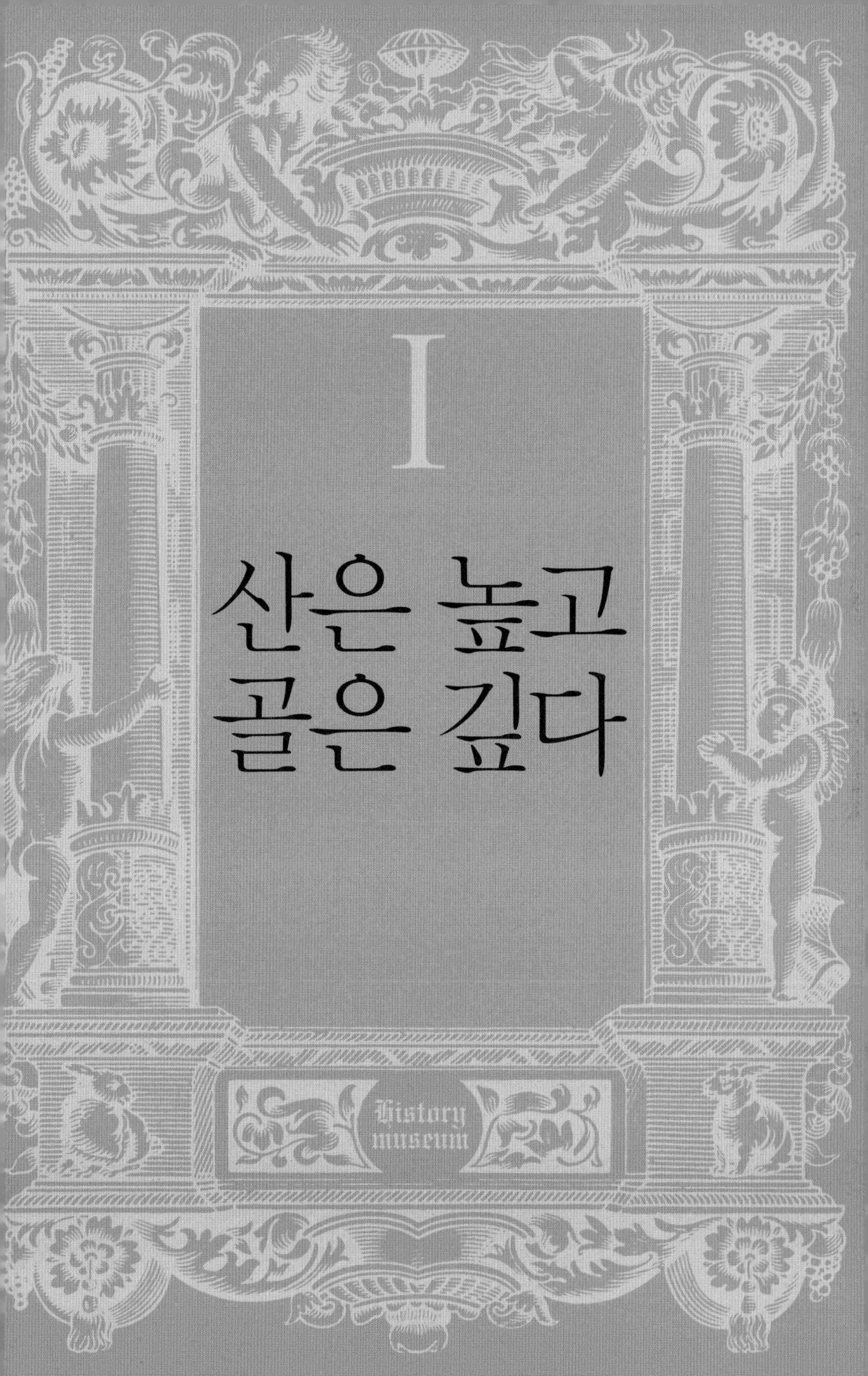

I
산은 높고
골은 깊다
History museum

알렉산드로스,
포용의 리더십으로 대제국을 건설하다

음식 맛이 환상적이거나 운동선수가 멋진 플레이를 선보일 때 우리는 곧잘 '예술'이라고 말한다. 분야를 막론하고 예술이라는 말은 이제 최상의 성취를 이르는 말이 되었다. 최고의 성취를 보여준다면 정치도 경영도 예술이다. 정치 지도자와 경영인에게 요구되는 핵심적인 자질은 리더십이다. 당연히 훌륭한 리더십도 예술이다. 지금까지 동서고금을 막론하고 수많은 리더들이 있었고, 그 리더십이 예술인 이들이 적지 않았다. 그중 한 사람이 알렉산드로스 대왕(기원전 356~기원전 323)이다.

마음까지 정복하는 관대한 대왕

알렉산드로스의 리더십은 과연 어떤 특질을 가지고 있었을까? 16세기 이탈리아 화가 파올로 베로네세가 그린 〈알렉산드로스 대왕을 맞는 다리우스의 가족〉에 그 특질이 잘 나타나 있다. 알렉산드로스는 통합과 포용, 관용에 능했다. 그는 바로 그 특질에 의지해 적은 그리스 군대로 광활한 정복 지역을 무리 없이 다스릴 수 있었다.

가로로 긴 화면에 두 무리의 사람들이 그려져 있다. 중앙의 여인들은 페르시아 왕 다리우스 3세의 가족이고, 오른편의 남자들은 알렉산드로스와 그의 장군들이다. 다리우스의 가족이 알렉산드로스 앞에 조아리고 있는 것은 이들이 지금 포로 신세이기 때문이다.

다리우스는 이수스 전투에서 알렉산드로스에게 패해 도주했다. 그로 인해 어머니와 아내 등 사랑하는 가족이 알렉산드로스의 수중에 떨어지게 되었다. 재앙을 맞은 다리우스의 가족은 어떤 해코지를 당할지 몰라 두려워 떨었다. 하지만 알렉산드로스는 자신의 부하를 시켜 그들을 안심시켰다. 알렉산드로스는 다리우스의 어머니와 가족을 해하지 않을 뿐 아니라 그들의 지위와 명예를 존중해주겠다고 약속했다. 부하들에게는 왕족에 걸맞은 예의를 갖춰 극진하게 대하라고 엄명을 내렸다.

그림은 다음날 알렉산드로스가 측근들과 함께 다리우스의 가족과 만나는 장면을 그린 것이다. 왕이 납시자 다리우스의 어머니 시시감비스는 왕의 자비에 고마움을 표시하려고 알렉산드로스 앞에 부복했다. 그런데 알렉산드로스에게 절한다는 게 잘못해서 그의 친구 헤파이스티온에게 절해버렸다. 알렉산드로스보다 늠름하게 생긴 헤파이스티온을 왕으로 착각한 것이다. 그림에서 군인들 가운데 붉은 옷을 입은 흰 피부의 남자가 알렉산드로스이고, 그 오른쪽에 그려진, 까만 철갑을 입은 사람이 헤파

알렉산드로스 대왕을 맞는 다리우스의 가족
파올로 베로네세 | 1565~1570 | 유화 | 236×475cm | 런던 | 내셔널 갤러리

이스티온이다. 움찔한 헤파이스티온이 지금 뒤로 한 걸음 물러나 있다.

이를 본 수행원이 시시감비스의 잘못을 정정해주었다. 다리우스의 어머니는 크게 당황해 어찌할 바를 몰랐다. 죽을 목숨을 살려줬는데 그 은인도 제대로 못 알아봤으니 낭패가 아닐 수 없었다. 그러자 알렉산드로스가 시시감비스에게 다가가 말했다.

"실수한 게 아닙니다. 제 옆의 헤파이스티온 또한 알렉산드로스입니다."

이 일화에서 우리는 알렉산드로스가 매우 관대한 사람이었다는 사실을 알 수 있다. 시시감비스에게는 그런 실수가 언제든 일어날 수 있는 일이라고 다독여 두려움에서 해방시켜주고, 자신의 친구에게는 공개적으로 신뢰와 애정을 보여줘 왕에 대해 보다 깊은 충성심을 갖게 한 것이다. 알렉산드로스는 그런 사람이었다.

이 그림에는 알렉산드로스와 관련된 에피소드가 하나 더 그려져 있다. 그림 가운데께로 시선을 돌려보자. 수염을 기른 신하가 한 사람 보이는데, 그의 손이 가리키는 곳에 다리우스의 아름다운 왕비가 조신하게 앉아 있다. 남자가 그런 제스처를 취한 것은 왕비를 후궁으로 취하라는 의미다. 이는 당시 싸움에서 이긴 왕이 취할 당연한 권리였다. 하지만 알렉산드로스는 다리우스의 왕비를 취하지 않았다. 패배한 적이지만 왕비와 왕족의 명예를 존중해주고 싶었다. 그는 권력을 누리기보다는 존경을 받기를 원했다. 이런 알렉산드로스가 피정복민인 페르시아 백성의 마음을 사로잡는 것은 시간문제였다.

알렉산드로스 모자이크

작자 미상 | 기원전 100년경 | 모자이크 | 313×582cm | 나폴리 국립 고고학 박물관

알렉산드로스를 묘사한 가장 유명한 작품의 하나다. 이수스 전투가 소재다. 많이 훼손되어 있지만 전투의 두 주역, 알렉산드로스와 다리우스의 초상은 잘 보존되어 있는 편이다. 갈기 머리를 휘날리며 다리우스를 노려보는 알렉산드로스의 모습이 생동감이 넘친다. 그의 흉갑에는 메두사의 얼굴이 새겨져 있다. 알렉산드로스를 처다보는 다리우스의 표정은 매우 상기되어 있다. 지금 전세가 그에게 크게 불리하게 전개되고 있기 때문이다. 다급해진 그는 전차 기수에게 큰 소리로 후퇴를 명하고 있다. 그를 보호하기 위해 그의 동생 옥시아트레스가 알렉산드로스와 싸울 태세다.

이 작품이 발굴된 곳은 폼페이의 '파우누스의 집'이다. 바다 장식 타일로 제작된 것인데, 타일이 무려 150만 개쯤 들어간 것으로 추산된다. 로마 미술가가 만든 것일 수도 있고 그리스에 있던 것을 가져온 것일 수도 있다. 어느 것이든 고대에 만들어진 가장 우수한 미술품의 하나라 하겠다. 모자이크의 원본이 된 작품은 알렉산드로스의 화가 아펠레스가 그린 그림이거나 에레트리아의 필록세노스가 그린 프레스코일 것으로 추정된다.

《알렉산드로스 모자이크》의
알렉산드로스 부분

정복자이기보다 리더이기에

알렉산드로스는 기원전 356년 마케도니아의 왕 필리포스 2세의 장남으로 태어났다. 그가 스무 살 때 아버지가 암살되어 왕위에 올랐다. 즉위 뒤 북방 발칸 반도의 이민족이 일으킨 난을 진압하고 그리스 내의 반란을 척결한 그는 기원전 334년 봄 마케도니아와 그리스 동맹군을 이끌고 선왕의 염원이던 페르시아 원정에 나섰다. 원정은 기원전 323년, 그가 열병으로 급사할 때까지 10년 넘게 계속됐다.

그라니쿠스 전투, 이수스 전투, 가우가멜라 전투 등 중요한 대결전마다 승전고를 울리며 승승장구한 알렉산드로스는 결국 페르시아를 정복했고, 중동 지역을 정벌한 뒤 인도까지 침공했다. 이처럼 길이 남을 위대한 정복의 역사를 쓴 그가 애초 3만 5000~4만 명의 적은 군대로 대장정에 나섰다는 게 믿기지 않는다. 전투를 벌일 때마다 아군은 죽어나가고 정복지의 통제권을 유지하기 위해 일부 군사는 남기고 계속 전진해야 했을 텐데, 어떻게 이 적은 수의 병력으로 10년에 걸친 정복 전쟁을 성공적으로 수행할 수 있었을까? 답은 앞에서 본 그의 통합과 포용, 관용의 리더십에 있었다. 알렉산드로스는 피정복민들에게 정복자로 군림한 게 아니라 그들을 동맹으로 끌어들이는 전략을 썼다.

물론 애초에 그의 요구를 거부하거나 완고하게 저항한 토착민들에게는 그럴 수 없이 잔인하게 대응했다. 그가 이름마저 지워버리도록 해 역사에서 사라진 소아시아의 한 마을의 경우 마을 전체를 불태우고, 여자는 강간한 뒤 노예로 팔아버렸으며, 남자는 학살했다. 이는 변명의 여지가 없는 극악한 전쟁범죄이나, 피에 굶주려서라기보다는 충격적인 잔혹행위를 통해 주위에 경고를 주기 위해서였다.

이런 특별한 경우를 제외하고는 알렉산드로스는 가급적 자신의 군대와 피정복민들 사이에서 화학적 결합이 이뤄지도록 애썼다. 스스로를 정복자로 생각한 그리스 군인들이 이에 반발하기도 했으나 알렉산드로스는 굴하지 않았다. 특히 페르시아 군인 3만여 명을 잘 훈련시켜 그리스 군대의 핵심에 배치했을 때 그리스 군인들은 심한 모욕감을 느낀 나머지 알렉산드로스에게 고향으로 돌아가겠다고 위협했다. 하지만 알렉산드로스는 끝내 자신의 정책을 바꾸지 않았다. 결국 그리스 군인들은 그 통합의 이상을 따르지 않을 수 없었다.

자신의 이상에 거부감을 보이는 군인들에게 알렉산드로스는 이런 말을 했다고 전해진다.

"나의 주장에 동조하지 못하는 것은 이해할 수 있지만, 우월적인 시각으로 다른 민족의 문화를 낮춰 보는 것은 용납할 수 없다."

기원전 324년, 알렉산드로스는 수사에서 1만여 명의 마케도니아 남성과 페르시아, 아시아 여성의 합동결혼식을 거행했다. 그 스스로 이방 여인들과 결혼했으며, 페르시아 왕위에 오를 때도 의식과 예법, 복식에 이르기까지 모든 것을 페르시아의 전통에 따랐다. 알렉산드로스는 어디를 가든지 그 지역의 종교를 수용하고 토착신에게 제물을 바쳤다. 이런 그의 열린 태도는 매우 '모던'한 성격을 지닌 것으로, 전략기획 및 리더십 전문가 랜스 커크는 "훗날 마틴 루터 킹 같은 민권운동 지도자들이 그로부터 적잖은 영향을 받았다"고 말한다.

알렉산드로스와 포루스

샤를 르브룅 | 1673 | 유화 | 470×1264cm | 파리 | 루브르 박물관

샤를 르브룅, 〈알렉산드로스와 포루스〉 부분

관용과 배려가 영웅을 만들다

관용의 리더 알렉산드로스의 일화 가운데 다리우스의 가족에 대한 것만큼 유명한 게 포루스에 관한 것이다. 17세기 프랑스 화가 샤를 르브룅의 〈알렉산드로스와 포루스〉는 바로 그 일화를 그린 그림이다. 인도의 서쪽 지역을 다스리던 포루스 왕은 계속 동진해오던 알렉산드로스의 군대와 일전을 치르게 되었다. 병력도 알렉산드로스의 군대보다 세 배나 많았지만 무엇보다 예하(지휘 아래)에 강력한 코끼리 부대가 있어 그는 침공해오는 그리스 군대를 쉽게 패퇴시킬 수 있으리라 믿었다. 하지만 지략에 능한 알렉산드로스는 명궁으로 유명한 소그드족 궁수들을 고용해 코끼리 조련사들과 코끼리의 눈을 쏘아 맞힘으로써 포루스의 군대를 초장부터 혼란에 빠뜨렸다. 아들 둘을 잃고 부상까지 당한 포루스는 결국 알렉산드로스 앞에 끌려와 목숨을 구걸해야 하는 처지가 되었다. 하지만 포루스는 끝까지 당당했다. 이 장면을 고대 로마의 저술가 아리아누스는 이렇게 묘사하고 있다.

"수하를 거느린 알렉산드로스는 앞장서서 말을 타고 포루스를 만나러 갔다. 말을 멈춘 그는 포루스의 체격과 잘생긴 얼굴, 굽힐 줄 모르는 투지에 감탄했다. 한 용감한 인간이 또 다른 용감한 인간을 만난 셈이었다. 알렉산드로스는 포루스에게 어떻게 대우받기를 원하는지 물어보았다. 포루스는 이렇게 답했다. '왕으로 대우해주시오.'"

알렉산드로스는 그가 요구하는 대로 해주었다. 알렉산드로스는 그의 왕국에 손을 대지 않았다. 그가 왕국을 넓히는 것도 허락해주었다. 알렉산드로스의 도량에 감복한 포루스는 알렉산드로스에게 충성을 맹세했고, 그 동맹의 탄탄한 끈은 포루스의 후계자들과 알렉산드로스의 후계자들까지 이어졌다.

그림은 전투가 막 끝나고 부상당한 포루스와 알렉산드로스가 만나는 장면을 묘사한 것이다. 가로가 12.6미터나 되는 큰 그림인데, 중앙에 거의 누운 채 들려오는 이가 포루스다. 푸른 망토를 늘어뜨린 말 위의 알렉산드로스는 왼손을 들어 적장의 안위를 살피고 있다. 그들을 둘러싼 병사들 뒤로 광활한 전장이 펼쳐지고 이제는 주검이 된 코끼리들의 모습이 보인다. 알렉산드로스의 위대한 기상과 너른 마음을 스펙터클한 파노라마 화면에 실어 형상화한 그림이다.

적과 관련된 일화는 아니지만, 아펠레스 이야기 또한 알렉산드로스의 관용을 잘 보여주는 에피소드다. 아펠레스는 알렉산드로스가 매우 총애한 화가다. 아리스토텔레스의 제자로서 학문과 예술의 중요성에 대해 누구보다 잘 알았던 알렉산드로스는 예술가와 학자, 기술자 등을 원정길에 대동했는데, 아펠레스는 그중 한 사람이었다.

전해오는 이야기에 따르면, 알렉산드로스에게는 캄파스페라고 하는 매우 아름다운 정부情婦가 있었다. 그 아름다움을 오래 기리고 싶었던 알렉산드로스는 아펠레스를 불러 그녀의 누드를 그리게 했다. 왕의 여인을 그리는 것인 까닭에 아펠레스는 혼신을 다했다. 하지만 아름다운 캄파스페를 보면 볼수록 그림 그리는 일에만 집중하기 어려웠다. 도저히 사랑하지 않고는 못 배길 여인이었다. 그러나 신하의 몸으로 왕의 여인을 사랑한다는 것은 자칫 목숨을 내놓아야 할 일이었다. 그러니 내색은 못하고 끙끙 앓는 수밖에 없었다.

눈치가 빠른 알렉산드로스는 화가에게 지금 어떤 일이 벌어지고 있는

캄파스페를 그리는 아펠레스
조반니 바티스타 티에폴로 | 1726~1727년경 | 유화 | 57.4×84.2cm | 몬트리올 미술관

지를 금세 알아차렸다. 알렉산드로스는 고민했다. 캄파스페는 그가 끔찍이 아끼는 여인이었다. 하지만 총애하는 화가가 그토록 가슴앓이를 하는 것을 보자니 마음이 편치 않았다. 그는 자신의 너그러움을 보여주기로 마음을 굳혔다. 캄파스페를 그에게 선물로 보낸 것이다. 로마의 문인 플리니우스는 이 사건을 언급하면서 알렉산드로스가 이렇듯 그 자신을 정복할 수 있었기에 그의 적들에 비해 더 큰 명예와 영광을 얻을 수 있었다고 말했다.

18세기 이탈리아 화가 티에폴로의 〈캄파스페를 그리는 아펠레스〉는 이 유명한 일화를 소재로 한 그림이다. 화면 중앙에서 약간 왼쪽으로 세미누드 상태의 캄파스페가 보인다. 화가는 화면 오른쪽에 이젤을 세워놓고 그림을 그리고 있다. 흘끔흘끔 쳐다보는 모습이 매우 조심스럽다. 붉은 망토를 걸친 알렉산드로스 대왕은 캄파스페 어깨 너머로 아펠레스의 표정을 살피고 있다. 곧 뭔가 중대한 결단을 내릴 듯한 태세다. 왕의 너그러움이 이 소심한 예술가에게 이제 한 가닥 광명의 빛이 되어 다가갈 것이다. 그 긴장된 상황 전개가 인상적인 드라마로 포착된 그림이다.

신화 속 영웅들이 그에게 오다

통합과 포용의 리더십 외에 알렉산드로스는 대제국을 건설한 왕답게 다른 여러 리더십 부문에서도 뛰어난 자질을 보여주었다. 랜스 커크는 그 핵심적인 것으로 문제를 재구성하는 능력과 아이덴티티를 확립하는 능력, 정치적 결단이나 중요한 사건을 상징화하는 능력을 꼽았다.

문제를 재구성하는 능력은 이를테면 이런 것이다. 알렉산드로스는 페

르시아와 전쟁을 개시하면서 해상 보급로를 확보해야 하는 큰 문제를 안
게 되었다. 그러나 페르시아의 해군에 비해 알렉산드로스의 해군은 너
무 미약했다. 도저히 상대가 되지 않았다. 해로를 통한 군수물자의 보급
이 어렵다면 전쟁은 하나마나였다. 따라서 알렉산드로스는 어떻게 해서
든 페르시아 해군을 무력화시켜야 했다. 그때 그가 찾은 방법이 페르시아
해군을 육지에서 무력화하겠다는 기상천외한 발상이었다. 일종의 역발상

호메로스의 흉상을 어루만지는 아리스토텔레스
렘브란트 | 1653 | 유화 | 143.5×136.5cm | 뉴욕 | 메트로폴리탄 박물관

전략에 기초해 문제를 전면적으로 재구성한 것이다. 아니, 페르시아 해군을 어떻게 육지에서 무력화할 수 있단 말인가?

이 역발상의 발단은 물이었다. 당시 지중해의 뜨거운 태양 아래 있던 배들은 먹을 물을 얻기 위해 이틀 정도 항해하면 반드시 육지에 접안해야 했다. 구조상 후대의 배들처럼 충분한 양의 물을 담아갈 수 없었다. 알렉산드로스는 빠른 속도로 기동하면서 작전 지역 해안의 담수원을 장악하거나 독을 풀어 물 공급처를 모두 무력화했다. 자연히 페르시아 해군은 제한된 범위를 벗어나 기동할 수가 없었다. 이런 식의 유연한 문제 재구성 능력이 알렉산드로스로 하여금 싸움에서 늘 유리한 고지를 선점하도록 도움을 주었다.

아이덴티티 확립 문제와 관련해서는, 알렉산드로스는 자신과 자신의 군대를 위한 롤모델을 부지런히 찾았고 끊임없이 이를 상징화하려고 노력했다. 그런 노력의 일환으로 그는 호메로스의 서사시에 등장하는 영웅들을 수시로 칭송하고 참배했다. 심지어 호메로스의 『일리아드』를 베개 밑에 깔고 잠을 잘 정도였다고 한다. 호메로스의 영웅들에 대한 그의 지독한 동화 노력과 동일시 노력은 결국 그 자신이 신화 속의 영웅 헤라클레스의 자손이며, 제우스의 피를 잇고 있다는 전설을 낳는 데까지 이르렀다. 그렇게 그는 신화적 영웅의 반열에 올라 영원한 승리의 상징이 되었다.

17세기 바로크의 거장 렘브란트가 그린 〈호메로스의 흉상을 어루만지는 아리스토텔레스〉에서 우리는 알렉산드로스가 어떻게 호메로스를 만나게 되었는지를 확인해볼 수 있다. 그림의 주인공은 알렉산드로스의 스승인 아리스토텔레스다. 그가 호메로스의 흉상을 어루만지고 있다. 철학자가 시인에게, 이성의 대가가 감성의 대가에게 존경을 표하는 모습이다. 알렉산드로스가 호메로스에게 평생 푹 젖어들 수 있었던 것은, 이 그림이 보여주듯 스승 아리스토텔레스의 덕이었다. 이 현명한 철학자는, 자신의 제자가 진정한 위대함이 무엇인지 호메로스의 문학을 통해 배우기를 원했다. 알렉산드로스는 그 배움을 통해 자신의 아이덴티티를 누구나 경외할 만한 것으로 확립하고 이를 고도로 상징화함으로써 자신의 시대뿐 아니라 후대까지 큰 영향을 끼쳤다. 알렉산드로스는 당대의 어떤 리더보다도 아이덴티티와 상징의 잠재력을 잘 알았다. 알렉산드로스 이후 무수한 서양의 리더들이 그를 따라 의도적으로 아이덴티티를 확립하고 상징화하려고 노력하게 된 것은 지극히 자연스러운 현상이었다.

그림을 다시 보면 그림 어디에도 알렉산드로스는 보이지 않는다. 하지만 잘 살펴보면 그가 있다. 어디에 있을까? 아리스토텔레스의 상의를 두른 금 사슬을 보면, 중간에 메달이 달려 있다. 바로 그 메달에 알렉산드로스의 얼굴이 새겨져 있다. 위대한 철인의 자랑스러운 제자로서 그는 그렇게 스승의 가슴에 영원한 이미지로 새겨졌다. 렘브란트는 대왕의 위대함이 실은 위대한 지성으로부터 온 것임을 이런 독특한 구성의 그림으로 표현한 것이다.

마케도니아는 그리스 반도의 북쪽에 위치한 고대 왕국으로 기원전 7세기 초에 아르게아드 왕조의 통치 아래 마케도니아 왕국이 형성되었다고 전해진다. 마케도니아는 페르시아 전쟁(기원전 514~기원전 479) 때 페르시아 쪽에 가담했으므로 페르시아 세력이 폴리스 연합군에 패배한 후로는 그리스와의 관계가 악화되어 충돌이 잦았다. 그러나 아르켈라오스 1세(재위 기원전 413~기원전 399) 때부터 그리스 문화를 적극적으로 받아들였다.

그 뒤 아민타스 3세(재위 기원전 392~기원전 370)에 이르러 통일 마케도니아 국가가 설립되었다. 그에게는 세 아들이 있었는데 막내아들인 필리포스 2세에 의해 마케도니아가 그리스를 지배하는 시대가 열리게 된다. 당시 그리스는 전성기였던 페리클레스(기원전 495~기원전 429) 시대를 보낸 후 페르시아의 간섭과 잦은 전쟁으로 어려운 처지였다. 필리포스 2세는 이를 기회로 기원전 338년에 그리스의 여러 폴리스를 정복하여 헬레네스 연맹을 맺고 마침내 그리스 전체를 지배하게 된다. 이후 필리포스 2세는 그리스 폴리스 연합의 군사 총사령관이 되어 페르시아 정복 전쟁에 나섰으나 암살되고 말았다.

이어 알렉산드로스 대왕이 마케도니아 왕위에 올랐다. 그는 당대 최고 학자였던 아리스토텔레스의 가르침을 받았으며 그의 영향으로 호메로스 시집을 지니고 다녔다고 전한다. 그는 그리스에서 일어난 반란을 진압한 뒤 기원전 334년에 페르시아 정벌에 나섰고, 페르시아 제국을 정복한 뒤에는 인도의 인더스 강까지 정벌을 계속해나가 마침내 유럽과 아시아에 걸친 대제국을 건설했다. 그는 정복한 땅에 70여 개의 도시를 세우고 자신의 이름을 따서 알렉산드리아라 이름 붙였다. 이 도시들은 그리스 문화를 동쪽으로 옮기는 중심이 되었고, 헬레니즘 문화 형성에 중요한 역할을 했다.

기원전 323년 알렉산드로스 대왕이 젊은 나이에 죽자 내전이 벌어졌다. 그 결과 알렉산드로스 제국은 마케도니아, 시리아, 이집트를 비롯한 여러 나라로 분열되고 만다. 그러나 이들 왕국은 마케도니아인과 그리스인이 지배층을 이루고 그리스어를 공용어로 사용하는 등 많은 공통점을 지니고 있었다. 또한 그리스인들이 꾸준히 이주해오면서 그리스 문화가 전파되었고 이는 오리엔트 문화와 융합되었다. 이를 통해 형성된 문화를 헬레니즘 문화라 하며, 이 시대를 헬레니즘 시대라고 한다.

알렉산드로스 대왕의 재위 기간은 약 13년에 못 미치는 짧은 시간이었지만 유럽과 아시아의 역사에 중요한 영향을 끼쳤다. 정복지의 관습과 제도를 인정해 융화정책을 펼쳤기에, 그리스 문화가 각 지역의 문화와 융합돼 새로운 문화가 탄생할 수 있었다.

영웅과 신의 이미지로 표현된 알렉산드로스

〈알렉산드로스 대왕〉 두상
작자 미상 | 기원전 2세기 초 | 대리석
높이 42cm | 이스탄불 고고학 박물관

스스로를 고대의 영웅들과 동일시했던 알렉산드로스. 헤라클레스의 자손이라는 전설까지 낳은 영웅답게 그는 고대 미술에서 갖가지 영웅이나 신의 이미지로 표현되었다. 그 가운데 대표적인 것이 헤라클레스의 이미지다. 알렉산드로스는 머리를 항상 위로 빗어올리고 머리 가운데는 가르마를 탔다고 한다. 이런 머리 모양은 마치 사자 갈기 같았는데, 그의 생전에 이미 이 같은 특징이 그를 표현한 미술작품에 전매특허처럼 등장했다. 당대 사람들은 알렉산드로스의 머리 모습을 보고 자연스레 헤라클레스를 연상했다. 헤라클레스는 항상 사자 가죽을 두르고 다니는 모습으로 표현되었기에 사자 갈기를 한 알렉산드로스와 쉽게 이어졌다. 당시에 발행된 동전을 보면, 이런 머리 표현에 그치지 않고 몸에 사자 가죽을 둘러 노골적으로 헤라클레스의 이미지를 딴 적도 있다.

이 밖에 알렉산드로스는 제우스로 묘사되기도 했고, 아킬레우스로 묘사되기도 했다. 또 이집트의 아멘Amen 신으로 형상화되기도 했는데, 아멘 신의 특징인 숫양의 뿔을 단 알렉산드로스의 모습은 오늘날의 시각으로도 이채로운 이미지가 아닐 수 없다. 아멘 신은 신들의 왕이므로 알렉산드로스 또한 왕 중의 왕이라는 메시지가 담긴 표현이었다.

미술 분야에서는 이렇게 다양하게 칭송되었음에도 문학에서 보내준 찬사는 그만 못했던 것 같다. 로마의 역사가 아리아누스는 알렉산드로스와 문학의 관계에 대해 이런 글을 남겼다.

"알렉산드로스는 아킬레우스가 호메로스를 통해 후세에 알려질 수 있었던 것은 큰 행운이었다고 부러워했다. 알렉산드로스에게는 충분히 그럴 만한 일이었다. 그는 어떤 분야에서는 확실히 운이 좋았지만, 그렇지 못한 분야도 분명 있었다. 그의 공적이 산문으로든 시로든 그에 걸맞은 찬사를 받지 못했던 것이다."

어쨌든 미술로 인상 깊게 남은 알렉산드로스의 신화적 이미지는 그의 사후 헬레니즘 제국의 지도자들과 일부 로마 황제들에 의해 따라 하고 싶은 좋은 본보기로 남았다.

아우구스투스, 역사가 낳은 최고의 통치 달인

고대 로마는 단순한 역사 속의 제국이기 이전에 오늘날 유럽 문명의 성격을 결정지은 위대한 자궁이다. 그 로마를 이끈 탁월한 지도자의 한 사람이 아우구스투스(기원전 63~서기 14)다. 혼란과 붕괴의 위기에 처했던 공화국 로마는 아우구스투스로 인해 강력하고 효율적인 제국으로 거듭났다. 그는 그야말로 '통치의 달인'이었다. 아우구스투스의 위업을 토대로 이른바 '팍스 로마나'의 번영이 꽃피어날 수 있었고, 유럽 문명이 잔뼈를 다지고 근육을 키울 수 있었다. 『로마 최초의 황제 아우구스투스』를 쓴 앤서니 에버릿의 말처럼, 아우구스투스는 지난 2000년의 역사에서 드물게 위대한 업적을 남긴 정치가이자 서구 문명의 진정한 시조인 것이다.

프리마 포르타의 아우구스투스
작자 미상 | 14~37년경 | 대리석 | 높이 203.2cm | 바티칸 박물관(ⓒTill Niermann)

영웅, 로마를 깨우다

아우구스투스를 묘사한 가장 유명한 미술작품은 바티칸 박물관에 있는 〈프리마 포르타의 아우구스투스〉일 것이다. 이 작품은 서기 14~37년경 아우구스투스의 양자이자 그의 권좌를 이은 티베리우스가 주문해 만든 것이다. 기원전 20년 원로원의 제안에 따라 만들어진 청동 원작을 대리석으로 재제작했다. 로마 북쪽 프리마 포르타에 소재한 아우구스투스의 처 리비아의 빌라에서 발굴되어 '프리마 포르타의 아우구스투스'로 불린다.

당당하게 서 있는 아우구스투스는 로마 최초의 황제답게 위엄과 권위에 가득 차 있다. 오른손을 살포시 들어 몸의 중심이 그쪽으로 살짝 쏠려 있다. 개선장군이 환호하는 군중에게 연설하려는 포즈다. 그를 찬양하는 시민들의 소리가 잦아들면, 그는 이 위엄에 찬 포즈를 거두고 자신감과 확신에 찬 목소리로 제국의 영광을 선포할 것이다.

아우구스투스의 오른쪽 다리에는 돌고래를 탄 큐피드가 붙어 있다. 기능적인 측면에서 이는 조각을 보다 견고하게 하기 위한 장치다. 대리석 입상의 경우 두 개의 발목만으로 전체의 중량을 견뎌내기 쉽지 않다. 외부에서 충격이 가해지면 발목 부분이 쉽게 부러진다. 이에 따라 부목처럼 두툼한 형상을 한쪽 다리에 붙여 만들게 되는데, 일반적으로는 그루터기 형상이 가장 선호되나, 이 작품에서는 큐피드와 돌고래 형상을 선택했다. 이는 조각가가 '부목'에 나름의 상징적인 역할을 맡겼기 때문이다. 큐피드는 비너스의 아들이고, 돌고래는 비너스가 바다에서 태어났음을 나타내는 상징물이다. 로마의 관객은 이 둘을 통해 자연스레 비너스를 떠올릴 수밖에 없다. 이는 아우구스투스가 비너스 신의 혈통을 잇는 율리우스 집안의 양자라는 사실을 곧바로 상기하게 해, 그의 신적인 위상을 환기시

아우구스투스의 게니우스
작자 미상 | 기원전 12~10년경 | 브론즈 | 아테네 국립 고고학 박물관(ⓒGiovanni Dall'Orto)

고대 로마에는 수호천사처럼 개인을 지키는 영적 존재에 대한 믿음이 있었다. 이를 게니우스라 불렀다. 게니우스는 사람이 태어날 때 함께 생겨나고 죽으면 같이 사라진다고 믿었다. 아우구스투스도 당연히 게니우스가 있었다. 아우구스투스의 게니우스는 그가 살아 있는 동안 신으로 숭배되었다. 통치술의 일환이었다.

공화정 시절 로마에서는 통치자를 신으로 숭배하지 않았다. 그것은 로마인들의 관습이나 가치관과는 크게 동떨어진 행위였다. 아무리 아우구스투스의 권위가 대단해도 그를 신으로 숭배하는 것은 합리적이지 못했다. 하지만 아우구스투스와 그의 측근들의 입장에서는 실질적인 황제로서 그의 권위를 드높이기 위한 최고의 상징 조작이 필요했다. 그 절충으로 만들어진 게 아우구스투스는 신으로 숭배하지 않되 그의 게니우스는 신으로 숭배하는 것이었다. 기원전 27년 그렇게 아우구스투스의 게니우스 숭배 의식이 공표되었다. 이후 공적, 사적 연회의 자리에서는 그의 게니우스에 헌주(獻酒)하는 관행이 정착되었다. 물론 아우구스투스의 사후 그가 신으로 공표됨으로써 더이상 게니우스에 의존할 필요는 없게 되었다.

켜준다. 아우구스투스의 발이 맨발로 표현되었다는 사실도 신성을 강조하는 요소다. 로마의 조각에서 신들은 늘 맨발인 상태로 표현되었다. 그래서 군복 차림임에도 아우구스투스는 신을 신지 않고 있다.

이전 공화국 시대의 지도자 상과는 크게 다른 이런 모습에서 아우구스투스가 올림포스의 신들이나 알렉산드로스 대왕 같은 영웅들과 어깨를 나란히 하는 특별한 존재임을 확인할 수 있다(그의 사망 직후 원로원과 민회는 아우구스투스를 신으로 선포했다). 그가 살아 있을 때 만들어진 청동 원작에서는 아우구스투스의 신성이 이처럼 강조되지 않았다. 하지만 이 대리석 조각에서는 '신성 통치자'의 모습이 뚜렷하다. 공화정 시대에는 볼 수 없었던 이런 '비非 로마적'이고 동방적인 전통의 도입은, 이제 로마가 제정이라는 강력한 군주제로 들어섰음을 의미한다. 통치자의 신성과 영광을 장엄하게 드러낸 〈프리마 포르타의 아우구스투스〉는 후대의 로마 황제들에게 정치적, 이데올로기적 선전을 위해 미술을 어떻게 활용해야 하는지에 대한 훌륭한 본보기가 되었다.

존경스러운 제국의 일인자, 제1시민

아우구스투스의 본명은 가이우스 옥타비우스 투리누스다. 율리우스 카이사르시저의 양자로 입적된 후에는 가이우스 율리우스 카이사르 옥타비아누스로 불렸다. 아우구스투스의 정식 호칭은 임페라토르 카이사르 아우구스투스다. 영어 엠퍼러emperor, 황제의 어원이 된 임페라토르imperator는 군 통수권자(특히 승리한 장군)를 의미하며, 율리우스 카이사르에게서 온 카이사르Caesar는 아우구스투스 이후 율리우스-클라우디우스 가문의 황제들이 쓰는 공식 호칭이 되었다. 훗날 독일과 러시아의 황제들이 각각 카이저Kaiser와 차르tsar로 불리게 된 것도 그 어원이 카이사르에 있었기 때문이다. 아우구스투스는 '존엄한 자'라는 의미의 호칭이다. 그의 권위와 위엄에 대해 국가적 존경을 표하기 위해 원로원이 부여한 것이다.

아우구스투스는 그러나 비공식적인 자리에서는 이런 길고 부담스러운 명칭보다 '제1시민'을 뜻하는 프린켑스princeps로 불리는 것을 선호했다. 그는 율리우스 카이사르가 군주정을 추구하다 암살당했다는 사실을 결코 잊지 않았다. 그 전철을 밟고 싶지 않았던 그는, 공화국이 여전히 제 기능을 하고 있는 것처럼 보이기를 원했다. 자신은 왕이 아니라 어디까지나 공화국을 수호하는 제1시민이라는 것이다. 하지만 실질적으로는 강력한 중앙집권적 통치체제로 효율성을 기해야 했기에, 다양한 합법적 수단과 광범위한 인적 네트워크, 막강한 군사적 지배력을 동원해 누구도 넘볼 수 없는 절대권력을 확보했다. 이처럼 '헌정적 타협'에 기초해 제 세력의 협조 혹은 합의 아래 실질적인 제정을 세운 그는 진정 타고난 정치가였다.

물론 오늘날의 시각에서 보면 그는 결과적으로 공화정을 제정으로 '퇴행'시킨 야욕가일 수 있다. 양부 카이사르의 암살로 인해 열아홉 살의 어린 나이에 본의 아니게 권력투쟁에 뛰어든 그는, 카이사르의 암살자인 브루투스와 카시우스를 격파하고 숙적 안토니우스를 제거함으로써 내전에 시달리던 로마에 마침내 평화를 가져왔다. 그러나 비판가들에 의하면 그것은 '재앙과 학살의 피로 얼룩진 평화'였다. 그에게는 늘 교활하고 잔인하고 신의가 없는 사람이라는 평가가 따라다녔다. 하지만 오늘날의 기준이 아니라 당대의 기준을 놓고 본다면 그는 "그다지 흠잡을 데 없는 사람이었고, 공인으로서 했던 끔찍한 일들도 대개 공익을 위한 것이었다"(앤서니

에버릿)고 평가 받을 것이다.

당시 로마의 공화정은 더이상 제 기능을 수행하지 못했다. 교통과 통신이 지금처럼 발달하지 못했고 제대로 된 관료제도 없어 비대화된 로마는 어떻게 해서든 좀더 효율적인 체제를 수립해야 했다. 아우구스투스가 뛰어났던 것은, 이런 현실에서 원로원을 비롯한 기존 기득권 세력과 절묘한 타협을 이루는 가운데 급진적인 변화와 제도적 개혁을 성취해냈다는 것이다. 그런 까닭에 역사가들조차 로마의 공화정이 어느 시점에서 소멸했는지 명쾌하게 지적해낼 수 없을 만큼 체제의 변화가 용의주도하게 이루어졌다.

당대의 로마인들은 아우구스투스가 분명 누구도 넘볼 수 없는 최고 권력자이고, 그의 권력이 죽는 날까지 계속되리라는 사실을 알았다. 다만 통치체제가 합법적이었고 변화는 법치를 지향하는 양태를 띠었기에, 그들로서는 이에 불만을 느낄 이유가 없었다. 그들은 아우구스투스가 죽고 그의 양자 티베리우스가 권력을 계승하자 그제야 비로소 자신들이 공화국이 아니라 군주국에 살고 있다는 사실을 깨달았다. 그러므로 아우구스투스가 로마의 초대 황제라는 것은 실질적인 측면에서 보아 그렇다는 것이지, 당시 로마인들의 관념에서 그는 오로지 존엄하고 존경스러운 로마의 일인자일 뿐이었다.

꺼지지 않는 빛, 통치의 달인

아우구스투스의 뛰어난 통치 역량은 다음과 같은 일화에서도 그 면모가 잘 드러난다. 어느 날, 광활한 지역을 정복한 알렉산드로스 대왕이 이제 더이상 무엇을 해야 할지 모르겠다고 한탄했

알렉산드로스 대왕의 무덤을 찾은 아우구스투스

세바스티앙 부르동 | 1650~1660년대 | 유화 | 44.5×56.5cm | 상트페테르부르크 | 에르미타슈 박물관

기원전 31년, 악티움 해전에서 승리한 아우구스투스는 알렉산드리아로 진군했다. 그는 그곳에서 숙적 안토니우스와 클레오파트라가 희망을 잃고 자살하며 몰락하는 과정을 지켜보게 된다. 이제 내전은 끝났고, 누구도 넘볼 수 없는 권력과 위세가 그에게 주어졌다.

전하는 바에 따르면, 이 무렵 아우구스투스는 알렉산드리아에 있던 알렉산드로스 대왕의 무덤을 방문했다. 그는 대왕의 열렬한 숭배자였다. 당시 그의 나이는 대왕이 죽을 때의 나이와 같은 33세였다. 아우구스투스는 알렉산드로스의 주검을 직접 보기를 원했다. 그의 눈앞에 방부 처리된 대왕의 주검이 나타나자 그는 몸을 구부려 대왕에게 키스를 했다. 그런데 불행히도 이 와중에 실수로 대왕의 코를 부러뜨려버렸다. 그는 그렇게 졸지에 대왕의 코를 납작하게 만든 존재가 되었다.

참배를 마치자 누군가 그에게 프톨레마이오스 왕가 왕들의 무덤도 방문하겠느냐고 질문을 했다. 그러자 그는 이렇게 대답했다.

"나는 왕을 보러 온 것이지, 죽은 사람들을 보러 온 게 아니다."

부르동의 그림은 아우구스투스가 대왕의 관 앞에 선 모습을 그린 것이다. 선홍빛 천을 두르고 있는 이가 아우구스투스다. 손가락으로 관을 가리키고 있는데, 그의 지시에 따라 사람들이 꽃으로 알렉산드로스의 주검을 장식하고 있다. 관 한쪽 끝에 놓여 있는 금관 또한 알렉산드로스에게 영광을 돌리기 위해 아우구스투스가 가져온 것이다. 금관이 놓인 위치로 보아 지금 그쪽에 주검의 머리가 있음을 알 수 있다. 불투명해 보이지만 사실 알렉산드로스의 관은 유리관이다. 희미하게 미라의 형태가 보인다.

다는 얘기를 듣자 그는 이렇게 말했다고 한다.

"놀랍군! 대왕이 제국을 정복하는 것보다 정복한 뒤 제국을 질서 있게 유지하는 게 훨씬 더 어려운 일이라는 사실을 몰랐다니."

그는 이처럼 모든 사안을 국가의 안정된 통치에 맞췄다. 아우구스투스 이후 제국이 약간씩 변모하기는 했으나 세대를 거듭해 지속되고, 제도 또한 계속 바뀌었지만 중추적이고 핵심적인 부분은 그가 다져놓은 그대로 수백 년간 유지되었다는 점에서 통치의 달인으로서 그의 위대성은 의심의 여지가 없는 것이었다.

이 달인은 그 명성에 걸맞게 자신이 정복에 뛰어난 무장武將이 아니라, '평화의 왕자'로 기려지기를 바랐다(사실 아우구스투스는 그리 탁월한 군인은 아니었다. 전장에서 그는 중요한 전투를 앞두고는 발병해 몸져누울 때가 많았다). 이런 의사를 반영해 만들어진 조형물 가운데 하나가 '아우구스투스의 평화의 제단' 곧 〈아라 파키스 아우구스타이〉다. 줄여서 〈아라 파키스〉로 부르는 이 제단은 기원전 13년 원로원에서 발주해 기원전 9년, 아우구스투스의 처 리비아의 생일(1월 30일)에 맞춰 봉헌되었다. 에스파냐 및 갈리아 지방의 정벌과 그에 따른 평화의 도래를 기념하기 위해 세운 조형물이다. 그러나 제단은 해당 사건에 대한 표현을 넘어 아우구스투스가 지향한 통치 이념과 가치를 총체적으로 다 드러내 보인다. 풍요와 번영, 경건한 삶, 전통에 대한 존중, 문화적 자부심 등이 그것인데, 이는 오로지 평화가 확보되었을 때 유지하고 발전시킬 수 있는 것들이다. 그 평화를 아우구스투스가 가져왔다는 찬사가 이 조형물에는 담겨 있는 것이다.

제단은 플라미니아 가도 근처의 캄푸스 마르티우스에 설치되었다. 당시 플라미니아 가도는 북쪽에서 로마로 들어가는 주도로였다. 따라서 로마를 찾는 순례자들은 이 '영원의 도시'에 들어가기 전에 아우구스투스

아라 파키스 아우구스타이
기원전 13~9년 | 대리석(ⓒChris Nas)

〈아라 파키스 아우구스타이〉의 장식 부조 중 '명사 행렬' 부분
감사제를 드리기 위해 행렬을 짓고 걸어가는 명사들의 모습이 마치 다큐멘터리를 보는 것처럼 생생하다.

가 얼마나 위대한 존재인지를 제단을 통해 선명히 확인할 수 있었다.

〈아라 파키스〉는 제단과 제단을 둘러싼 울타리 구조물로 구성되어 있다. 출입구는 동쪽과 서쪽에 있고 울타리 벽은 당대 명사들의 행렬 부조와 아칸서스 잎 장식 부조, 대지의 여신 텔루스의 이미지 등으로 덮여 있다. 인물의 형상이 그리스 조각들처럼 이상화되어 있지는 않지만(실제로 누구를 표현한 것인지 알아볼 수 있는 경우가 많다), 기본적으로 그리스 풍의 고전 양식을 지향해 공화정 시대의 팍팍한 표현을 넘어서고 있다. 그만큼 전체적으로 우아하고 고상한 느낌이 강하다. 제정을 구축해 평화를 다진 로마가 그 원대해진 이상을 그리스적 품격에 실어 화사하게 드러내 보이는 작품인 것이다.

최고의 인간에겐 충성스러운 친구들이

아우구스투스가 정치에 뛰어난 재능을 보였지만, 사실 타고난 재능만 보면 당대에도 그 못지않은 이들이 많았다. 카리스마만 하더라도 그는 카이사르와 비교가 되지 않았다. 그럼에도 그가 로마 제국의 황제들 가운데 최고의 인물로 꼽혀온 것은, 타고난 재능에 더해 불굴의 의지와 타의 추종을 불허하는 인내심, 끝없는 노력 같은 인간적인 장점이 더해졌기 때문이다. 그는 최고의 권력과 엄청난 부를 소유했지만 간소한 음식을 먹었고, 단순하고 검소한 생활을 좋아했다. 밤늦게까지 일하기를 즐겼으며, 변방 구석구석 부지런히 돌아다녔다. 민중의 목소리에 귀 기울였고, 좋은 충고라면 적극적으로 받아들일 줄 알았다. 이런 자질이 그를 최고의 통치자로 만들었다.

이 덕목에 더해 아그리파, 마이케나스 같은 유능하고 충성스러운 친구들이 있었던 것도 그에게는 큰 행운이었다. 아그리파나 마이케나스는 아우구스투스가 중등 교육 과정에서 만나 동문수학한 친구들이다. 어릴 때 맺은 우정이 도원결의 못지않은 끈끈한 유대로 그들을 영원히 결속시켰으며, 결국 세 사람 모두의 성공으로 귀결되었다.

아그리파는 아우구스투스에게 부족한 군 지휘관으로서의 자질을 보완해준 인물이다. 아우구스투스가 얻은 전투에서의 승리는 대부분 아그리파의 담대함과 군사적 재능 덕분이었다. 아우구스투스가 뛰어났던 것은 그런 친구를 시기하지 않고, 그에게 지휘권을 맡기고 작전까지 세우게 하는 등 분명하고 확실한 신뢰를 보여주었다는 것이다. 아그리파는 억세고 강인할 뿐만 아니라, 무엇보다 판단력이 뛰어났다. 그 면모는 저 유명한

아그리파 흉상(가비 출토)
기원전 25~24년경 | 대리석 | 높이 46cm
파리 | 루브르 박물관(ⓒ Marie-Lan Nguyen)

〈아그리파 흉상〉을 통해서도 확인할 수 있다.

〈아그리파 흉상〉은 석고 소묘를 배워본 한국인이라면 누구나 가장 친숙하게 여길 조각상이다. 입시를 위해 배우든 취미로 배우든 아그리파를 그리지 않고 석고 소묘를 배울 방법은 없다. 아그리파 흉상은 아주 단순해 보일 만큼 곧고 바른 형태와 각지고 분명한 면들로 이루어져 있다. 마치 하나의 단단한 바위를 보는 듯한 느낌을 준다. 이 외모 자체가 그대로 아그리파의 본질을 드러내 보인다. 흔들리지 않는 중심과 신념을 가지고 목표한 것은 무슨 일이 있어도 반드시 성취해내는 그런 불굴의 인간 말이다.

아우구스투스의 뛰어난 정치적 조언자였던 마이케나스는 아그리파와 달리 온순한 성격에 여성적인 취향이 강했던 인물이다. 그는 "나태와 사치 면에서는 거의 여자를 능가했다"는 평가를 받았다. 문학과 예술 쪽에 관심이 많아 아우구스투스에게 절실했던 개인숭배와 권력의 신성화에 도움을 주었다. 그는 당대 최고의 시인들을 전폭적으로 후원하는 등 시인들과 매우 가까웠던 덕에 그들이 자연스럽게 아우구스투스 체제를 찬양하는 선봉대가 되어주었다. 그런 점에서 아그리파가 아우구스투스의 실질적인 국방부 장관이었다면, 마이케나스는 사실상의 문화부 장관이었다. 오늘날 그의 이름은 문화예술 후원의 대명사가 되어 기업의 문화예술 지원 활동을 메세나라 부르게 되었다.

18세기 이탈리아 화가 조반니 바티스타 티에폴로가 그린 〈아우구스투스에게 문예를 바치는 마이케나스〉는 무릇 나라의 지도자는 예술 진흥에 지대한 관심을 가져야 한다는 사실과 예술이 통치에 매우 중요한 역할을 한다는 사실을 보여주는 그림이다. 보좌에 아우구스투스가 앉아 있고, 그의 뒤로 지혜와 예술을 상징하는 아테나 여신상과 아폴로 신상이

아우구스투스에게 문예를 바치는 마이케나스

조반니 바티스타 티에폴로 | 1769 | 유화 | 69.5×89cm | 상트페테르부르크 | 에르미타슈 박물관

이 그림은 이탈리아의 철학자이자 미술비평가인 프란체스코 알가로티가 하인리히 폰 브륄 백작을 위해 주문한 것이다. 폰 브륄 백작은 폴란드 왕이자 작센의 선제후인 아우구스트 3세의 최측근으로, 마이케나스처럼 문화예술을 적극 후원한 인물이었다. 아우구스트 3세가 로마 황제 아우구스투스에 비교될 수 있다면 폰 브륄 백작은 마이케나스에 비교될 수 있다는 상징적 의미가 있는 그림이니, 백작이나 왕이나 이 그림을 보고 매우 기뻐했을 것임이 틀림없다.

서 있다. 화면 왼편 아래쪽에 등을 보이고 서 있는 사람이 마이케나스이고, 그가 손으로 가리키는 쪽에 회화와 조각, 건축을 상징하는 여인들이 무릎을 꿇고 있다. 그 뒤로 보이는 노인은 위대한 시성詩聖 호메로스로, 시를 상징하는 존재로 그려졌다. 아우구스투스가 로마 제국을 열어갈 수 있었던 데는 이처럼 문화예술의 도움이 컸음을 나타내는 그림이다.

아우구스투스는 죽음을 맞으면서 이런 말을 했다고 한다.

"인생이라는 이 소극笑劇에서 내가 맡은 역할을 충분히 잘한 걸까?"

그는 평생을 나라를 잘 다스려야 한다는 사명의식을 지니고 산 사람이었다. 물론 오늘의 시각에서 보면 그의 개인적인 욕심과 사명의식이 구분이 잘 안 되는 부분도 있다. 하지만 로마에 질서와 평화, 영광을 가져오겠다는 그의 평생에 걸친 열정을 보노라면 그것은 사명의식이라는 말 말고는 달리 표현할 방법이 없다. 그 사명의식이 그의 재능을 십분 발휘하게 했고, 남다른 인간적 자질을 키워주었으며, 훌륭하고 충성스러운 친구들로 하여금 그의 곁을 지키게 했다. 그게 그의 성공 비결이었다.

로마 제국은 기원전 8세기 무렵부터 기원전 510년까지 왕정기, 기원전 510년부터 옥타비아누스의 등장까지 공화정기, 그리고 옥타비아누스 이후는 제정기로 분류된다. 이후 395년 로마 제국은 동·서로 분열되어 서로마 제국은 476년에 멸망하고, 비잔틴 제국(동로마 제국)은 1453년까지 존속했다.

카이사르의 시대는 로마 공화정 말기로, 그는 로마의 최고위직인 집정관에 오르고자 했는데 원로원의 반대로 뜻을 이룰 수 없자 당시 스파르타쿠스 반란을 진압하여 이름을 떨치고 있던 크라수스, 폼페이우스와 손을 잡았다. 이 동맹관계를 바탕으로 카이사르는 집정관에 당선되었고 이후 강력한 정치권력을 획득하게 된다. 이것이 바로 제1차 삼두정치다. 이후 카이사르는 갈리아 지역(프랑스 남부)을 정복하기 시작하는데 이는 민중들로부터 큰 지지를 받았다. 이즈음 크라수스가 전사하고 폼페이우스와 결혼했던 카이사르의 딸이 출산 중에 사망하면서 삼두정치가 붕괴될 조짐을 보이고 있었다. 카이사르의 독주를 불안하게 바라보던 로마 귀족들은 이 기회를 놓치지 않고 폼페이우스를 자신들의 편으로 끌어들였다. 그리고 카이사르에게 즉시 군대를 해산하여 로마로 돌아올 것을 명령했다.

카이사르는 이것이 자신을 제거하기 위한 계획이라는 사실을 눈치챘다. 기원전 49년 1월, 그 유명한 "주사위는 던져졌다"라는 말과 함께 갈리아와 이탈리아의 국경인 루비콘 강을 건너 로마로 진격했고 폼페이우스의 군대를 격퇴했다. 훗날을 기약하며 이집트로 도피한 폼페이우스는 결국 암살되고 마는데 카이사르가 클레오파트라를 만난 것이 이때다. 폼페이우스를 쫓아 이집트로 간 카이사르는 프톨레마이오스 13세와 권력을 다투던 이집트 여왕 클레오파트라 7세와 손잡고 그녀가 권력을 차지할 수 있도록 도왔다. 그녀와의 사이에 아들 카이사리온(프톨레마이오스 15세)을 낳았다. 기원전 47년 9월에는 소아시아 젤라에서 미트리다테스 대왕의 아들 파르나케스를 격파하고, 이때 "왔노라, 보았노라, 이겼노라(Veni, Vidi, Vici)"의 세 마디로 된 유명한 보고를 원로원으로 보냈다.

이후 로마는 카이사르 일인 천하가 된다. 그러나 카이사르가 황제가 되려 한다는 소문이 귀족 진영에 퍼지면서 암살 계획이 세워졌다. 이 계획에는 카이사르가 총애하던 데키무스 브루투스도 끼어 있었다. 카이사르가 암살당하고 안토니우스, 레피두스, 옥타비아누스의 제2차 삼두정치가 성립되었고 이들은 암살파를 제거한 뒤 로마의 패권을 놓고 내전을 벌였다. 마침내 옥타비아누스가 초대 황제가 됨으로써 카이사르가 마련한 제정의 시대가 꽃을 피우게 되었다.

아우구스투스 시절의 회화 컬렉션
앨머 태디마 | 1867 | 유화 | 개인 소장

마이케나스와 같은 정력적인 예술 후원자가 활약하던 시절이니 후대의 예술가들이
아우구스투스 시절을 좋게 보지 않을 수 없었다. 가뜩이나 고대 로마를 무지갯빛 향수
로 그리던 앨머 태디마는 아우구스투스 시절을 회화와 같은 미술이 크게 사랑받던 시
절로 표현했다. 미술 애호가들이 작품이 가득 설치된 공간에 모여 진지하게 감상을 하

고 있다. 화가의 개인적인 상상을 그린 그림이지만, 마치 현실을 보는 듯 핍진감이 넘친다. 배경 한가운데 보이는 그림은 〈이피게니아의 희생〉이다. 폼페이에서 발굴된 프레스코 벽화인데(현재 나폴리 국립 고고학 박물관에 소장되어 있다), 황금빛 액자에 싸여 독립된 유화처럼 걸려 있다. 사실과 상상을 교묘하게 짜깁기한 그림이라는 것을 알 수 있다.

서양에서 오늘날과 유사한 미술시장이 본격적으로 나타나기 시작한 것은 로마 시대부터다. 고대 그리스에서도 미술품 거래가 있었지만, 중간상이 없었다. 그리고 공적 구매가 주류를 이뤘다. 오늘날 우리가 아는 유명한 그리스 조각들은 대부분 도시국가가 공공장소나 공공시설에 설치하려고 미술가에게 직접 의뢰해 구매한 것이다. 올림픽 우승자는 자신의 조각상을 주문할 권리가 있었으나, 그렇게 생산된 작품도 사적 공간이 아니라 공공장소에 설치했다. 무덤 장식물이나 도기처럼 사이즈가 작거나 실용적인 미술품만이 사적 구매의 대상이었다.

로마 시대에 들어오면 그리스에서는 거의 존재하지 않았던 미술상의 존재가 뚜렷해진다. 미술상 외에도 미술무역상, 수복 전문가, 모사가 등 미술품 거래와 관련된 다양한 직업이 나타났다. 사적 거래가 매우 활발했는데, 로마의 부유층은 그리스의 부유층과 달리 큰 빌라를 짓고 미술품으로 장식하는 것을 좋아했다. 그러므로 진정한 의미의 미술시장은 로마 시대에 형성되었다고 할 수 있다.

로마가 이처럼 미술시장이 크게 발달하게 된 데는, 정복을 통해 그리스 미술의 가치를 새롭게 인식한 것이 적지 않은 영향을 끼쳤다. 그리스의 걸작 조각들을 보며 탄복한 로마인들은 이들 작품을 소유하기를 원했고, 공급의 한계를 느낀 중간상들은 미술가들로 하여금 모사품을 만들게 해 이를 공급했다. 오늘날처럼 오리지널인가 그렇지 않은가를 크게 따지지 않았던 로마인들은 질만 높으면 만족스러워했다. 로마인들은 또 이런 조각들 외에 조상들의 모습이나 자신들의 모습을 표현한 초상조각을 즐겨 찾았고, 개인의 저택을 벽화나 모자이크로 꾸미기를 좋아했다. 이래저래 미술시장이 크게 발달할 수밖에 없었다.

루이 14세, 절대왕정의 환영에 목을 맨 태양왕

"아가야, 너는 위대한 왕이 될 것이다. 건축에 빠졌던 나의 취향을 닮지 마라. 전쟁을 좋아하는 것도 닮지 마라. 반대로 이웃나라와 화친하도록 노력해라. 신의 은혜에 보답해라. 신에 대한 의무를 저버리지 말거라. 백성으로 하여금 신을 경배하게 해라. 늘 좋은 충고를 따르도록 해라. 백성의 짐을 덜어주려고 노력해라. 애통하게도 나는 그렇게 하지 못했구나."

태양왕 루이 14세(1638~1715)가 영면을 앞두고 다섯 살짜리 후계자에게 남긴 유언이다. 자신의 통치 전반에 대한 반성과 함께 후계자에게 주는 진솔한 당부가 담겨 있다.

루이 14세의 문제는 근본적으로 영광에 대한 그의 지나친 집착에서 비롯되었다. 전쟁을 자주 벌인 것도 그렇고, 베르사유 궁전 같은 엄청난 궁궐을 짓고 거기서 온갖 화려한 향연을 펼친 것도 그렇다. 모두 역사상 가장 밝은 태양이 그의 대지에서 떠오르게 하려는 욕망과 열정에서 비롯된 것이었다. 그 욕망과 열정은 자연스레 그와 그의 시대를 찬양하는 많은 수의 미술품을 낳았고, 국가의 적극적인 후원과 비호 아래 프랑스 미술이 유럽 미술의 주류로 떠오르는 데 기여했다.

그러나 영광의 등 뒤로 뻗은 그림자는 길고도 짙었다. 후년의 그는 전 유럽에서 전쟁광으로 비난받았다. 당대의 프랑스 문인 페늘롱은 "20년 이상 전 유럽을 유린한 끔찍한 혼란, 도처에 흘린 엄청난 피, 수많은 추문들, 황폐해진 지방들, 잿더미로 변한 촌락들"의 원인 제공자로 그를 지목했다.

백성들이 감당해야 할 세금 부담액은 루이 14세의 치세 동안 무려 두 배로 늘었다. 1699년에는 국가재정에서 부채 부담률이 자그마치 76퍼센트에 이르렀다. 에스파냐 왕위 계승 전쟁이 끝날 즈음에는 정부 부채가 20억 리브르에 달했는데, 이는 훗날 프랑스 혁명의 도화선이 되었다고 평가받는 미국 독립전쟁의 참전 부채 10억 리브르의 배나 되는 수치다. 루이 15세와 16세의 치하에서 프랑스 군주정이 점점 빛을 잃다가 끝내는 혁명의 소용돌이에 휘말리게 되는 데는 이처럼 그의 '기여'가 일정한 몫을 했다.

그림 속에서는 태양왕

이아생트 리고의 〈태양왕 루이 14세〉는 영광의 정점에 선 루이 14세를 그린 그림이다. 이 그림이 그려진 해는 1701년.

태양왕 루이 14세
이아생트 리고 ｜ 1701 ｜ 유화 ｜ 277×194cm ｜ 파리 ｜ 루브르 박물관

루이 14세가 63세일 때다. 그림 속의 왕은 매우 지엄해 보인다. 이 그림에서 우리가 제일 먼저 주목해 볼 필요가 있는 부분은 그의 눈이다. 그는 지금 우리를 차갑게 내려다본다. 당연히 우리는 그를 조심스레 올려다보아야 한다. 그렇게 이 그림은 감상을 위한 대상이 아니라 우러름을 위한 대상이 된다. 시선의 차이를 효과적으로 표현함으로써 모델과 관객 사이에 우열관계를 확고하게 인식시키는 그림인 것이다.

그래서 이 그림을 보고 있자면 "눈에서 멀어지면 마음에서도 멀어진다"는 서양 격언이 떠오른다. 왕의 총애를 받으려는 신하는 어떻게 해서든 그의 눈에 띄어야 한다. 애써 두렵고 황홀한 표정으로 그를 계속 우러러봄으로써 그가 내 눈에서 보고자 하는 나의 충성심을 드러내 보여야 한다. 그렇게 하지 않으면 생살여탈권을 쥔 왕의 마음이 나로부터 멀어질 것이다. 절대군주의 위세를 생생히 느끼게 해주는 그림이다.

권력자를 그릴 때 유럽 화가들은 전통적으로 '위세 초상swagger portrait'의 관행을 따랐다. 위세 초상에서 모델은 대개 서 있는 자세로 거만해 보이는 포즈를 취한다. 반 다이크의 〈영국 왕 찰스 1세〉, 필리프 드 샹페뉴의 〈리슐리외 재상〉 등이 그 대표적인 초상이다. 이 모든 서양의 위세 초상 가운데 가장 위세 등등한 초상이 바로 리고의 〈태양왕 루이 14세〉다. 위세 초상의 전형적인 포즈 외에도 앞에서 말한 도도한 시선 처리와 화려한 의상, 위압적인 공간 표현이 보는 이를 압도한다.

이 그림은 루이 14세의 손자 앙주 공작이 화가에게 주문한 것이다. 앙주 공작은 프랑스 왕족이지만 에스파냐 왕족의 혈통도 잇고 있어 에스파냐 국왕 카를로스 2세의 유언에 따라 1700년 에스파냐 왕위를 계승하게 된다. 그런데 앙주 공작이 펠리페 5세로 즉위하자마자 에스파냐 왕위 계승 전쟁이 발발한 데다, 이 그림을 본 루이 14세가 작품에 큰 애착을 보

루이 14세

이아생트 리고 | 1701 | 유화 | 238×149cm | 마드리드 | 프라도 미술관

여 결국 앙주 공작은 그림을 에스파냐로 가져가지 못했다. 이후 이 그림과 똑같은 포즈를 취하되 검은 갑옷을 입은 모습으로 '변주'한 루이의 초상이 에스파냐로 보내졌다. 현재 원본은 파리의 루브르 박물관에, 변주작은 마드리드의 프라도 미술관에 각각 소장되어 있다.

루이 14세가 애착을 보였다는 일화에서 알 수 있듯, 이 초상에는 왕을 흡족하게 할 만큼 군주의 영광이 잘 드러나 있다. 루이 14세에게 중요한 것은 실제보다 이미지였다. 그는 다른 모든 것은 현실과 타협할 수 있어도 자신의 이미지만큼은 결코 타협하거나 양보하려 하지 않았다. 그가 대표적인 절대군주로 인식된 것도 어쩌면 실제 그가 가진 권력의 크기보다 그렇게 비친 이미지 탓이 더 크다 할 수 있다. 이와 관련해 서양사학자 이영림 교수는 다음과 같이 말했다.

"루이 14세는 자신을 둘러싸고 있는 무수한 귀족들의 먹이사슬의 포로에 불과하다. 절대군주의 상징인 루이 14세의 최대 비밀은 그가 절대군주가 아니라는 점이다. 화려한 베르사유와 엄격한 궁정의례의 비밀도 여기서 드러난다. 절대군주가 될 수 없음을 깨달은 루이 14세는 절대군주로서의 이미지에 집착했던 것이다."

이런 사실로부터 우리는 그가 상징조작의 대가였음을 알 수 있다. 이상이 현실이 될 수 없을 때는 이상의 이미지를 만들어 사람들이 소비하게 하면 된다. 사람들이 그 앞에서 절하면 실제로는 살아 있는 신이 아니어도 우상은 하나의 위력적인 실체로 기능한다. 그것이 이미지와 상징의 힘이다. 루이 14세의 반대세력이 이에 강력하게 저항하지 않은 것은, 이런 우상숭배의 기제가 그들의 이해를 크게 침해하지 않을 뿐 아니라, 때로 나름의 방식으로 이를 보호해주었기 때문이다. 루이 14세가 절대군주의 이미지로 현실을 왜곡할 때 바닥에 바짝 엎드려 있는 듯 보였던 귀족들은 그 협조의 대가로 엄청난 부를 쌓을 수 있었다. 명분을 주고 실리를 챙긴 것이다. 그런 까닭에 그림 속의 루이 14세가 저리 위대해 보여도 그것은 끝내 하나의 이미지였을 뿐, 100퍼센트 있는 그대로의 현실은 아니었다.

절대군주, 권력의 판타지를 명하다

루이 14세는 1638년 선왕 루이 13세와 왕비 안 도트리슈 사이에서 태어났다. 왕과 왕비는 서로 냉랭한 편이었는데, 결혼한 지 23년 만에 그가 태어나자 사람들은 그를 '루이 디외도네Louis Dieu-donné', 곧 '신이 주신 루이'라고 불렀다. 루이 14세는 선왕의 이른 죽음으로 불과 다섯 살에 옥좌에 올랐지만 통치 능력이 없었던 까닭에 모후가 섭정을 했고, 실제적인 권력은 재상 마자랭이 행사했다. 이 기간 중 그는 귀족들의 난인 '프롱드의 난'을 겪으며 불안하고 혼란스러운 청소년기를 보냈다. 그러나 바로 그 경험을 통해 오히려 요동치는 정치 현실에 대한 남다른 감수성을 키울 수 있었다.

샤를 푀르송의 〈제우스로 그려진 루이 14세의 초상〉은 프롱드의 난이 진압된 해 그려진 왕의 초상이다. 열다섯 살의 어린 군주가 신들의 왕 제우스로 묘사되어 있다. 정치적 혼란이 매듭지어지고 새로운 도약을 꿈꾸던 시기, 소년 왕은 지금 그 번영을 주도할 희망으로 형상화되었다. 오른손에 들고 있는 것은 제우스의 무기인 번개다. 그 왼편으로 뛰어난 대장장이인 키클롭스들이 갖가지 무기를 만들고 있다. 제우스의 번개도 바로

제우스로 그려진 루이 14세의 초상
샤를 푀르송 | 유화 | 166×143cm | 베르사유 궁전

키클롭스들이 만들어준 것이다. 제우스의 옥좌 아래 그의 상징 새인 독수리가 보이는데, 역시 번개를 발로 쥐고 있다. 제우스의 발아래 놓인 방패에는 메두사의 얼굴이 부조로 새겨져 있어, 루이 14세가 신적인 권위로 모든 사악한 세력을 프랑스로부터 물리칠 것이라는 메시지를 전한다.

신화 주제에 기대 왕의 영광을 칭송한 이 그림은 젊은 절대군주에 대한 기대를 표현하고 있으나, 현실은 아직 그에 부합하지 못했다. 루이 14세가 친정親政에 나서 본격적으로 권력을 행사하는 것은 이때로부터 8년 뒤인 1661년의 일이다. 그가 친정에 나서자 비로소 세상은 변하기 시작했다. 루이 14세는 자신의 권력이 신으로부터 나왔음을 천명하며, 모든 사람이 자신에게 철저히 복종할 것을 요구했다. 힘깨나 쓴다는 귀족들은 죄다 궁정으로 불려나가 궁정귀족이 됨으로써 지방 영주로서의 권력을 상실했다. 부를 통해 정치적 영향력을 축적해온 부르주아지는 귀족의 대립 세력으로 확고히 자리매김했지만, 그만큼 심판관인 왕에게 더 매이는 신세가 되었다. 프랑스 안에서는 졸지에 왕에 대한 '복종의 전염병'이 돌면서 내란이 빈발했던 이전과는 다른 새로운 균형과 안정이 찾아왔다. 겉보기에 절대군주의 존재가 더이상 수사가 아니라 현실이 된 것처럼 보였다.

그러나 루이 14세가 이뤄낸 중앙집권적 통일국가는 진정한 중앙집권적 통일국가가 아니었다. 법체계도 짜임새가 크게 떨어졌고 행정 조직망도 미비했다. 절대왕정을 완성시킬 수 있는 수준의 시스템이 아니었다. 그런 까닭에 당시의 절대왕정은 실제보다 표현 자체가 갖는 상징성이 더 크게 작용하는 행정체제였다. 지방과 자치도시, 법원, 조합, 사회계층이 복잡하고 산만한 집합체를 이루고, 정부는 회유와 금전 거래, 타협 같은 방식을 통해 군주에 대한 외형적 복종을 정착시켜나갔다. 징수된 국가 세금의 42퍼센트만이 국고에 귀속되고 58퍼센트가 중간에서 '빨대'들에 흡수되어 사라졌다는 당시의 통계는, 국가가 절대왕정을 만들기 위해 귀족들, 관리들, 지방의 엘리트들과 어떻게 타협했는지를 잘 보여주는 사례다.

전제적이기는커녕 이렇게 끝없이 타협하고 주고받는 관계를 절대주의

신화 속 인물로 표현된 루이 14세의 가족
장 노크레 | 1670 | 유화 | 305×420cm | 베르사유 궁전

루이 14세의 가족을 신화에 등장하는 인물처럼 표현한 우의화다. 올림포스의 신들이 모두 프랑스 궁정으로 내려온 듯하다. 왕을 아폴로에 빗대다보니 왕의 가족이 모두 신들이 되었다.

그림 맨 왼편의 여인은 루이 13세의 딸인 앙리에타 마리아다. 루이 14세의 고모가 된다. 그 곁의 남자는 루이 14세의 동생인 오를레앙 공 필리프 1세다. 풍요의 뿔을 든 바쿠스(디오니소스)로 묘사되어 있다. 공작 오른쪽에는 공작의 어린 딸 오를레앙의 마리 루이즈가 있다. 그녀는 훗날 에스파냐 국왕 카를로스 2세의 왕비가 된다. 머리에 화관을 쓰고 양손에 꽃을 든 여인은 필리프 1세의 부인 헨리에타 앤 스튜어트다. 영국 왕 찰스 1세의 딸이다. 그 곁의 여인은 루이 14세의 어머니 안 도트리슈, 그리고 보좌에 앉아 있는 이가 루이 14세다. 아폴로로 표현된 루이는 머리에 월계관을 쓰고 있다. 그의 아들 르 그랑 도팽 루이는 횃불을 든 큐피드로 묘사되어 있다. 루이의 어머니이자 루이 14세의 아내인 마리아 테레사 왕비는 아들의 손을 잡고 있다. 헤라 여신의 상징인 공작새가 바로 그녀 곁에 있다. 뒤에 서 있는 여인은 라 그랑드 마드무아젤로 불린 오를레앙의 안 마리다. 루이 14세의 사촌이다.

라고 부르기는 어려울 것이다. 물론 루이 14세는 이전의 왕들과 달리 어떤 상황 아래서든 모든 행정의 최종 결정권을 스스로 행사했다. 섭정시대 때 막강한 권한을 휘두른 마자랭이 죽은 후 한 번도 재상을 두지 않았고 다른 대신이나 법무총관, 재무총관 등에게도 권한을 일임하지 않았다. 하지만 루이 14세는 누구보다 현실의 한계를 잘 알았다. 타협의 불가피성을 인식했다. 다만 그가 끝내 타협할 수 없었던 것은 절대군주로서의 자신의 이미지였다. 이미지와 상징을 장악하지 못한다면 그가 추구하는 영광은 결코 달성될 수 없었다. 사실 영광이라는 것 자체가 현실적인 가치를 지닌 것이라기보다는 상징적인 가치를 지닌 것이 아닌가. 그런 점에서 루이 14세의 절대왕정은 현실이 아니라 상징에 대한 절대권력을 추구한 정치시스템이었다고 할 수 있다. 비록 현실에서는 반쪽짜리 절대권력이었다 하더라도 상징의 세계에서만큼은 온전한 절대권력이고 싶었고, 실제로 그런 판타지를 만들어냈던 것이다.

루이 14세의 왕정이 지닌 이런 특성으로 인해 루이 치하에서 예술가들, 특히 관변기구인 아카데미 회원들은 '호황'을 누릴 수 있었다. 이미지와 상징을 빚어내는 데 예술가만큼 중요하고 쓰임새가 많은 협력자도 없었다. 루이의 예술가들은 절대군주로서의 왕의 영광을 드러내는 것을 가장 큰 사명으로 삼았다. 궁정은 왕의 취향을 넘어서는 어떤 취향도 당대의 주류로 인정하지 않았고, 왕의 영광과 권세를 빛내는 데 모든 자원을 쏟아부었다. 아카데미를 통해 국가에 의해 조직화된 많은 예술가들은 이런 시류에 맞춰 왕에 대한 찬양을 늘어놓는 데 모든 창조 에너지를 불살랐다.

장 바티스트 드 샹페뉴의 〈메르쿠리우스(헤르메스)의 전차〉는 그런 조

메르쿠리우스의 전차
장 바티스트 드 샹패뉴 | 1673년경 | 천장화 | 베르사유 궁전

형물 가운데 하나다. 이 작품은 베르사유 궁전의 그랑 아파르트망grand appartement(왕의 처소) 중 '메르쿠리우스의 방' 천장 벽화로 그려진 것이다. 그림은 메르쿠리우스가 수탉이 끄는 전차를 타고 하늘을 가로지르는 모습을 표현한 것이다. 수탉 위에는 새벽별을 머리에 단 푸토가 나팔을 불고 있다(푸토는 큐피드나 아기천사 같은, 서양회화에 나오는 포동포동한 아기들을 가리키는 말이다). 새벽별을 단 푸토는 새벽만 되면 울어대는 수탉과 함께 지금 새날의 도래를 알리고 있다.

전차를 탄 메르쿠리우스는 상업과 협상을 상징하는 지팡이 카두케우스를 들고 있고 날개 달린 모자 페타소스를 쓰고 있다. 전령의 신으로서 분주히 세상을 돌아다녀야 하는 그의 대표적인 상징물이 바로 날개 달린 페타소스다. 메르쿠리우스 좌우에 앉아 있는 푸른 옷과 녹색 옷의 여인은 각각 지성과 웅변을 상징한다. 이 그림에서처럼 루이 14세 치하의 프랑스는 새벽부터 깨어 세상을 경계하고 상업과 무역을 진작시키며 빛나는 지적 성취를 이뤄 그것을 온 세상에 퍼뜨릴 나라다. 화가는 그 같은 주제의식 아래 그림을 정성스럽게 완성했다.

그랑 아파르트망에는 메르쿠리우스 외에 다른 고대의 신들과 영웅들도 함께 표현되어 있다. 메르쿠리우스는 태양계의 수성을 상징하는데, 메르쿠리우스와 더불어 금성을 상징하는 비너스, 화성을 상징하는 마르스 등을 이 방 저 방에 그려 넣어 태양계를 떠올리게끔 꾸며져 있다. 이는 루이 14세가 태양왕으로서 모든 행성의 구심점, 곧 우주의 중심임을 드러내려는 의도에 따른 것이다. 그래서 베르사유 궁전의 조형물들 가운데 으뜸 캐릭터는 단연 태양을 나타내는 아폴로다. 〈아폴로의 분수〉 〈아폴로의 욕장浴場〉 등 아폴로를 묘사한 조형물이 궁정과 정원 곳곳에서 발견된다.

예술이 권력에 무릎 꿇을 때

앞에서도 언급했듯 왕의 영광을 찬양하는 수다한 조형물은 대부분 프랑스 왕립 회화·조각 아카데미 회원들이 만든 것이다. 이 아카데미가 창설된 해가 바로 루이 치하인 1648년이다. 당시는 아직 루이가 친정을 펴기 전이었다. 초기에 지지부진하던 아카데미는 루이가 친정을 펴면서 급격히 활기를 띠기 시작했다. 이른바 중앙집권화는 행정 분야에서만 나타난 현상이 아니었다. 루이의 친정 이후 미술 등 문화 분야에서도 중앙집권화 현상이 뚜렷이 나타나기 시작했다. 이전까지 각 지역의 길드를 중심으로 독자적인 세와 독립성을 유지하던 미술가들은 아카데미라는 중앙의 예술조직을 중심으로 획일적으로 재편되었다. 지방분권적인 다원성과 다양성은 사라지고 위계적이고 통일적인 가치가 강제되었다.

이 같은 '관변 예술'의 도도한 흐름은 자연스레 예술 전반에 엄격하고 권위적인 고전주의 미학을 뿌리내리게 했다. 보수적인 규칙을 공식화하고 이를 전체주의적인 원칙에 따라 지도, 관장하는 현상이 나타난 것이다. 그만큼 획일적인 가치가 팽배하게 되었는데, 자유분방한 예술가들이 이런 억압적인 규범에 굴복한 것은 작위와 공직, 연금, 공적 주문, 칭호, 상 등이 모두 아카데미를 통해 주어졌기 때문이다. 생존과 출세가 걸린 문제 앞에서는 예술가들도 순순히 무릎을 꿇지 않을 수 없었다. 이렇게 앞다퉈 왕의 영광을 칭송하려는 화가들로 인해 루이 14세는 영원한 절대군주의 이미지로 사람들의 뇌리에 남을 수 있었다. 평생 그려진 그의 초상화가 700점이 넘는다고 하니, 이 이미지 세례에 젖은 사람들의 눈에 다른 이미지로 루이 14세를 바라보는 일은 아예 불가능했을 것이다. 절대군주의 이미지는 이렇게 완성되었다.

마스트리흐트 앞 야영지에 도착한 루이 14세

아담 프란스 판 데르 묄렌 | 17세기 후반 | 유화 | 230×332cm | 파리 | 루브르 박물관

절대군주정은 성격상 호전적일 수밖에 없다. 절대군주의 영광은 예술과 예법 등의 상징적 수단을 통해서도 드러나지만, 전쟁에서의 승리를 통해서도 드러난다. 루이 14세는 전쟁이야말로 자신을 가장 잘 과시할 수 있는 위대한 순간이라고 생각했다. 그에게 전쟁은 신민의 불만과 귀족의 음모를 억누를 수 있는 좋은 수단이기도 했다. 이렇게 전쟁을 좋아하다보니 결국 그는 당대의 유럽인들에게 가혹하고 잔인한 전쟁광으로 인식되었다.

아담 프란스 판 데르 묄렌은 플랑드르 출신으로, 1664년 파리에 정착했다. 루이 14세의 전쟁화를 많이 그려 명성을 얻었는데, 이 그림은 네덜란드와의 전쟁(1672~1678)을 소재로 한 것이다. 1673년 6월 30일, 마스트리흐트 앞의 야영지에 도착한 루이 14세가 고개를 살짝 틀어 먼 곳을 바라본다. 그는 지금 흰 말을 타고 있다. 풍경 자체는 평화로워 보이지만, 긴박하게 움직이는 말들과 사람들의 모습이 전장의 긴장감을 생생히 전해준다.

한눈에 읽는 프랑스의 절대주의

| 루이 14세 시대 |

루이 14세(재위 1643~1715)는 다섯 살 생일을 채 맞기도 전에 왕좌에 올라 무려 72년 3개월 18일 동안 나라를 다스렸다. 유럽의 군주 가운데 가장 오랜 재위 기록이다.

1661년 재상 마자랭 추기경이 죽자 친정에 나선 루이 14세는 재상제를 폐지하여 자신이 직접 고문관 회의를 이끌고 대신들이 결정사항을 집행하게 했다. 또한 파리 고등법원의 칙령심사권을 박탈하여 최고재판소로 격하시켰다. 이렇듯 그는 "짐은 곧 국가다"라는 말이 시사하듯 절대주의 시대의 대표적인 전제군주로 등극했다.("짐은 곧 국가다"라는 말은 루이 14세가 한 말이 아니라, 그의 정적들 혹은 볼테르 같은 비판자가 퍼뜨린 유언비어라는 설도 있다) 국위 선양과 자신의 영광을 동전의 양면으로 인식한 그는 네덜란드 전쟁, 아우크스부르크 동맹 전쟁 등을 벌여 유럽의 주도권을 장악했다. 헤게모니에 대한 그의 남다른 집착은 계속된 전쟁의 원인이 되었다.

그는 '하나의 국가에 하나의 종교'를 표방하면서 1685년 낭트칙령(칼뱅파 프로테스탄트인 위그노 교도에게 조건부 신앙의 자유를 허용하면서 30여 년간 지속된 프랑스의 종교전쟁, 즉 위그노전쟁(1562~1598)을 종식시킨 칙령)을 폐지하고 신교도를 박해했는데, 이로 인해 상공업에 종사하던 신교도들이 국외로 이주하여 프랑스 산업은 큰 타격을 입었다. 이와 더불어 거대한 베르사유 건축 공사를 진행하고 화려하고 사치스러운 궁정생활을 영위함으로써 잦은 전쟁으로 인한 국고 탕진에 더해 프랑스의 재정 상태는 위기에 빠진다. 이는 프랑스 혁명이 발생하는 중요한 원인으로 작용했다.

루이 14세 치하에서 '관변 예술'이 크게 발달하면서 안정적인 후원이 이뤄지자 미술뿐 아니라 연극, 문학도 활짝 꽃피어났는데, 코르네유와 라신의 비극, 몰리에르의 희극이 그 대표적인 소산물이다. 베르사유 궁전에서 보듯 건축 또한 국왕의 존엄과 영광을 강조하기 위해 웅장하고 화려한 바로크 양식으로 발달했다. 양식적인 측면에서 이 시기 프랑스의 예술은 장려한 바로크 양식과 엄격하고 정연한 고전주의 양식이 교차하는 성격을 띠었다.

'프랑스의 위대한 세기'를 창조한 루이 14세는 1715년 76세를 일기로 사망했다. 이 무소불위의 왕이 죽자 프랑스 국민들은 슬퍼하기는커녕 오랫동안 갈구해온 해방을 주신 신께 감사하며 기뻐했다고 한다. 결국 절대왕정은 그만의 절대적인 왕정이었다.

| 루이 15세 시대 |

　루이 15세(재위 1715~1774)는 루이 14세의 증손으로 정치를 싫어하여 플뢰리에게 정사를 맡겼다. 플뢰리 덕분에 재정 상태는 안정을 찾는 듯했으나 7년전쟁(1756~1763, 오스트리아가 프로이센에 빼앗긴 슐레지엔을 되찾기 위해 일으켰으며 유럽 대륙이 양분되어 싸움) 때 그는 정부 퐁파두르의 의견에 따라 숙적 오스트리아와 손을 잡고 영국과 싸웠으나 대패했다. 그 결과 영토의 많은 부분을 잃게 되었다. 왕은 전후의 재정 위기를 해결하고자 특권층에게 세금을 부과하려다 파리고등법원과 충돌했다. 왕의 새 정부 뒤 바리에 의해 추방당한 재상 슈아죌의 뒤를 이은 모푸는 재정 적자를 메우려 했으나 여의치 않았고, 이는 이후 프랑스 혁명의 중요한 원인이 되었다.

　이 시기에는 루이 14세 때 유행한 웅장하고 화려한 바로크 양식과 달리 섬세하고 세련된 로코코 양식이 추구되었다. 장식성이 두드러진 이 양식은 독일과 영국의 궁정예술에 큰 영향을 끼쳤다.

| 루이 16세 시대 |

　루이 16세(재위 1774~1792)는 1770년 오스트리아의 왕녀 마리 앙투아네트와 결혼하고, 1774년 루이 15세의 뒤를 이어 왕위에 올랐다. 그는 재정적 위기를 타개하고 국정의 개혁을 도모하기 위해 면세특권을 폐지하고 과세의 평등을 실현하려 하였으나, 사제와 귀족 등 특권층의 격렬한 반대에 부딪히게 되었다. 1789년 7월 14일 파리 시민의 바스티유 감옥 습격으로 프랑스 혁명이 시작되었고 10월 6일 그는 베르사유에서 파리로 옮겨져 민중의 감시 아래 놓이게 되었다. 1791년 6월 그는 파리를 탈출하여 국외로 도망하려다 바렌에서 체포되었고 1793년 1월 결국 처형되고 말았다.

　루이 16세 치세에는 루이 15세 때의 화려한 로코코 양식에 대한 반성과 당시 활발하게 진행된 고대 유적 발굴의 영향으로 간결하고 단아한 고전주의적인 양식이 유행했다. 이러한 신고전주의 양식은 복잡한 곡선 대신 명쾌한 직선을 주로 사용하였고, 과도한 장식성을 배제하고 자연스러운 형태를 추구하는 것이 그 특징이었다.

루이 14세의 수석 궁정화가 샤를 르브룅

　　미술을 통해 강력한 이미지와 상징을 만들기를 원했던 루이 14세는 미술계를 완벽히 휘어잡고 왕의 요구에 충실히 응할 문화 권력을 수하에 둘 필요가 있었다. 그런 목적에 따라 선택된 미술가가 바로 샤를 르브룅(1619~1690)이다. 샤를 르브룅은 루이 14세의 수석 궁정화가로서 왕립 회화·조각 아카데미의 수장과 산업미술단지 고블랭의 공장장을 지냈다. 미술사는 17세기 전 세기를 통해 프랑스에서 그만큼 막강한 권력을 가진 미술가는 없었다고 말한다. 태양왕의 위세를 밝혀야 했으므로 그 또한 미술계의 태양이 되어버린 것이다.

　　라르질리에르의 르브룅 초상은 이 '왕의 남자'가 지닌 남다른 권위를 잘 보여준다. 왕에게 작위까지 받은 그는 귀족처럼 화려한 옷을 입고 고상한 포즈를 짓고 있다. 그의 손이 가리키는 곳에는 화가로서 그의 자부심을 대변하는 최근작이 놓여 있다. 왕을 주제로 한 작품이다. 어릴 때부터 미술 신동으로 불렸던 그는 세기에, 리슐리외, 푸케, 마자랭, 콜베르 등 당대 최고의 세도가들로부터 후원을 받으며 승승장구해 마침내 루이 14세의 수석 궁정화가가 되기에 이르렀다.

왕의 화가 샤를 르브룅
니콜라 드 라르질리에르 ｜ 1686
유화 ｜ 232×187cm ｜ 파리
루브르 박물관

알렉산드로스의 바빌론 입성
샤를 르브룅 | 1661~1665 | 유화 | 450×707cm | 파리 | 루브르 박물관

　루이 14세는 그의 그림 스타일을 매우 좋아했는데, 이는 그의 그림에 허세와 강렬함이 있었기 때문이다. 그를 무척 총애한 왕은 베르사유 궁전을 비롯한 모든 궁궐의 장식을 그가 감독하게 했다. 그런 까닭에 그의 입맛에 맞지 않는 조형물은 결코 왕의 궁궐에 들어올 수 없었다. 그의 감독 아래 궁궐들은 장중하고 풍부한 데커레이션과 빨강과 황금빛 색채로 충만해졌다. 무거운 무늬의 대리석 장식과 금빛 찬란한 플래스터(회반죽) 몰딩을 어디서나 볼 수 있었다. 이 양식을 흔히 루이 14세 양식이라고 부른다.

　신화 주세보다는 역사 주제를 선호했던 그는 화가로서 왕을 묘사해도 더이상 아폴로에 빗댄 신화 속 존재로 묘사하지 않았다. 알렉산드로스와 같이 실재했던 영웅들로 상징화하거나 왕의 업적을 직접적으로 칭송하는 그림을 주로 그렸다. 알렉산드로스 시리즈는 특히 루이 14세의 칭찬을 많이 들었는데, 그 가운데 하나인 〈알렉산드로스의 바빌론 입성〉을 보면, 황금 전차를 타고 당당하게 정복지에 입성하는 알렉산드로스로부터 루이 14세의 찬란한 영광을 떠올리지 않을 수 없다. 왕의 치세가 알렉산드로스의 치세 못지않은 역사의 최고봉이라는 찬양을 담은 그림인 것이다.

창조자와 그렇지 않은 사람을 가르는 가장 중요한 자질 가운데 하나가 직관력이다. 직관력은 창의력과 상상력, 통찰력의 뿌리가 되어주는 힘이다. 뛰어난 창조자는 남다른 직관력을 지니고 있다. 꼭 위대한 예술가와 과학자만이 이런 직관력을 갖고 있는 것은 아니다. 정치, 경제, 스포츠, 어느 분야에서든 위대한 성취를 이룬 사람은 대부분 뛰어난 직관력을 지니고 있다. 나폴레옹 같은 정복자도 마찬가지다.

나폴레옹(1769~1821)의 투쟁과 성취의 발자취를 좇다 보면 우리는 이 자그마한 인간이 얼마나 탁월한 직관력을 갖추고 있었는지 새삼 놀라게 된다. 특히 역사상 최고의 전략가로서 그는 단순한 직관이 아닌, 이른바 좌뇌와 우뇌가 혼융일체로 힘을 발휘하

알프스를 넘는 나폴레옹

자크 루이 다비드 | 1800~1801 | 유화 | 271×232cm | 국립 말메종 박물관

는 '전략적 직관'에 뛰어났다. 그 능력으로 그는 숱한 난관을 극복했다. 나폴레옹이 전투에서 승승장구한 비결이 전략적 직관에 있었다고 경영학자 윌리엄 더건은 말한다. 나폴레옹을 그린 많은 화가들이 저도 모르게 가장 심혈을 기울여 형상화하곤 했던 것이 바로 장군의 이 남다른 내적 능력이었다.

상상력을 자극해야 위대한 승리다

나폴레옹의 초상화 가운데 사람들에게 가장 널리 알려진 것은 신고전주의 화가 자크 루이 다비드가 그린 〈알프스를 넘는 나폴레옹〉일 것이다(워낙 인기를 끌어 여러 개의 버전이 만들어졌다). 이 그림에서 나폴레옹은 말을 탄 채 멋들어진 모습으로 생베르나르 협곡을 오르고 있다. 하지만 실제로 나폴레옹은 이렇듯 말을 타고 산을 오르지 않았다. 들판도 아니요 산비탈과 협곡을 말을 타고 오르는 것은 쉬운 일이 아니다. 나폴레옹은 노새를 탔다. 하지만 화가는 자신의 그림에서 영웅을 노새 위에 태우고 싶지 않았다. 그렇게 그리면 영웅이 매우 우습고 초라해 보일 것이라고 생각했다.

다비드는 나폴레옹이 남다른 존재임을 부각하고 싶었다. 그래서 역사적 사실과는 달리 기마상으로 그렸고 외모도 실제보다 늘씬하고 매력적으로 보이게 했다. 하지만 거기까지였다. 형형한 나폴레옹의 눈빛은 결코 분식하거나 꾸며 그린 게 아니다. 비록 외모는 과장했을지 몰라도 나폴레옹의 정신만큼은 화가가 보고 느낀 그대로 표현했다. 세계를 꿰뚫어보는 직관력과 탁월한 전략가의 면모만큼은 결코 꾸미거나 과장할 필요가 없었다.

알프스를 넘는 나폴레옹

폴 들라로슈 | 1850 | 유화 | 289×222cm | 파리 | 루브르 박물관

다비드보다 반세기쯤 뒤에 태어난 폴 들라로슈는 알프스를 넘는 나폴레옹의 모습을 매우 사실적으로 표현했다. 이미 영웅은 지고 세월은 흘러버렸다. 그만큼 그 간격을 느끼게 하는 그림이 아닐 수 없다. 이 그림에서 나폴레옹은, 역사적 사실에 충실하게도, 말이 아니라 노새를 타고 있다. 터벅터벅 힘없이 걷는 노새도 그렇고, 추위에 지친 데다 옷조차 누추해진 나폴레옹 역시 꽤 측은해 보인다. 물론 얼굴에 피로가 묻어 있음에도 그 의지만큼은 결연하다. 영웅이라기보다는 인간적인 면모에 초점을 맞춰 그린 나폴레옹 초상화다.

따지고 보면, 나폴레옹의 알프스 등정은 전략적 직관에 따른 위대한 결단이었다. 그는 이 기상천외한 계획이 겉으로는 매우 무모해 보여도 이탈리아의 지배를 놓고 오스트리아와 벌이는 싸움에서 결정적인 승리를 가져다줄 묘수라는 사실을 직관적으로 알았다. 나아가 자신의 정치적 입지까지 강화해줄 비책이라는 사실을 통찰했다.

당시 나폴레옹은 제1통령이었다. 실질적인 최고 권력자였으나 아직 황제가 되기 전이었다. 급진적인 자코뱅파와 수구적인 왕당파가 서로 손을 잡은 데서 알 수 있듯, 국내의 반대파들은 오로지 그를 밀어내고 권력을 차지하고자 혈안이 되어 있었다. 장군들도 그를 시기하거나 질투하는 이가 많았다. 언제 반란이 일어날지 몰랐다.

이런 상황에서 화친 제안을 거절한 오스트리아와의 전쟁은 반드시 승리로 이끌어야 하는 절박한 싸움이었다. 단순한 승리가 아니라 사람들의 상상력을 자극할 수 있는 위대한 승리여야 했다. 이를 위해 나폴레옹은 2000년 전 한니발의 예를 좇아 알프스를 넘는 파격적인 원정을 단행했다. 허를 찔린 적을 마렝고 전투에서 패퇴시킴으로써 그 위대한 상상은 마침내 현실이 되었다. 나폴레옹은 이 시도가 지닌 상징성과 충격효과를 이용해 국내 반대파의 움직임과 반란 가능성을 보다 확실하게 통제할 수 있었다.

이런 자신의 업적에 대해 나폴레옹은 훗날 비서 라스 카즈에게 이렇게 말했다.

"위대한 행동은 우연과 행운이 만들어낸 작품이 아니라, 철저한 전략과 천재성에서 나온다. 위대한 인물이 가장 위험한 시도를 할 때 실패하는 경우는 거의 없다. 알렉산드로스 대왕과 카이사르, 한니발, 구스타프 대왕과 그

밖의 위대한 인물들을 보라. 그들은 항상 성공한다. 그들이 행운을 타고났기 때문에 그렇게 위대한 인물이 된 것일까? 아니다. 자신의 행운을 통제할 수 있었기 때문에 위대한 것이다."

위대한 인물이란 다름 아닌 행운을 통제할 수 있는 사람이다. 나폴레옹이 보기에 그런 사람은 대부분 전략적인 사고를 하고 목표를 확실하게 관철할 수 있는 방법을 직관적으로 찾아내는 천재들이다. 전략적 직관에 능한 사람인 것이다.

적극적으로 인간 정신을 사용한 전략적 직관의 소유자

사전적 정의에 따르면, 직관력은 판단, 추론 따위의 사유 작용을 거치지 않고 대상을 직접적으로 파악하는 힘을 말한다. 직관은 일종의 육감이다. 그런데 직관이 단순히 감이나 느낌에 머물지 않고 선명하게 반짝이는 생각, 곧 섬광 같은 통찰이 되어, 주어진 상황에서 우리가 취해야 할 길과 방향을 정확히 지시하게 되면 전문가들은 이를 전략적 직관strategic intuition이라고 부른다. 나폴레옹 같은 이가 역사상 누구보다 뛰어났던 부분이 바로 이 전략적 직관이다.

전략적 직관을 연구해온 경영학자 윌리엄 더건은 전략적 직관이 "합리적인 사고와 창의적인 상상력을 결합한 것"이며 이런 "적극적인 인간 정신의 사용이 모든 역사적 성과의 원동력"이라고 말한다. 문제는 역사책을 읽다보면 이런 정신의 힘과 작용에 대한 서술은 거의 없고 인간 자신이 통제할 수 없는 외부적인 조건이나 선천적으로 타고난 개인의 내적 특색이 특정한 성취나 결과를 좌우했다고 쓰여 있는 경우가 많다는 것이다.

이럴 경우 성공은 우리가 통제할 수 없는 내외부의 조건이나 힘에 의해 가능한 것이므로 결국 우리가 할 수 있는 일은 아무것도 없는 셈이 된다. 외적인 힘과 내적인 특색이 이미 우리의 운명을 다 결정해버린 것이다.

그러나 더건은 "섬광 같은 통찰력이 나폴레옹이나 빌 게이츠에게 주었던 아이디어는 역사적인 동력이나 타고난 성격, 재능의 당연한 결과가 아니었다"며, 주어진 내적 외적 조건의 한계를 뛰어넘도록 만드는 이 힘이야말로 수많은 위인들이 자신의 운명을 바꿀 수 있었던 근본 원인이었다고 말한다. 행운을 통제하는 이 힘이 바로 전략적 직관인 것이다.

더건이 꼽는, 전략적 직관이 빛을 발한 대표적인 나폴레옹의 성공 사례는 툴롱 전투다. 나폴레옹 대위가 툴롱의 포병 연대에 배속된 1793년, 프랑스 남부 해안의 가장 중요한 이 항구 도시는 영국군의 지배하에 있었다. 해당 지역의 프랑스군 사령관은 툴롱을 기습 공격함으로써 이 도시를 수복하려 했다. 하지만 나폴레옹은 이에 반대했다. 세가 약한 프랑스군이 툴롱을 직접 공격하기보다는 인근의 레귀예트 갑의 작은 요새를 점령함으로써 영국군이 스스로 후퇴하게 하자는 것이 그의 생각이었다. 사령관은 인근의 작은 요새 하나 점령한다고 영국군이 순순히 물러나겠느냐며 자신의 계획대로 습격을 감행했다. 결과는 참담한 실패였다. 이제 남은 유일한 대안은 나폴레옹의 말대로 레귀예트 요새를 점령하는 것이었다. 이는 손쉽게 이뤄졌다. 그러자 거짓말같이 영국군이 제 발로 후퇴해버렸다. 도대체 무슨 일이 일어난 것일까?

더건에 의하면, 당시 나폴레옹의 두뇌에서는 등고선 지도에 대한 지식과 경량포와 미국 독립혁명사, 잔 다르크에 대한 지식이 순식간에 얽혀 섬광 같은 통찰이 발생했다고 한다. 등고선 지도는 그 무렵에도 제작되고 있었으나 전투에서 이 지도를 사용하는 유럽의 군 지휘관은 거의 없었다. 하지만 지도 읽기를 즐겼던 나폴레옹은 등고선 지도를 통해 레귀예트 요새가 항구가 내려다보이는 절벽 위에 있다는 사실을 발견했다. 항구로 드나드는 배를 공격하기 딱 좋은 위치였다. 하지만 포를 거기에 설치하는 일은 보통 어려운 일이 아니었다. 마침 그 무렵 발명된 경량포에 생각이 미쳤다. 손쉽게 끌고 와 설치할 수 있었다. 배를 격침하기는 어려워도 드나드는 군함에 위협을 주기에는 충분했다. 그러나 배에 위협을 주는 것만으로 툴롱을 점령한 영국군을 어떻게 몰아낼 수 있단 말인가? 나폴레옹은 몰아낼 수 있다고 생각했다. 이전부터 미국 독립혁명사를 비롯한 세계 전쟁사를 즐겨 읽은 그는 독서를 통해 영국 육군의 독특한 버릇 하나를 발견했는데, 그것은 영국 육군이 해군으로부터 고립되면 금세 겁을 집어먹고 달아나버린다는 것이었다.

섬나라여서 해군이 막강하고 해군이 모든 군사력의 중심이다보니 영국 육군은 해군으로부터 고립되는 것을 크게 두려워했다. 배가 쉽게 드나들지 못하면 영국군의 공포감은 급격히 커질 수밖에 없었다. 나폴레옹은 이에 더해 잔 다르크가 영국군과 싸울 때 본진을 공격하는 것보다 주위의 작은 요새를 점령해감으로써 결국 본진을 무너뜨린 것도 참고했다. 이런 지식이 한순간에 머릿속에서 이어지면서 누구도 생각지 못한 레귀예트 점령의 아이디어로 전개되었다. 전략적 직관은 이처럼 두뇌 이곳저곳에 흩어져 있던 지식이나 경험이 순식간에 조합되어 가장 확실한 문제 해결책으로 거듭나게 하는 능력이다. 이 능력이 출중했던 나폴레옹은 툴롱 전투 이후 3년 만에 대위에서 장군이 되었다.

아르콜레에서의 보나파르트
양투안 장 그로 | 1797 | 유화 | 134×104cm | 상트페테르부르크 | 에르미타슈 박물관

예술가적 직관으로 전략을 창조하다

다비드의 제자 앙투안 장 그로의 〈아르콜레에서의 보나파르트〉는 나폴레옹이 용맹성이나 힘이 아니라 두뇌로 승승장구한 이임을 선명히 묘사한 작품이다. 전해지는 바에 따르면, 1796년 아르콜레에서 벌어진 전투에서 나폴레옹은 빗발치는 총탄을 뚫으며 선두에서 깃발을 들고 앞으로 돌진했다고 한다. 그 영웅을 그린 그로의 그림은 그러나 용맹하고 근육질적인 용사의 이미지가 아니라 지적이고 감성적인 예술가의 이미지를 우리에게 선사한다. 장발로 풀어헤친 머리와 섬세한 이목구비, 창백한 낯빛이 시인이나 피아니스트, 화가의 모습을 떠올리게 한다. 전쟁터에 갈 때도 수백 권의 책을 지니고 갔고 글쓰기를 좋아해 한때 작가가 되기를 꿈꾸었다는 나폴레옹. 그의 위대함은 이렇듯 예술가적인 직관으로 전략의 정연한 그물망에 영감과 통찰의 전류를 흘려보낸 데서 비롯된 것이었다.

전략을 한마디로 정의하면 '특정한 목표를 달성하기 위한 실행 계획'이다. 장수의 지휘 능력을 의미하는 그리스어 '스트라테기아strategia'에서 온 이 말은 오랫동안 전쟁에서 적을 속이는 술책이라는 의미로 쓰였다. '속인다'는 표현에서 알 수 있듯 전략을 펼치는 데는 사람의 마음을 읽고 활용하는 것이 매우 중요하다. 그런 점에서 전략적 직관이 뛰어난 사람은 이런 심리적인 작용 반작용의 관계를 명료히 통찰해 자신에게 유리한 방법을 순식간에 찾아내는 사람이라 하겠다. 전략적 직관의 대가답게 나폴레옹 또한 대중의 심리를 잘 다뤘다. 그만큼 홍보의 중요성을 잘 이해했다. 아마도 근대의 군주 가운데 홍보를 가장 잘 이해하고 활용한 지도자는 그가 아닐까 싶다.

나폴레옹은 사람들의 마음을 움직이는 것을 지도자의 가장 중요한 자

아일라우 전장의 나폴레옹
앙투안 장 그로 | 1808 | 유화 | 521×784cm | 파리 | 루브르 박물관

그로가 그린 또 하나의 나폴레옹 찬미 그림이다. 당대의 사건을 영웅주의에 입각해 그려 장엄의 미학마저 느껴진다. 그림의 토대가 된 아일라우 전투는 1807년 2월 나폴레옹 군대와 러시아-프로이센 동맹군이 아일라우(지금의 러시아 바그라티오놉스크)에서 벌인 전투다. 나폴레옹이 처음으로 큰 손실을 입고 고전한 전투다. 하지만 화가는 그 사실은 뒤로 제쳐두고 나폴레옹의 따뜻한 인간성에 초점을 맞춰 지도자에게 영광을 돌리고 있다.

아일라우 전투는 1807년 2월 7일과 8일 이틀간에 걸쳐 진행되었다. 첫날 양쪽에서 많은 사상자가 발생한 뒤 소강상태로 접어들었다가. 다음날 격전을 벌인 끝에 러시아가 퇴각했으나 무승부로 끝났다. 양쪽 모두 각각 2만여 명 안팎의 병사를 잃었다.

그림은 전투가 끝나고 난 뒤 전장을 돌아보는 나폴레옹에게 초점을 맞췄다. 말을 탄 나폴레옹과 장교들이 아직 주검과 부상자가 즐비한 전장을 돌아보고 있다. 그런 그를 포로가 된 러시아 군인들이 경외감과 존경심이 어린 얼굴로 쳐다보고 있다. 나폴레옹이 부상당한 그들을 잘 돌보라고 부하들에게 지시했기 때문이다. 화가는 나폴레옹의 위대성을 그가 군사적으로 천재일 뿐 아니라, 이처럼 진정한 휴머니즘을 간직한 인간이라는 데 맞춰 표현했다. 이 그림 역시 훌륭한 선전화라 할 수 있다.

질 가운데 하나로 생각했다. 사람들의 마음을 움직이기 위해서는 그들에게 영감을 불어넣고 상상력을 심어주어야 한다. 영혼을 사로잡는 예술가가 되어야 한다. 그래서 그는 신문 같은 일반적인 미디어 외에 미술 같은 예술에 특별히 많은 관심을 기울였고 이를 적극적으로 활용했다.

이런 그를 군인 출신 지도자라 해서 통상적인 전제군주나 독재자와 같은 부류로 생각해선 곤란하다. 사람의 마음을 움직이는 지도자로서 나폴레옹은 권력을 일종의 예술로 생각했다. 그는 이렇게 말을 한 적이 있다.

"나는 권력을 좋아한다. 하지만 예술가로서 좋아한다. 음악가가 자신의 바이올린을 좋아하듯이 말이다."
"내 안에는 각기 다른 두 인간이 있다. 머리를 가진 인간과 가슴을 가진 인간!"

나폴레옹의 전기를 쓴 조르주 보르도노브는 나폴레옹이 독재자였지만 감수성이 매우 뛰어난 인간적인 독재자였다고 말한다.

"(나폴레옹은) 현실과 사실을 지나칠 정도로 존중하는 계몽되고 인간적인 독재자였다. 전제군주였지만 항상 정보에 귀 기울이고, 자기의 의지를 굽히지 않으면서도 여론에 따라 다스리고자 했다. 게다가 잔인하지 않았다."

독서량이 많았던 나폴레옹은 고대의 왕과 지도자들에 대한 신화와 전설이 어떻게 만들어지는지 주의 깊게 살폈다. 신화와 전설에는 지도자에 대한 사람들의 통념과 인식이 담겨 있다. 고대의 왕이나 지도자들은 이런 인식이 지닌 힘이 얼마나 무서운지 잘 알고 있었다. 하지만 이를 전략적이

자파의 페스트 병원을 방문한 나폴레옹
앙투안 장 그로 | 1804 | 유화 | 523×715cm | 파리 | 루브르 박물관

고 체계적인 방식으로 관리하고 나아가 스스로 창조하기까지 하는 경우
는 드물었다.

그러나 '예술가' 나폴레옹은 이 문제에 매우 창조적으로 접근했다. 그
는 스스로 전설이 되기를 원했고 자신이 원하는 방향으로 그 전설이 만
들어지기를 원했다. 그래서 권력을 장악하자마자 파리의 가장 뛰어난 미
술가들을 고용해 그가 원하는 전설을 창조하고 이를 영원히 변하지 않을
이미지로 형상화하도록 했다. 그런 까닭에 나폴레옹을 그린 그림들은 그

때까지의 다른 군주들을 그린 그림들과 비교할 때 그 양이 아주 많을 뿐
아니라 종류도 다양하고 질적으로 매우 우수하다.

예술가의 마음을 움직여 화폭마저 정복하다

그로가 그린 루브르 박물관의 걸작 〈자파의
페스트 병원을 방문한 나폴레옹〉을 보자. 이집트 원정 당시 나폴레옹의
부대는 페스트로 인해 병사들이 쓰러지는 곤경을 겪었다. 시리아의 자파
에 있던 모스크를 병원으로 개조한 뒤 거기에 환자들을 수용했는데, 그
림은 바로 그 병원을 찾은 나폴레옹의 모습을 그린 것이다. 이 그림이 인
상적인 것은 화가가 나폴레옹을 예수 그리스도처럼 그렸다는 것이다.

벌거벗은 채 나뒹구는 병사들의 모습은 지금 이곳의 상황이 얼마나 비
참한가를 잘 보여준다. 전염의 가능성이 매우 높음에도 나폴레옹은 이곳
을 직접 찾았다. 환자의 몸에 손을 대며 그의 병세를 걱정하는 지도자. 이
렇듯 장군이 맨손으로 환자를 만지자 놀란 의사가 나폴레옹을 제지하며
팔을 떼라고 요청한다. 그래도 장군은 요지부동이다. 나폴레옹 곁의 참모
가 손수건으로 코와 입을 가리며 전염될까 두려워하는 것과 대비된다.

서양화의 전통에 익숙한 사람들에게 이 장면은 예수 그리스도가 나병
환자의 몸에 손을 대 기적을 일으키는 장면을 떠올리게 한다. 그림은 말
한다. 나폴레옹은 단순한 지도자가 아니다. 인간을 향한 사랑과 역사의
요구에 모든 것을 투신한 구세주와 같은 존재다. 나폴레옹이 황제로 등극
하기 직전에 이 그림이 공개되었다는 사실을 고려하면, 미술사적으로 높
게 평가되는 것과 별개로 이 그림이 얼마나 세심한 전략적 사고의 산물인
가를 알 수 있다.

나폴레옹의 대관식
자크 루이 다비드 | 1805~1807 | 유화 | 629×979cm | 파리 | 루브르 박물관

다비드의 〈나폴레옹의 대관식〉 또한 그 대단한 명성만큼이나 나폴레옹의 홍보 전략이 빛을 발하는 그림이다. 전 세계의 군주를 그린 그림 가운데 이 그림만큼 영광스럽고 장엄한 것은 없을 것이다. 파리의 노트르담 대성당에서 열린 황제의 대관식에서 나폴레옹은 교황이 관을 씌워주는 관례를 거부하고 자기 손으로 자기 머리에 관을 씌웠다. '천상천하 유아독존'의 영광이 하늘로부터 내려오는 빛이 되어 나폴레옹과 그 앞에 무릎을 꿇은 조제핀에게 찬란하게 쏟아진다. 이 그림을 보노라면, 나폴레옹이야말로 하늘이 내린 황제라는 생각이 들게 된다.

19세기 프랑스 화가가 제작한 최고의 걸작 가운데 하나로 꼽히는 이 그림을 화가는 어떻게 창조해낼 수 있었을까? 나폴레옹과 그의 정부가 권위적이고 억압적으로 예술가들을 다뤘다면, 혹은 돈이나 지위 같은 것만으로 환심을 사려 했다면 이런 그림은 절대로 나올 수 없었을 것이다.

나폴레옹은 예술가들의 마음을 어떻게 움직여야 하는지 누구보다 잘 알았다. 나폴레옹은 예술가들에게 최고의 존경을 표하고 그들의 재능을 인정해 자부심을 극도로 높여줌으로써 그들이 자신을 사랑하지 않으려야 않을 수 없게 만들었다. 나폴레옹은 연극배우 탈마에게 모자를 벗어 최고의 경의를 표한 적이 있는데, 황제 스스로 이를 떠벌리고 다니며 자랑함으로써 배우의 자부심을 한껏 높여주었다. 나폴레옹은 다비드의 작품에 대해서도 늘 공공연히 경의를 표했다. 이런 황제를 그리는 화가의 붓끝에 열정이 실리지 않았다면 오히려 그게 이상한 일이었을 것이다.

나폴레옹은 자신이 죽고 난 뒤 어떻게 기려져야 할지에 대해서도 철저히 전략적으로 접근했고, 그 가장 바람직한 방법도 예술가적인 직관으로 알았다. 그렇게 나폴레옹은 한 시대를 창조한 위대한 창조자가 되었다.

한눈에 읽는 나폴레옹의 역사

| 프랑스 혁명부터 총재정부 수립까지 |

프랑스 혁명(1789~1794)은 부르봉 왕조를 무너뜨리고 공화정을 세운 시민혁명이다 (프랑스 혁명이라고 하면 7월혁명(1830)과 2월혁명(1848)을 포함하기도 하지만 일반적으로는 1789년의 혁명만을 가리킨다). 루이 16세는 과중한 세금 부담에 따른 평민의 불만을 달래기 위해 재정개혁을 실시하고자 했다. 그러나 자신들에게까지 세금이 부과될 것을 우려한 귀족들은 삼부회의 소집을 요구했다. 삼부회에서 표결 방식을 둘러싸고 귀족·성직자 대표(신분별 표결)와 평민 대표(머릿수 표결) 간에 갈등이 일어났다. 평민 대표들은 머릿수 표결 방식이 거부되자 새 헌법이 제정될 때까지 해산하지 않겠다고 선언하고 국민의회를 조직했다. 왕이 이를 무력으로 진압하려 하자 파리 민중은 바스티유 감옥을 습격했다. 그 영향으로 각지에서 농민반란이 유발되자 명칭을 '헌법제정의회'로 바꾼 국민의회는 봉건적 신분제와 영주제의 폐지를 단행했고 '인권선언'을 가결, 공포했다.

한편 혁명이 자국에 전파될 것을 두려워한 오스트리아와 프로이센은 혁명세력을 탄압했는데 이에 프랑스는 혁명전쟁(1792)을 시작했다. 이는 민족주의를 자극하여 지방의 의용군을 파리로 결집시켰고 9월 20일 마침내 프랑스는 전쟁에서 승리를 거두게 된다. 같은 날 국민공회가 소집되어 공화정을 선포하고(제1공화정) 1793년 1월 루이 16세를 처형했다. 이후 로베스피에르가 혁명정부를 수립했으나 공포정치를 실시하는 바람에 처형되었고 1795년 총재정부가 수립되었다.

| 나폴레옹과 제1제정 |

나폴레옹 1세(1769~1821)는 이러한 프랑스 혁명의 격동기 이후의 안정에 기대어 제1제정을 세웠다. 로베스피에르가 몰락한 뒤 형성된 총재정부는 좌익인 산악파·자코뱅파와 우익인 왕당파 모두에게 공격을 받아 불안정한 상태였다. 시에예스는 총재정부를 전복하고자 했는데 이는 1799년 이집트에서 나폴레옹이 귀국하면서 본격화되었다. 나폴레옹은 장군들과 함께 총재정부를 해체하고 임시 통령정부를 수립했다. 나폴레옹은 헌법을 제정하고 재정개혁을 단행했으며 1802년에 종신통령이 된 이후 1804년에는 나폴레옹 법전을 공포하고 황제로 즉위했다. 이 시기부터 나폴레옹 1세가 몰락하기까지의 기간을 제1제정(1804~1814)이라 일컫는다. 나폴레옹은 군사력을 바탕으로 대제국을 건설하려 했으나 에스파냐와의 전쟁, 러시아 원정, 독일 해방전쟁 등에서 패하여 열세에 놓이게 되었고 1814년 연합군에 의해 황제의 자리에서 쫓겨나 엘바 섬으로 유배되었다. 나폴레옹은 1815년 2월 엘바 섬을 탈출하여 100일 천하를 이루었으나 워털루 전투에서 패하여 세인트헬레나 섬으로 다시 추방되었다.

| 다시 왕정복고 시대 |

이후 왕정복고시대(1815~1830)가 시작된다. 유럽 제국은 빈 회의를 열어 메테르니히의 보수주의를 확립했고, 프랑스에서는 부르봉 왕조가 부활했다. 그러나 집권한 왕당파가 경제 공황(1825)에 아무런 대응도 하지 못함에 따라 의회에는 자유주의자와 좌익세력이 늘어났다. 이에 왕당파는 세력 확장을 꾀했으나 노골적으로 선거에 간섭하여 7월혁명(1830)을 자초했다. 이후 부르봉 왕조의 존속은 허용되지 않았고, 하원은 루이 필리프를 왕위에 올렸다. 이로써 루이 필리프 1세 아래 7월왕정이 성립되고, 혁명은 보수적인 입헌왕정을 자유주의적인 입헌왕정으로 바꾸어놓음으로써 부르주아 체제를 완성했다.

| 조카 루이 나폴레옹의 제2공화정 |

그러나 루이 필리프 1세는 중도적인 군주제를 표방했기 때문에 자유주의를 요구하는 국민의 원성을 샀다. 또한 1840년대 중반의 경제 불황으로 노동자 계급의 투쟁이 증가하게 되었다. 이러한 배경에서 2월혁명이 발발한다. 1848년 2월 파리에서 열린 공개토론회가 갑자기 정치적 시위로 번지면서 사상자가 발생했고 루이 필리프 1세가 영국으로 망명한 것이다. 이후 공화주의파와 사회주의파에 의해 임시정부가 구성되었고 1848년 4월 말 제헌의회를 구성하는 선거를 실시했는데, 이때 급진적 사회주의자들이 모두 낙선했다. 이후 남성 보통선거가 도입되어 농민들이 선거권을 가지게 되었고, 나폴레옹 1세의 조카인 루이 나폴레옹 보나파르트가 당선되어 제2공화정이 성립되었다.

〈나폴레옹의 대관식〉의 등장인물도

① 나폴레옹 황제
② 조제핀 황후
③ 어머니 마리아
④ 형 조제프
⑤ 동생 루이
⑥ 여동생들 카롤린, 폴린, 엘리사
⑦ 조카 루이 나폴레옹
⑧ 샤를 프랑수아 르브룅
⑨ 장 자크 레기 드 캉바세레스
⑩ 루이 알렉상드르 베르티에
⑪ 탈레랑
⑫ 뮈라
⑬ 교황 피우스 7세(비오 7세)
⑭ 화가 다비드
⑮ '카이사르의 유령'으로 불리는 인물

이 그림을 위해 다비드는 직업모델을 다수 동원했다. 먼저 모델에게 누드로 포즈를 취하게 한 뒤 이를 스케치했고, 또 옷을 입고 포즈를 취하게 한 뒤 이를 그렸다. 최종적으로는 대관식에 참석했던 실제 인물들을 스튜디오로 불러 그린 뒤 먼저 상세히 그렸던 모델의 포즈와 합성해 화포 위에서 완성했다. 완벽하고 짜임새 있는 인물들의 동작과 구성이 이런 노력 끝에 나왔다.

그림 한가운데를 장식한 나폴레옹 황제(1)는 키가 커보이게, 조제핀 황후(2)는 실제보다 훨씬 젊어보이게 그렸다. 그외에 다른 중요한 인물들을 꼽아보면, 맨 왼쪽에 나폴레옹의 형 조제프(4), 동생 루이(5)가 보이고 그 곁으로 여동생들인 카롤린, 폴린, 엘리사가 서 있다(6). 다른 두 여인은 루이의 아내이자 조제핀의 딸(첫 남편과의 사이에서 낳은 딸)인 오르탕스와 조제프의 아내인 줄리 클라리다. 오르탕스의 손을 잡고 있는 붉은 옷의 아이는 그녀의 아들 루이 나폴레옹(7)이다.

조제핀 뒤로 보이는 스탠드 중앙에는 나폴레옹의 어머니 마리아(3)가 보인다. 그녀는 나폴레옹과 형제들 사이의 불화에 화가 나 대관식에 일부러 참석하지 않았으나 화가는 그녀를 황제의 어머니가 있어야 할 자리에 그려 넣었다. 나폴레옹 어머니 바로 아래에는 황제의 관인 샤를마뉴 관 받침대를 들고 있는 육군 원수 뮈라(12)가 그려져 있다. 그는 나폴레옹의 여동생 카롤린과 결혼했으니 나폴레옹의 매제인 셈이다. 2층 스탠드 두 번째 줄 왼쪽에서 두 번째의 인물이 이 그림을 그린 화가 다비드(14)다. 역사적인 장면을 기록으로 남기기 위해 현장을 주시하며 열심히 스케치하고 있다.

나폴레옹 오른쪽으로는 성직자들이 보이는데, 나폴레옹이 조제핀 쪽으로 돌아서 있어 그들은 지금 황제의 등을 보고 있다. 나폴레옹과 성직자들 사이에 화면 앞쪽을 바라보는 인물이 있는데, 로마의 영웅 카이사르(시저)를 닮았다. '카이사르의 유령'이라는 별명을 가진 이 인물(15)은 나폴레옹이 로마 황제의 정통성을 이은 존재임을 증명해주기 위해 그려진 존재로 평가된다.

교황 피우스(비오) 7세(13)는 보좌에 가만히 앉아 있다. 그가 오른손 세 손가락을 펴 나폴레옹을 축복하는 모습을 연출하는 것은 사실 여부와 관계없이 황제가 다비드에게 그렇게 그리라고 요구했기 때문이다. 피우스 7세는 자신이 대관식을 집전하면 관을 씌워줄 때 나폴레옹이 자기 앞에 무릎을 꿇을 수밖에 없으리라 기대했는데, 나폴레옹이 그 관을 낚아채듯 가져가 직접 쓰는 것을 보고는 망연해했다고 한다. 하지만 이 그림에서는 그저 영웅을 축복해주는 모습으로 그려졌다.

화면 오른쪽에 실루엣으로 등을 보이고 서 있는 인물들은 당대의 고관들, 정치가들이다. 왼쪽부터 샤를 프랑수아 르브룅(8), 장 자크 레기 드 캉바세레스(9), 루이 알렉상드르 베르티에(10), 탈레랑(11)이다. 의기양양한 그들의 모습에서 당대의 엘리트가 지녔을 자부심이 느껴진다.

흥미로운 사실 하나. 다비드는 애초에 이 장면을 나폴레옹이 직접 자기 머리에 관을 씌우는 모습으로 그리려 했으나, 구성상으로 또 기록적인 측면에서 그다지 바람직하지 않다고 생각했다. 그래서 관을 썼던 황제가 그것을 벗어 다시 황후에게 씌우려는 장면으로 구성을 바꿨는데, 문제는 황제를 어떻게 설득할 것이냐 하는 것이었다. 화가는 조제핀에게 황제를 설득해줄 것을 요청했고 자신이 황제와 더불어 그림의 실질적인 주인공이 될 것이라는 사실을 안 조제핀은 이 일에 적극 나서 마침내 지금의 그림이 탄생했다.

이반 뇌제,

차르는 하늘보다 높고 멀다

아들을 부여잡은 아버지의 눈은 황망하다 못해 공허하다. 그의 얼굴에는 피가 튀었고 아들은 관자놀이 아래가 다 흥건하다. 초점을 잃어가기는 아들의 눈 역시 마찬가지나. 일어서려 애쓰는 듯하나 정신이 흐려져 몸이 말을 듣지 않는다. 바닥의 양탄자는 구겨져 있고, 뒤로는 쓰러진 의자가, 앞으로는 나뒹구는 지팡이가 보인다.

러시아 최초의 차르 이반 4세(1530~1584). 죽음의 황제답게 그의 '피의 행진'은 마침내 자신의 아들을 자기 손으로 죽이는 데까지 이르고 말았다. 모든 이를 불신하고 모든 이를 미워했으나 그래도 유일하게 믿고 의지하던 아들을 이렇듯 무참하게 죽이게 될 줄은 이반 4세 자신도 몰랐다. 그러나 재앙은 예정되어 있었고, 일어났으며, 그렇게

1581년 11월 16일 이반 뇌제와 그의 아들 이반
일리야 레핀 | 1885 | 유화 | 199.5×254cm | 모스크바 | 트레티야코프 미술관

그의 악명을 완성했다.

비극은 사소한 데서 시작되었다. 며느리, 그러니까 태자비가 입고 있던 옷이 차르가 보기에 정숙하지 못했다. 그게 발단이었다. 당시 태자비는 임신 중이어서 몸을 움직이기에 좀더 편한 옷을 입고 있었다. 그런데 갑자기 차르가 행차해 그 옷차림새로 시아버지를 맞으러 나갔다. 이에 진노한 차르가 며느리를 걷어찼고 놀란 태자가 뛰어와 아버지를 말렸다. 더욱 분이 오른 차르는 지팡이를 휘두르다 본의 아니게 아들의 관자놀이를 가격했다. 그렇게 쓰러진 아들은 다시는 일어나지 못한 채 닷새 뒤 사망했다.

태자비도 유산 끝에 곧 세상을 떠났다.

러시아 리얼리즘의 대가 일리야 레핀의 〈1581년 11월 16일 이반 뇌제와 그의 아들 이반〉은 러시아 역사의 그 비극적인 순간을 생생히 묘사한 작품이다. 배경을 뒤덮은 어둠과 전경에 떨어지는 빛은 렘브란트의 명암법처럼 주제를 드라마틱하게 부각한다. 물론 앞자락의 빛은 은총이나 자비의 빛이 아니다. 그것은 살인 현장을 포착한 목격자의 눈동자에서 뿜어 나오는 것 같은 증언의 빛이다. 이반 4세는 아마 저 어둠으로 물러가 그 속에 깊이 묻히고 싶었을 것이다. 그렇게 완전히 가려지고 싶었을 것이다. 하지만 그럴 수 없다는 것을 그 자신이 누구보다 잘 알았다. 그 속으로 들어가는 순간, 자기가 죽인 수많은 영혼들이 그를 다시 따가운 빛의 세계로 밀어낼 것이라는 사실을 누구보다 잘 알았다.

공포와 소외, 영혼을 병들게 하다

이반 4세의 별명은 이반 뇌제雷帝다. 영어로는 '이반 더 테러블Ivan the Terrible', 러시아어로는 '이반 그로즈니Ivan Grozny'라고 한다. 우리말이나 영어의 표현은 번역의 대상이 된 러시아어 표현에 비해 다소 치우친 감이 있다. 'the terrible'을 의미하는 러시아어 그로즈니grozny는 '지엄한' '경외심을 불러일으키는' 등의 뜻도 담고 있다. 이 별명으로부터 알 수 있듯 이반 4세는 단순히 무섭고 잔인한 군주만은 아니었고 유능하고 강력한 통치자이기도 했다. 이반 4세는 러시아를 중세적 변방 국가에서 떠오르는 제국으로 탈바꿈시켰고, 카잔의 타타르인들을 정벌하고 시베리아를 개척하는 등 러시아의 영토와 위세를 확장한 대제였다. 그의 치세 동안 러시아의 영토는 10억 에이커가 더 늘어났다. 그럼에도 피에 굶주린(점철된) 그의 삶은 오늘날 그를 역사상 가장 잔인하고 혐오스러운 군주의 한 사람으로 기억하게 만들고 있다.

이반이 이렇듯 비뚤어진 삶을 살게 된 것은 무엇보다 그가 어릴 때 겪은 '간난신고' 때문이었다. 그의 아버지 바실리 3세는 1533년 그가 세 살 때 죽었다. 권좌에 오른 세 살짜리 아기를 대신해 어머니 엘레나가 막후 실세로 통치하게 되었는데, 그 어머니조차 1538년 사망한다. 독살설이 나돌지 않을 수 없었다.

보호자가 사라지자 대귀족 비엘스키 가※와 슈이스키 가가 어린 이반을 꼭두각시로 세워놓고 마음대로 국정을 농단했다. 그동안 어린 이반과 그의 동생은 심한 학대를 당했다. 이반이 가장 사랑하고 따르던 유모 아그레페나를 떼어내 수녀원에 가뒀고(이반이 유모의 스커트 자락을 잡고 비명을 지르며 떨어지지 않으려 했다고 한다), 옷은 귀족 아이들이 입던 것을 물려 입어야 했으며, 이반 스스로 "극심한 빈곤 속에서 지냈다"고 할 만큼 먹을 것조차 제대로 먹지 못했다. 혹시 이반에게 측근이 생길까봐 철저히 감시한 탓에 이반은 청각장애와 언어장애가 있는 동생 유리와만 놀았다. 그런 상황에서 대귀족 슈이스키가 아버지 바실리 3세의 침대에 앉아, 그것도 베개 쪽에 발을 올려놓고 앉아 경멸 어린 시선으로 자신에게 훈계하는 것을 들어야 했으니 그의 가슴은 늘 분노로 타올랐다.

하지만 그는 그런 분노를 내색조차 할 수 없었다. 언제 어디서 누구에게 암살될지 몰라 매일 밤 떨며 자는 상황에서 그나마 목숨을 부지할 수 있었던 것은 비엘스키 가와 슈이스키 가 가운데 어느 한쪽도 압도적인 세를 형성하지 못했기 때문이었다. 둘의 경쟁관계가 계속되고 백성들이 이반을 적법한 군주로 여기고 있었기에 이반은 고통스러운 삶이지만 삶을

이반 뇌제 치하의 귀족의 처형
바실리 블라디미로프 | 1906 | 종이에 과슈 | 랴잔 미술관

계속 이어갈 수 있었다.

이반이 상황의 반전을 시도한 것은 그가 열세 살이 되었을 때였다. 그것은 일종의 전격전이었다. 성탄절 무렵 크렘린 궁에서 향연이 벌어질 때였다. 이반이 벌떡 일어서서 귀족들이 백성을 괴롭히고 나라를 망가뜨리고 있다고 책망하기 시작했다. 그러더니 대귀족 슈이스키를 가리켜 가장 큰 죄인이라고 힐난하고는 경비병들에게 체포를 명령했다. 귀족들이 어안이 벙벙해 우물쭈물하는 사이에 슈이스키는 경비병들에게 맞아 죽었다. 그의 시신은 사냥개들에게 던져졌고 개들이 뜯어먹다 남은 유해는 귀족들이 지켜보는 가운데 두 시간 동안 그대로 방치되었다. 이어서 슈이스키와 가까웠던 귀족 30여 명이 체포되어 모조리 처형되자 귀족들은 큰 두려움을 느꼈고 어린 이반에게 복종하기 시작했다.

최초의 차르, 피의 광풍을 일으키다

이반이 대관식을 가진 것은 그가 열일곱 살 되던 1547년의 일이다. 이때 모스크바 대주교 마카리의 권유에 따라 황제를 의미하는 차르라는 칭호를 사용함으로써 러시아 역사상 최초의 차르가 됐다. 이후 이반 4세는 폐단 개혁과 대외정책 면에서 크고 작은 성과들을 냄으로써 권력을 강화하고 위세를 드높이게 된다. 이런 업적들만 계속 이어졌다면 그는 러시아 역사상 최고의 군주로 남았을 것이다. 하지만 어릴 적 경험했던 지독한 공포와 소외는 그의 영혼 깊은 곳에 복수심을 독버섯처럼 심어놓았다. 게다가 한때 중병으로 죽을 고비에 이르렀을 때 그의 요구에도 불구하고 귀족들이 자신의 어린 아들에게 충성을 맹세하지 않자 귀족들에 대한 경계심과 복수심이 더욱 커졌다. 설상가상으로

이반 뇌제

빅토르 바스네초프 | 1897 | 유화 | 247×132cm | 모스크바 | 트레티야코프 미술관

빅토르 바스네초프는 러시아 민담 등 옛이야기를 낭만주의적인 터치로 표현해 인기를 얻은 러시아 화가다. 영화의 한 장면을 보는 것 같은 스펙터클한 구성과 노련한 배우의 연기를 보는 듯한 인물들의 표정과 제스처가 일품이다.

이 그림 역시 영화의 한 장면을 보는 것 같다. 차르 이반이 계단을 내려가다가 우뚝 멈춰 섰다. 뭔가 비밀스러운 음모의 소리를 들은 것일까, 아니면 갑자기 처단해야 할 정적이 생각난 것일까. 그의 표정에서 우리는 곧 심상치 않은 일이 벌어질 듯한 예감에 사로잡히게 된다. 의심이 많고 잔인한 차르의 본성이 그럴 수 없이 생생히 묘사된 작품이라 하겠다.

사랑하던 황후 아나스타샤가 일찍 죽음으로써(이반은 배후에 귀족들의 음모가 있었다고 생각했다) 그 복수심은 극에 달했다. 갈수록 피에 굶주리게 된 것이다.

바실리 블라디미로프의 〈이반 뇌제 치하의 귀족의 처형〉은 이제 러시아의 일상이 되어버린 귀족 처형을 그린 작품이다. 수평으로 파노라마처럼 펼쳐진 화면이 당대 러시아인들의 황량한 삶을 암시하는 것 같다. 멀리 흐릿하게 성당의 모습이 보이고 처형대 위에는 단죄 대상이 된 귀족과 형을 집행하는 관료, 간수, 성직자 등이 보인다. 누런 두루마리를 펼쳐 죄상을 읽어가는 관료도 그렇지만, 도끼를 쥔 팔을 걷어붙이는 간수도 이런 처형에 익숙한, 이골이 난 듯한 모습이다. 의자에 앉은 차르는 별다른 감정을 드러내지 않고 차분히 집행 과정을 지켜본다. 배경의 안개만큼이나 음울하고 차가운 기운이 그에게서 흘러나온다.

이렇듯 그때그때 의심이 가고 눈에 거슬리는 사람들을 처단하던 이반 4세가 좀더 광범위하고 조직적인 공포의 바람을 일으키기 시작한 것은 친위대인 오프리츠니키를 조직하면서부터다. 오프리츠니키는 1565년에 확립된 황실령 오프리츠니나의 수호자들을 뜻하는데, 이들은 검은 옷을 입고 검은 말을 타고 다녔으며, 안장에 개머리와 빗자루를 달고 다녔다. 개머리는 반대세력에 대한 경계를, 빗자루는 반대세력의 일소를 다짐하는 상징물이었다. 차르의 테러 조직인 이들은 산지사방에서 튀어나와 러시아의 성과 마을들을 비명과 절규로 가득 채웠다. 차르를 배반한 자뿐 아니라 차르의 기분을 거스른 자, 그런 자들과 가족이거나 친구인 자, 좋은 땅을 가지고 있는 자, 부유한 자 등 많은 사람들이 희생자가 됐다. 오프리츠니키는 그저 내키는 대로 체포하고 고문하고 처형하고 재산을 빼앗았다.

　이런 오프리츠니키가 행한 가장 극악무도한 만행은 1570년에 발생한 노브고로드 대학살이다. 이반 4세는 노브고로드 주민들이 외국과 내통하지 않나 늘 의심했다. 그런데 1569년 말 노브고로드의 지도자들이 도시를 폴란드 왕에게 넘기려고 작당 중이라는 잘못된 첩보가 날아들었다. 이때다 싶었던 이반 4세는 오프리츠니키를 동원해 6주 동안 노브고로드를 쑥대밭으로 만들었다. 3만여 명의 주민 가운데 절반이 목숨을 잃었다. 희생자 가운데는 산 채로 화형을 당하거나 꽁꽁 언 볼크호프 강 속에 던져진 사람들도 있었다.

　전해오는 이야기에 따르면, 얼음 구멍에 처박았다가 꺼낸 희생자에게 차르가 "무엇이 보이더냐?"고 물었다고 한다. 그러자 그는 "강바닥에서 지옥의 악마들을 봤다"며 "그 악마들이 곧 너를 잡으러 올 것"이라고 답했다고 한다. 화가 난 차르는 그를 끓는 물에 던져 넣어 죽게 했다. 이처럼 노브고로드에서 잔혹한 피의 제전을 벌인 차르는 모스크바로 돌아와서도 또 수백 명의 관리를 살육했다.

그래도 사랑과 행복을 원했던 한 인간

　　　　　잔인한 군주였지만 이반 4세에게도 사랑할 줄 아는 마음이 있었다. 이반은 첫 번째 황후 아나스타샤를 '작은 암소'라 부르며 진정으로 사랑했다. 천방지축으로 날뛰다가도 아나스타샤가 다정히 속삭이며 마음을 어루만져주면 언제 그랬냐는 듯 분노를 누그러뜨리곤 했다. 그런 황후가 앓다가 죽어가자 이반은 아내만 살려준다면 오랜 정복 야심의 결정체인 리보니아(라트비아와 에스토니아의 옛 호칭)도 포기하겠다

바실리사 멜렌티예바를 경모하는 이반 뇌제
그리고리 세도프 | 1875 | 유화 | 137×172cm | 상트페테르부르크 | 국립 러시아 미술관

고 신에게 맹세했다. 그럼에도 불구하고 황후가 죽어 장례를 치르게 되자 관을 뒤따르며 얼마나 대성통곡을 했는지 탈진한 그를 좌우에서 부축해야 할 지경이었다. 그래도 차르는 계속 자신의 가슴을 내려치며 애통해했다고 한다.

이후 이반은 여섯 명의 부인을 더 두게 되는데, 대부분 병들어 일찍 죽거나 자식을 낳지 못해 수녀원으로 보내졌다. 다만 여섯 번째 황후인 바실리사는 간통죄를 저질렀다는 특별한 죄목으로 수녀원에 보내졌다. 희대의 폭군 차르 몰래 간통을 했다는 게 언뜻 이해가 가지 않고, 그랬다면 수녀원 유폐 정도에 그쳤을 리가 있겠느냐는 의심이 들 수도 있다. 전해오는 이야기에 따르면, 구체적인 간통 사실이 드러난 게 아니라 밤에 자는 동안 바실리사가 잠꼬대로 다른 남자의 이름을 부르는 것을 차르가 들었다고 한다. 질투에 사로잡힌 이반이 결국 그녀를 수녀원으로 내쫓았다는 것이다.

그리고리 세도프의 〈바실리사 멜렌티예바를 경모하는 이반 뇌제〉는 잠자는 바실리사를 바라보는 차르의 모습을 그린 그림이다. 이 그림은 아내가 다른 남자의 이름을 불러 차르를 노하게 했다는 일화보다는 젊은 아내의 아름다운 모습에 넋이 나간 늙은 차르의 내면에 초점을 맞추고 있다. 그림에서 차르는 왜소하고 기력이 쇠해 보인다. 세상을 호령하던 기개와 잔혹한 성품은 다 어디 갔는지 잠자는 색시에게 은근한 눈길을 쏟으며 일상의 작은 행복에 취해 있다. 이런 소소한 행복이 차르를 충분히 사로잡지 못했다는 게 그의 불행이자 당시 러시아의 불행이었다. 하지만 그도 인간이었다는 사실을 강조하며 화가는 그의 마음속 깊은 곳에 숨어 있던 '행복을 향한 열망'을 드러내 보이고 있다.

보물의 방에서 치유를 기대하다

이반 4세의 삶은 의심의 악순환이 지닌 폐해를 가장 극단적으로 보여주는 사례라 할 수 있다. 어릴 때 심한 학대를 받으며 자란 그는 곳곳에 자신의 적이 있다고 의심했다. 의심이 짙어질수록 많은 사람을 죽였다. 죽어가는 사람이 늘어날수록 당연히 더 많은 적이 생겨났다. 죽일수록 늘어만 가는 적은 세상 구석구석에 자신의 적이 있다는 그의 의심을 정당화해주는 근거로 작용했다. 자연히 그의 편집증과

제롬 호시에게 보물을 보여주는 이반 뇌제

알렉산더 리토프첸코 | 1875 | 유화 | 153×236cm | 상트페테르부르크 | 국립 러시아 미술관

망상도 갈수록 심해졌다.

이렇게 의심과 망상에 시달리고 불안과 공포가 쌓일 때 그가 즐겨 찾은 곳 가운데 하나가 궁궐 내 보물의 방이었다. 그는 자신이 수집한 보석과 보물을 보고 만지는 것을 매우 좋아했다. 단순히 부와 재물이 주는 만족감을 즐기기 위해 그런 것은 아니었다. 그는 보석들이 특별한 치유의 힘을 갖고 있다고 믿었다. 이를테면 다이아몬드는 분노를 조절해주고 루비는 부패한 피를 맑게 해주는 힘이 있다고 믿었다. 사파이어는 용기를 북돋워주고 터키옥과 산호는 독을 찾아내는 힘이 있다고 생각했다. 그런 까닭에 한번 보물의 방에 가면 몇 시간이고 앉아서 그것들을 즐기는 재미에 푹 젖었다.

알렉산더 리토프첸코는 〈제롬 호시에게 보물을 보여주는 이반 뇌제〉에서 호시라는 영국인에게 자신의 애장품을 보여주는 차르를 묘사했다. 기력이 약해진 이반 4세는 의자에 앉아 자신의 보물들에 대해 차분히 설명하고 있고, 호시는 서서 다소곳이 차르의 말을 경청하고 있다. 방 자체가 멋진 벽화와 각종 세공으로 화려하게 장식이 되어 있는 데다 곳곳에 놓여 있는 보물들도 진귀하기 이를 데 없어 누가 말해주지 않아도 차르가 얼마나 부유한 사람인지 절로 느껴진다. 사람 목숨을 파리 목숨처럼 내치던 차르는 이곳의 보물들만큼은 늘 살뜰히 어루만지며 사랑스러워했다.

영국의 탐험가인 호시는 이반 4세와 엘리자베스 1세 사이를 오가며 열심히 특사 노릇을 한 인물이다. 차르의 보물의 방에까지 초대된 것을 보면 그가 이반으로부터 얼마나 큰 신뢰를 받았는지 알 수 있다. 호시는 이반 4세에게서 편지를 받아 아무도 모르게 엘리자베스 1세에게 전하는 심부름을 했는데, 이 편지에는 만약 러시아에서 반란이 일어나 처지가 어려워지면 자신을 위해 영국에 피신처를 마련해달라는 청탁도 들어 있었다. 누구도 넘볼 수 없는 무소불위의 권력자였지만, 언제 권좌에서 쫓겨날지 몰라 전전긍긍하던 그만의 내적 두려움을 읽을 수 있다.

갑작스러운 의문의 죽음

이반 뇌제는 1584년 3월 28일 운명했다. 일설에 따르면 체스를 두려고 하던 중 갑자기 쓰러져 죽었다고 하고, 다른 설에 의하면 측근들에 의해 암살되었다고 한다. 암살설은 이반 4세가 죽기 사흘 전 며느리 이리나를 강간하려다 발각되었다는 이야기와 관련이 있다. 시아버지에게 겁탈당할 위기에 놓인 이리나가 당황해 비명을 지르자 그 소리에 놀란 이리나의 오빠 고두노프(훗날 매제인 표도르의 뒤를 이어 차르가 된다)와 차르의 다른 측근 비엘스키가 현장으로 급히 달려갔다고 한다. 그러자 이반은 며느리로 하여금 그냥 돌아가도록 했다는 것인데, 불미스러운 사건을 목격한 두 사람은 언제 차르가 자신들을 제거할지 몰라 먼저 선수를 칠 수밖에 없었다는 것이다.

이런 풍설을 확인하기 위해 소비에트 시절인 1960년대에 이반의 유해를 정밀하게 검시한 적이 있는데, 그때 이반의 유해에서 다량의 수은이 발견됐다고 하니 독살설이 전혀 근거가 없는 것은 아님을 알 수 있다. 이반 4세 사후 막강했던 권력이 사라짐과 동시에 러시아는 로마노프 왕조가 성립되기까지 깊은 혼란 속으로 빠져들게 된다.

이반 뇌제는 말년에 이르러 그동안 자신이 행해온 악행에 대해 두려워하게 되었다고 한다. 깊은 죄의식에 사로잡힌 그는 수도사와 같은 삶을 살기를 원하게 되었다고 하는데, 이 그림은 바로 그런 그의 두려움을 주제로 하고 있다.

이반이 팔을 붙잡고 매달린 사람은 프스코프의 페초르스키에 있는 수도원의 원장이다. 원장에게 이반은 지금 간절히 삭발례를 행해달라고 청하고 있다. 차르가 수도사처럼 머리를 자르겠다는 말에 방 안에 있는 사람들이 다 뜬금없다는 표정으로 차르를 쳐다보고 있다. 차르의 몰락이 다가왔음을 이심전심 느끼고 있는 표정들이다.

한눈에 읽는 러시아의 역사

『러시아 연대기』에 따르면 류리크(?~879)에 의해 러시아가 건설되면서 러시아의 역사가 시작된다. 류리크의 자손은 1598년까지 러시아에 군림하면서 키예프 공국과 모스크바 공국을 지배했으며 류리크 왕조(862~1598)라 불렀다. 키예프 공국의 초대 군주는 올레크 공이었다. 그는 토착의 슬라브인과 융합했고 비잔틴 제국의 황제와 유리한 통상조약을 체결했다. 야로슬라프 1세(재위 1019~1054) 때 최고로 번성한 뒤 여러 공국으로 분열되었고 유목민의 침입을 받아 쇠퇴하다가 1240년 몽골에 정복되었다.

모스크바 공국은 초기에는 류리크 왕조의 지배를 받았다. 1328년 이반 1세는 대군주로 섬겼던 몽골에 바치는 공물을 걷을 수 있는 지위를 얻어 정치적 입지를 굳혔다. 모스크바 공국이 몽골의 지배에서 벗어난 것은 이반 3세 때 이르러서다. 그는 1480년 몽골과의 주종관계를 종결하는 선언을 하고 러시아 전역에 대한 지배를 공고히 하여 전제군주 체제를 확립했다. 이반 4세는 '차르'라는 전제군주의 명칭을 사용했으며 귀족세력에 대항하여 왕권을 강화해나갔다.

그러나 1610년 폴란드의 침입으로 모스크바 공국은 무너지게 된다. 국민군에 의해 독립한 이후 새로운 왕으로 미하일 로마노프가 추대됐다. 이때부터 로마노프 왕조가 시작된다. 국민군과 의회의 지지를 받으며 출발했지만 전제군주 체제로 복귀했다. 이반 5세와 표트르 1세가 1682년부터 1696년까지 병립했으며 그 후 표트르가 스스로 황제라 칭했다(1721). 특히 표트르 1세와 예카테리나 2세를 일컬어 대제라 한다. 마지막 황제는 니콜라이 2세로 1917년 3월혁명으로 퇴위했다가 1918년 가족과 함께 처형되었다. 로마노프 왕조는 18대 304년 동안 존속했다.

로마노프 왕조의 4대 황제인 표트르 대제(재위 1682~1725)는 적극적인 영토 확장 정책을 추진했다. 그는 북진정책을 추진하여 스웨덴을 굴복시키고 발틱 연안으로 진출하여 서구로 나아가기 위한 수로를 확보했다. 이후 서쪽으로 영토를 계속 확장해나간 결과 오늘날의 거대한 러시아 영토를 지배하는 최초의 러시아 황제가 되었다. 또한 1703년부터 상트페테르부르크를 건설하여 1713년 수도를 모스크바에서 이곳으로 옮겼다. 그는 각 분야에서 개혁을 단행했는데 그 핵심은 서구화 정책에 있었다. 상트페테르부르크는 러시아가 외부로 진출하는 중요한 역할을 했으며 이 지역에서 무역이 성행했다. 그는 또한 해군을 창설하고 군대와 행정조직 등을 개혁하는 한편, 1721년 러시아 정교의 교구를 신성종교의회로 대체하여 교회에 대한 국가의 지배를 강화했다.

총병 처형의 아침
바실리 수리코프 | 1881 | 유화 | 223×383.5cm | 모스크바 | 트레티야코프 미술관

　'임금님'이나 '나라님' 같은 호칭과 달리 차르는 매우 잔혹하고 억압적인 군주의 이미지를 떠올리게 한다. 농노제에 기초한 후진적인 사회체제 위에 국가 자체가 최고의 봉건 지주로 군림하다보니 그 정점에 선 차르는 그만큼 무서운 압제자로 인식되곤 했다.

　차르는 삼권을 장악하고 러시아 정교회 수장을 겸한 전제자로, 헌법과 제도화된 내각, 선출된 입법부의 존재를 인정하지 않았다. "하늘은 높다. 그러나 차르는 더 높고 멀다"는 러시아 속담이 보여주듯 무소불위의 권력을 자랑했다. 이에 따라 이반 뇌제뿐 아니라 많은 차르들이 억압적이고 냉혹한 면모를 보여주었다. 러시아 역사상 가장 위대한 군주로 꼽히는 표트르 대제의 별명도 '처형관 차르'였다. 표트르 대제의 사후에는 75년 동안 무려 열 차례의 권력 변동이 발생해 아버지와 아들, 남편과 부인 사이에 죽고 죽이는 혈투가 벌어지기도 했다. '피의 니콜라이'라는 별명을 얻은 마지막 차르 니콜라이 2세가 가족과 함께 혁명세력에게 무참히 살해된 것도 변화하는 시대와 담쌓고 전제주의를 고집한 데 따른 것이었다.

이런 차르의 이미지는 소비에트 러시아의 야심찬 무기 개발에 그대로 스며들었는데, 유명한 '차르 봄바'가 그것이다. 차르 봄바는 옛 소련이 개발한 수소폭탄으로 지금까지 폭발했던 폭탄 가운데 가장 강력한 폭탄이다. 히로시마, 나가사키에 투하된 폭탄보다 3800배 이상 강하다. 1961년 흐루쇼프의 명령에 의해 개발되었는데, 1963년 이 폭탄을 실험 투하했을 때 실험지로부터 1000킬로미터 떨어진 핀란드의 건물 유리창이 깨질 정도였다. 폭발로 인한 지진파는 지구를 세 바퀴나 돌았다. 가히 차르의 이미지와 잘 어울리는 폭탄이라 하겠다.

〈총병 처형의 아침〉은 표트르 대제가 스트렐치들을 처형하는 장면을 그린 그림이다. 스트렐치는 '사격수' 혹은 '총병'이라는 의미를 지닌 말로, 이반 뇌제 시절 창설된 사격부대다. 이들은 차르의 친위대 노릇을 했으나 표트르 대제 시절 대제의 개혁에 불만을 품고 여러 차례 반란을 일으켰다가 1698년 대대적인 탄압을 당하게 된다. 그림은 모스크바의 붉은 광장에서 처형을 기다리는 총병들과 그들의 가족, 동정 어린 시선을 던지는 군중들을 그린 작품이다. 가을 아침의 스산한 기운이 감도는 가운데 화면 오른쪽에서 말을 탄 차르가 다가오고 있다. 그의 싸늘한 눈길이 아침 서리보다 더 차갑다.

스탈린,
20세기 빅브라더의 가장 공포스러운 전형

만면에 인자한 미소를 띤 지도자가 손을 앞으로 내밀고 있다. 마치 나를 따뜻하게 반겨 주는 듯하다. 그런데 이 장면은 지금 사적인 만남을 표현한 것이 아니다. 당 대회를 이끄는 지도자의 모습을 그린 것이다. 엄격한 공식행사 중에도 이처럼 대중을 향해 따뜻한 미소를 짓고 자애롭게 그들을 품을 줄 아는 지도자라면 그는 얼마나 훌륭한 인품을 지닌 이일까? 알렉산드르 게라시모프의 〈18차 당 대회의 스탈린〉을 보노라면, 스탈린 (1878~1953)은 누구나 사랑하고 존경할 수밖에 없는 지도자처럼 보인다.

하지만 그는 자신의 혁명 동지를 비롯해 800만 명을 숙청하고, 집단농장화 등 강압적인 농업 정책으로 1000만 명 이상을 굶어 죽게 만든 폭군이다. 또 강제 이주 정책을 실

18차 당 대회의 스탈린
알렉산드르 게라시모프 | 1939 | 유화 | 121×96cm | 모스크바 | 트레티야코프 미술관

시해 1000만 명이 넘는 인민이 질병과 굶주림으로 세상을 떠나게 만든 독재자다. 그림이 보여주는 이미지와 인간 스탈린 사이에 놓인 이 간격은 옛 소련이 지닌 모순의 크기를 잘 보여주는 징표라고 할 수 있다. 오늘의

러시아는 이 간격을 메워 보다 진전된 민주주의와 시민적 자유를 실현할 과제를 안고 있다.

그러나 스탈린이 러시아에 드리운 그림자는 아직도 짙어서, 러시아인들이 역사를 직시하고 미래를 개척하는 데 그의 존재가 여전히 걸림돌이 되고 있다. 흥미롭게도 이 희대의 독재자를 긍정적으로 평가하는 러시아인이 아직도 적지 않다는 것이다. 2008년 러시아의 한 TV 토크쇼에서 벌인 여론조사에 따르면, 스탈린의 리더십을 높이 평가한다는 응답자가 무려 54퍼센트에 이르렀다(스탈린을 우상이라고 평한 응답자는 16퍼센트에 그쳤다). 최근 고등학교의 역사 교과서에는 그의 지도력을 칭송하는 글들이 실리고 있고, 그의 동상이 새로이 세워지다 못해 상품과 대중문화의 아이콘으로까지 등장하고 있다. 무엇이 많은 러시아인들로 하여금 아직도 스탈린에 대해 향수를 느끼게 하는 것일까?

자부심과 비전을 준 지도자

그것은 그가 러시아인들에게 자부심과 비전을 준 지도자로 인식되고 있기 때문이다. 그는 이차세계대전을 일으킨 전범국가 독일과 싸워 이겼고, 소련의 영토를 넓혔으며, 동유럽의 여러 나라를 위성국가로 만들어 체제를 수호했다. 폭발적인 공업화와 근대화로 러시아 역사상 국력을 최고로 신장시켰고, 소련을 미국과 맞설 수 있는 유일한 초강대국으로 우뚝 세웠다. 비록 그의 통치로 인한 희생이 매우 컸지만, 그가 심어준 국가적 자부심과 찬란한 비전을 러시아인들은 아직도 잊지 못하는 것이다.

이런 러시아인들의 태도는 따지고 보면 그들에게만 고유한 것은 아니

다. 근현대사에서 독재자로 지탄받은 지도자들이 그들의 사후 상당수 혹
은 일부 국민들로부터 그리움과 향수의 대상이 되는 경우가 적지 않다.
과거의 고통스럽고 두려웠던 기억은 점점 사라지고 독재자가 고무한 자
부심과 비전에 대한 긍정적인 기억은 여전히 남아 있는 것이다.

그런 점에서 추종자들에게 자부심과 비전을 심어주는 능력은 리더라
면 누구나 지니고 있어야 할 중요한 자질이라고 할 수 있다. 제아무리 헌
신적이고 정의로우며 뛰어난 능력을 지닌 리더라 하더라도 추종자에게
확고한 자부심과 비전을 심어주지 못한다면, 그보다 능력이 못할 뿐 아
니라 부도덕한 리더에게 자신의 지위를 내주어야 하는 일이 생길 수도 있
다. 이는 리더와 공동체 모두에게 불행이다. 그러므로 민주적 가치와 합
리적 절차를 중시하는 리더일수록 공동체가 지난한 의사결정의 과정을
긍정적으로 수용할 수 있도록 끊임없이 비전을 생산해내고 확고한 자부
심을 더해주어야 한다.

강철 지도자, 세계 최고 공업국으로

스탈린은 1878년 12월 18일 그루지야의 시
골 마을 고리에서 구두 수선공의 아들로 태어났다(권좌에 오른 후 스탈린은
자신의 생일을 1879년 12월 21일로 바꿨다). 본명은 이오시프 비사리오노비
치 주가시빌리. 스탈린이라는 이름은 강철을 뜻하는 러시아어 스탈에서
나온 것이다. 레닌이 지어주었다고 한다.

스탈린은 일곱 살 때 천연두에 걸려 평생 얼굴에 그 흔적을 지니고 살
았다. 열두 살 때는 마차 사고로 왼쪽 팔에 부상을 입었는데, 가난한 부모
가 제때 치료해주지 못해 장애인이 되었다. 그러나 이런 가난과 병, 사고

보다 더한 고통이 성장기에 있었다. 바로 아버지의 폭력이었다. 술에 찌든 아버지는 늘 어머니를 때렸고 스탈린 또한 그 폭력으로부터 벗어날 수 없었다. 이런 가정환경은 스탈린의 성격 형성에 지대한 영향을 미쳐 결국 그가 난폭한 독재자로 성장하는 밑거름이 되었다.

청소년이 된 스탈린은 어머니의 신실한 신앙을 좇아 신학교에 들어갔다. 그러나 그곳에서 그는 마르크스와 레닌의 저서들을 만났고, 곧이어 혁명에 헌신하게 되었다. 여러 차례의 투옥과 유배를 거쳐 레닌의 눈에 든 그는 1912년 러시아사회민주당 중앙위원이 되었다. 1917년 소비에트

16차 당 대회에서 연설하는 스탈린
알렉산드르 게라시모프 | 1929~1930 | 유화 | 모스크바 | 트레티야코프 미술관

지도자, 교사, 친구
그리고리 세갈 │ 1936~1937 │ 유화 │ 120×90cm │ 상트페테르부르크 │ 국립 러시아 미술관

정권의 민족인민위원, 1921년 정치국원, 1922년 당 서기장이 됨으로써 당내 실권을 장악했다.

레닌의 사후 지노비예프, 카메네프와 삼두체제를 이뤘다가 1927년 두 경쟁자와 트로츠키를 당에서 추방함으로써 당정을 망라한 확고한 독재 체제를 구축했다. 레닌의 계승자 자리를 확보한 스탈린은 이후 강권통치로 집단농장화 등 무자비한 사회 재조직과 피의 대숙청을 단행하는 한편, 이를 바탕으로 공업화를 주도해 러시아를 세계 최고의 공업국가 가운데 하나로 만들었다. 이차세계대전 직전 러시아의 공업생산량은 미국에 이어 두 번째였다.

이 무렵 스탈린을 형상화한 그림들을 보면, 스탈린은 주로 통솔력과 판단력이 뛰어난 지도자이자 자상하고 자애로운 인민의 벗으로 표현되었다. 게라시모프의 〈16차 당 대회에서 연설하는 스탈린〉과 그리고리 세갈의 〈지도자, 교사, 친구〉가 그 대표적인 작품이다.

이들 작품은 레닌 때부터 시작된 지도자 주제화의 연장선상에 있는데, 사실 공산혁명이 일어난 국가에서 과거 왕조시대에서나 볼 법한 지도자 그림이 다량으로 그려졌다는 것, 그것도 시간이 흐를수록 공식 미술의 핵심 장르가 되었다는 것은 하나의 아이러니가 아닐 수 없다. 이는 이념의 보위에 앞서 권력자의 보위를 우선시하는 태도를 보여주는 것으로, 원론적으로 이야기하면 이념에 대한 배반일 수 있다. 하지만 사회주의 국가를 건설하는 과정에서 피로 얼룩진 잔인한 권력투쟁이 동반되었고, 추상적인 이념보다 이념의 구현체로서 권력자를 앞세우는 것이 대중조작 측면에서 훨씬 유리했다는 점에서 당시 소비에트 권력층은 이 장르에 큰 관심을 쏟지 않을 수 없었다.

살아 있을 때 레닌은 자신을 영웅화해 표현하는 이런 '아부'를 좋아하지 않았다. 그러나 레닌의 건강 이상을 의식한 동료들은 대중의 시선을 그 문제로부터 돌리기 위해서라도 이 주제를 적극 부각하지 않을 수 없었다. 레닌과 같은 절대적인 권위가 없었던 데다 권력 지향적이고 기회주의적이었던 스탈린은 권력을 장악한 뒤 이 주제의 활성화에 박차를 가했다. 그만큼 깊은 관심을 쏟았기에 화가가 마음에 들지 않게 자신을 표현할 경우 심하면 처벌하기까지 했다. 화가 드미트리 샤라포프는 그렇게 스탈린의 불만을 산 끝에 결국 그의 초상화를 그리던 중에 체포되었다.

레닌의 애제자이자 오늘의 레닌

스탈린이 가장 총애한 화가는 바로 〈16차 당 대회에서 연설하는 스탈린〉을 그린 게라시모프다. 게라시모프는 혁명 전 차르의 장군들 초상을 그리던 보수적인 화가였으나, 스탈린 치세에서 마침내 소련 미술계의 최정상에 올랐다. 1957년 흐루쇼프에 의해 쫓겨나기까지 미술 아카데미 학장을 지낸 그는 스탈린의 구미에 맞춰 스탈린을 우상화하는 데 모든 노력을 경주했다. 1930년대에 벌어진 대숙청이 마무리될 무렵 그는 미술계를 대표해 다음과 같은 보고를 당에 올렸다.

"인민의 적들, 미술전선에서 활발히 활동하며 소비에트 미술의 발전을 가로막고 방해하던 트로츠키파와 부하린파의 잔당들, 파시스트의 첩자들이 스탈린 동지의 영도 아래 있는 소비에트 정보기관에 의해 마침내 가면이 벗겨지고 일소됐다. 이로 인해 전체 예술가 대중 사이에 열정적인 창작 분위기가 조성됐다."

열렬했던 스탈린 지지자답게 게라시모프는 〈16차 당 대회에서 연설하는 스탈린〉에서 스탈린을 역사가 선택한 위대한 지도자로 그렸다. 캔버스에는 흰옷을 입은 스탈린이 강단 있게 자신의 주장을 펼치는 장면이 묘사되어 있다. 16차 당 대회는 제1차 5개년 계획을 결정한 당 대회다. 스탈린의 야심찬 공업화 정책이 처음으로 선포된 자리답게 이를 진두지휘하는 스탈린에게 밝은 빛이 쏟아지고 있다. 빛을 받은 그는 흡사 예언자처럼 보인다. 인상적인 것은 스탈린 뒤로 레닌의 흉상이 보인다는 것이다.

이 시기 스탈린 그림에는 이처럼 배경에 레닌 조각상이 자주 등장한다. 이는 스탈린이 '레닌의 우수한 학생'이자 '오늘의 레닌'임을 강조하기 위한 것이다. 무소불위의 권위와 확고한 정통성을 과시하기 위해 레닌의 아우라에 철저히 의지해야 했던 스탈린은 이렇듯 화가들에게 레닌과 자신이 떼려야 뗄 수 없는 사이임을 나타내도록 요구했다. 이는 러시아사를 다시 쓰도록 주문받은 역사학자들이 두 사람의 관계를 혁명 동지들 사이에서 가장 가까운 것으로 가공할 것을 요구받은 것과 유사한 것이었다.

세갈의 〈지도자, 교사, 친구〉에도 예의 레닌상이 등장한다. 이 거대한 레닌상 또한 스탈린이 레닌의 '적통'임을 나타내기 위한 것이다. 그 아래에서 지금 스탈린과 농민, 노동자들이 회의를 위해 함께 어우러져 있다. 스탈린 곁에 있는 농민 여성은 회의의 사회를 맡았으나 이런 큰 회의를 주재하기에는 아직 서툴러 보인다. 그러나 그녀는 크게 걱정할 필요가 없다. 자상하고 자애로운 지도자가 지금 관대한 미소를 지으며 그녀를 돕고 있다. 다른 참석자들도 스탈린의 따뜻한 조언에 열심히 귀를 기울인다. 그림 속의 스탈린은 이처럼 레닌이 가지고 있던 덕목, 곧 지혜와 겸손, 그리고 인민에 대한 아버지 같은 사랑을 그대로 지닌 위대한 지도자인 것이다.

화가들이 레닌과 스탈린의 관계를 끈끈하게 묘사했던 것과는 달리 말년의 레닌은 스탈린을 경계했다. 레닌은 유서에 덧붙인 글에서 스탈린에 대해 이렇게 말했다.

"스탈린은 너무 난폭한 인간이다. 그의 이런 결점은 서기장의 직책에 합당하지 못하다. 그러므로 나는 그를 그 지위로부터 제외시키는 방법을 찾도록 여러 동지들에게 제안한다."

자신의 사후 당이 분열될지 모른다는 걱정에 레닌은 동지들에게 집단지도체제를 권했다. 그러나 이 문서는 당 간부들에게 전달되기 전에 스탈린에게 넘어갔고, 권력의 화신 스탈린은 레닌의 우려를 끝내 현실로 만들었다. 모든 길이 로마로 통하듯 소련의 정치, 경제, 사회, 문화의 모든 권력이 자신에게 집중되도록 스탈린은 소련 사회를 전면적으로 개조했다. 20세기 빅브라더의 가장 공포스러운 전형을 창조한 것이다.

소비에트 예술의 최고 평론가

러시아 역사에는 폭군이면서 나름의 위대한 성취를 이룬 전제군주가 여럿 있다. 이반 뇌제와 표트르 대제 같은 이들이 대표적이다. 어찌 보면 스탈린은 러시아인들에게 이런 '위대한 폭군'의 전통을 상기시키는 면이 있다고 할 수 있다. 러시아에는 "하늘은 높다. 그러나 차르는 더 높고 멀다"는 속담이 있는데, 스탈린은 어쩌면 그 차르의 존재를 사회주의 국가에서 새로이 창조해낸 인물이라 할 수 있다.

전제군주의 아우라를 발하는 스탈린의 이미지는 표도르 슈르핀의 〈조국의 아침〉에 잘 담겨 있다. 슈르핀은 이 작품으로 영예의 스탈린상을 받았다. 낙원 같은 평야를 배경으로 스탈린이 거상처럼 우뚝 서 있다. 지도자의 위대한 영도 덕에 평야에는 산업화의 상징인 송전탑이 끝없이 이어지고 문명의 이기인 트랙터가 분주히 오간다. 그의 존재가 천상의 축복이라는 사실은 찬란한 아침햇빛이 이 위대한 지도자와 러시아를 환히 비추는 데서 알 수 있다. 스탈린은 이처럼 역사의 어둠이 가져온 고통을 모두 극복하고 오늘의 새로운 희망을 창조해낸 거인인 것이다. 그의 지도력과 투쟁 덕분에 인민은 이제 행복한 미래를 맞게 되었다. 위대한 소련 인민은 역사의 필연에 의해 이렇듯 위대한 지도자를 만나는 엄청난 축복을 누리게 된 것이다.

이처럼 낮 뜨겁게 지도자를 찬양하는 그림을 보노라면, 이런 그림을 그린 화가들 가운데는 속으로 곤혹스러움을 느낀 이들도 적지 않았으리라 추측하게 된다. 서유럽의 평자들은 평화로운 농촌의 삶과 건강한 아낙들을 즐겨 그린 슈르핀이 이런 그림까지 그리게 된 것은 당에 충성심을 보이고 돈을 벌어야 할 나름의 절박한 사정이 있었기 때문일 것으로 추정했다(이 초상은 슈르핀이 그린 유일한 스탈린 초상이다). 그러나 훗날 그의 아들은 아버지가 나름의 확신을 가지고 신념에 따라 이 그림을 그렸다고 증언했다. 이처럼 당시 대부분의 소련 화가들은 스탈린의 영광을 표현하는 것이 곧 자신의 영광이라는 확신을 갖고 있었다.

스탈린은 집단농장화에 대한 농민들의 반발과 저항을 나치 독일과 싸우는 것보다 더한 열정과 잔인성으로 억눌렀다. 그가 예술가들로 하여금 오로지 한목소리로 지도자를 찬양하게 하는 데 방해가 될 것은 아무것도 없었다. 소련 예술의 공식 창작 원리에 사회주의 리얼리즘이라는 이름을 붙인 것도 그라고 하니, 소비에트 예술이 나아갈 길을 스탈린이 얼마

조국의 아침
표도르 슈르핀 | 1948 | 유화 | 167×232cm | 모스크바 | 트레티야코프 미술관

조국의 아침(부분)

나 강력하게 통제했는지 잘 알 수 있다.

　사회주의 리얼리즘이 소련 예술의 공식 창작 원리로 채택된 것은 1934년의 일이다. 이로써 모든 예술은 당에 복무하는 선전 수단으로 전락했다. 당성, 계급성의 강조가 이를 잘 말해준다. 특히 이 창작 원리의 명칭을 사회주의 리얼리즘이라 한 것은 예술 역시 사회적 태도를 반영하는 하나의 이념 현상으로 봄을 의미했다. 예술이 이념 현상이라면 예술의 최고 조정자도 이념가다. 대중은 물론 화가나 비평가, 미술사가도 그에 앞설 수 없다. 이런 논리에 따라 최고 이념가인 스탈린은 사실상 '소비에트 예술의 최고 평론가'가 되었다. 소련 미술가 동맹의 기관지『트보르체스트보』는 이와 관련해 "사회주의 리얼리즘 예술로서 소비에트 예술에 대한 스탈린 동지의 고귀한 언급은 인류의 미학적 사고에 있어 모든 진보적 투쟁의 정점을 반영한다"고 찬양했다. 미술의 임무가 이렇게 정해졌고, 그 핵심적인 과제의 하나가 지도자를 우상화하는 것이었으니 이 주제가 하나의 장르를 이뤄 무수한 작품이 쏟아져나온 것은 불가피한 일이었다.

　물론 미술이 정치권력의 선전 수단으로 전락한 만큼 정치가 요동치면 미술도 요동칠 수밖에 없었다. 스탈린 사후 흐루쇼프에 의해 스탈린 격하 운동이 일어나면서 소련 미술계에서는 더이상 스탈린을 찬미하는 그림이 그려지지 않았다. 그렇게 소련 미술의 핵심 주제 하나가 감쪽같이 사라졌다. 공공장소에 설치된 기존의 스탈린 조각상들도 앞다퉈 제거되었다. 이는 레닌이 사후에도 계속 영웅적인 이미지로 그려진 것과는 대비되는 행로였다. 산이 높은 만큼 골도 깊었던 것이다.

관 속의 스탈린
미하일 압둘라예프 | 1953 | 유화 | 25×35cm

한국전쟁이 휴전을 향해 가던 1953년 3월 5일, 스탈린은 74세를 일기로 사망했다. 사인은 뇌졸중이다. 3월 1일 잠자리에서 쓰러졌으니 4일 만에 세상을 떠난 것이다. 암살설도 있는데, 당시 내무장관이었던 베리야는 자신이 그를 독살했다고 말한 적이 있다. 흐루쇼프는 회고록에서 스탈린의 최후와 관련해 흥미로운 목격담을 전한다. 스탈린이 뇌졸중으로 쓰러졌다는 사실을 확인하고는 내무장관 베리야가 스탈린에 대한 험담과 조롱을 마구 내뱉었다고 한다. 그러다 스탈린이 아직 의식이 있다는 표지가 보이자 갑자기 무릎을 꿇더니 그의 손에 키스를 하더란다. 그 뒤 스탈린이 다시 의식을 잃었음을 확인하게 되자 베리야는 벌떡 일어서서 침을 뱉었다고 한다.

압둘라예프의 그림은 이제 누가 욕을 해도, 침을 뱉어도 분노하기는커녕 묵묵히 그 모든 것을 다 받아들일 수밖에 없는 관 속의 지도자를 보여준다. 재빠르게 흩어지는 필치가 곧 다가올 그의 격하운동을 예고하는 것만 같다.

소비에트의 권력 장악

블라디미르 세로프 | 1947년 그림, 1962년 재제작 | 유화 | 270×210cm | 모스크바 | 트레티야코프 미술관

스탈린을 주제로 한 그림이 그의 사후 더이상 그려지지 않게 된 것과 달리, 레닌을 주제로 한 그림은 소비에트 정권이 무너지기 전까지 계속 그려졌다. 레닌 주제화는 대체로 혁명을 전후한 시기, 그가 발휘한 지혜와 지도력을 묘사하는 데 집중했다.

세로프의 〈소비에트의 권력 장악〉은 1917년 10월 25일(러시아 구력), 혁명을 성공시킨 레닌이 두마 회의실에서 기업의 국유화, 토지의 농민 귀속, 적군의 창설 등을 선포하는 장면을 형상화한 그림이다. 군중 사이에서 불쑥 솟아난 레닌은 단호하고 자신감이 넘쳐 보인다. 혁명을 위해 모든 것을 바쳐온 한 사내의 초인적인 집념이 숭고하게 묘사되어 있다. 비록 행색은 초라해도 행복한 표정을 짓는 농민, 노동자, 군인들의 모습과 고급스럽지만 무뚝뚝한 건물의 표정이 대비된다. 한 시대가 가고 새로운 시대가 오고 있는 것이다.

한눈에 읽는 러시아 혁명

러시아 혁명은 1905년의 제1차 러시아 혁명과 1917년의 3월혁명^{러시아 구력 2월}을 포함하는 러시아의 사회변혁 과정을 일컫는다. 20세기 초 러시아는 혁명적 분위기로 가득했다. 농노해방(1861)이 되었으나 농민은 궁핍을 면치 못했다. 또한 프롤레타리아의 수가 급격히 늘어났고 공황은 해결될 기미가 보이지 않았다. 이로 인해 반정부운동이 끊이지 않았는데 러일전쟁에서의 패배(1905) 이후에는 폭발적으로 증가했다.

1905년 상트페테르부르크의 노동자들은 노동조건의 개선을 내걸고 평화시위를 벌였으나 군인들이 발포로 맞서 수천의 사상자를 냈다. 이른바 '피의 일요일' 사건을 계기로 제1혁명이 시작되었다. 전국에서 노동자와 군대의 충돌이 일어났고 포템킨 호에서는 반란이 일어났다. 모스크바 철도 노동자의 동맹파업이 전국으로 번지면서 혁명은 최고조에 달했다. 결국 니콜라이 2세는 제헌의회의 창설을 약속하는 10월선언을 발표한다. 이를 둘러싸고 혁명세력은 찬성파와 반대파로 분열되고 도시의 대규모 혁명은 끝이 났다. 1906년 5월, 간접선거에 의해 민선의회인 두마^{Duma}가 구성되었고 러시아 제1차 혁명은 실질적으로 실패로 끝난다.

그러나 두마가 걸핏하면 해산되자 온건파들까지 불만을 품게 되었다. 무엇보다 러시아 경제를 파탄으로 몰고 간 제1차 세계대전(1914)은 혁명에 결정적인 영향을 끼쳤다. 1917년에 접어들자 1000건이 넘는 파업이 발생했고, 식량 배급 중단에 항의하는 여성 노동자들의 행진을 시작으로 봉기가 일어났다. 결국 니콜라이 2세는 퇴위를 선언했고, 그의 동생인 미하일 대공이 계승을 거절함으로써 임시정부가 구성되고 로마노프 왕조는 끝이 났다. 이것이 3월혁명으로, 1905년의 제1차 혁명과 달리 농민을 대표하는 군부가 노동자의 혁명에 참가하여 봉기를 이끈 것이 특징이다.

두마 위원회가 결성한 임시정부와 별개로 석방된 정치범들은 3월혁명이 진행되는 중에 페트로그라드^{상트페테르부르크} 노동자·병사 소비에트^{Soviet, 대표자회의}를 구성했다. 다른 도시와 군대에도 소비에트가 형성되었으며, 그해 6월 16일에는 제1차 전 러시아 소비에트 대회가 열렸다.

임시정부는 전쟁을 지속했고 혁명 지도자 레닌은 '자본주의의 타도 없이 종전은 없다'를 내세운 4월테제를 발표했다. 볼셰비키(구소련 공산당의 별칭)는 이를 방침으로 삼고 '모든 권력은 소비에트로'라는 구호를 내걸고 임시정부에 대항했다. 임시정부의 독일 공격이 실패하면서 반정부 흐름이 거세지자, 볼셰비키는 무장시위를 조직했다. 정부는 전선의 군대를 소환하여 이를 진압했고 총리가 된 케렌스키는 혁명세력을 탄압했다. 핀란드로 피신한 레닌의 지도하에 봉기의 방침이 결정되고, 트로츠키에 의해 군사혁명위원회가 설치되어 실질적인 계획이 진행되었다. 11월 6일러시아 구력 10월 24일 봉기가 시작되었고, 혁명군은 수도의 중요 거점을 거의 무혈로 점령해나갔다. 제2차 전 러시아 소비에트 대회에서 멘셰비키(러시아말로 소수파, 다수파라는 뜻의 볼셰비키와 대립하던 당)와 사회혁명당의 일부가 퇴장한 가운데 레닌을 의장으로 하는 인민위원회가 수립되었다. 한편 동궁을 탈출한 케렌스키는 수도를 탈환하고자 했으나 정세는 점차 기울어 1918년 2월에는 혁명이 전국으로 확대되었다.

사상 최초로 사회주의 국가가 세워졌으나 노선 차이로 인한 갈등이 시작되었다. 트로츠키는 영구혁명론을 내세워 서유럽에서 사회주의 혁명이 일어나도록 해야 한다고 한 반면, 스탈린은 일국사회주의론을 통해 소련의 입지를 굳히는 일이 우선이라고 주장했다. 또한 자본주의적 방식을 일부 허용한 신경제정책을 둘러싼 입장도 갈렸다. 트로츠키는 이를 즉시 중단해야 한다고 보았으나 스탈린은 당분간은 불가피하다고 여겼다. 레닌은 스탈린의 무자비함을 알아보고 그가 권력을 독점해서는 안 되며 서기장에서도 물러나야 한다는 내용의 유서를 남겼으나 스탈린은 이를 은폐했고, 지노비예프와 카메네프를 끌어들여 삼두정치 체제를 수립했다. 1924년 레닌이 죽자, 스탈린은 트로츠키파를 숙청하고 실권을 장악하여 마침내 러시아 혁명 10주년이 되던 1927년 독재체제를 완성했다.

스탈린은 일국사회주의론을 뒷받침하기 위해 제1차 5개년 계획(1928)을 실시했다. 부농으로 지목된 농민은 계급투쟁의 대상이 되어 재산을 몰수당하고 강제수용소에 보내졌다. 다음해에는 농민의 토지를 빼앗고 농업을 집단화했다. 이렇게 빼앗은 부와 인력은 공업에 투입되었는데 공업 생산에는 사회주의 경쟁을 도입하여 노동자들 사이의 경쟁을 유도했다. 목표량을 채우지 못한 노동자에게는 가혹한 채찍이 뒤따랐다. 정치적으로는 그 유명한 피의 숙청이 진행되었다. 트로츠키, 지노비예프, 카메네프, 부하린, 르이코프 등의 혁명 동지들이 그의 손에 차례로 죽어나갔다. 1953년 사망하기 전까지 스탈린의 잔인한 독재정치는 멈출 줄 몰랐다.

사회주의 리얼리즘 미술은 그 명칭이 일러주듯 대상의 사실적인 재현을 중시한다. 이 미술이 스탈린 치하에서 공식화되기 전, 볼셰비키 혁명을 대변한 미술은 이런 재현적인 미술이 아니라, 보다 추상적인 아방가르드 미술이었다. 따지고 보면, 스타일상 사회주의 리얼리즘 미술은 복고적인 느낌이 강하고, 아방가르드 미술은 진취적인 느낌이 강하다. 진보를 외친 소비에트의 미술이 왜 전위적인 미술 형식을 버리고 복고적인 형식으로 나아갔을까?

사실 혁명 초기에 사실적인 재현 미술은 낡고 구태의연한 양식으로 치부되어 혁명 주체로부터 외면을 받았다. 볼셰비키 편에 서서 혁명을 지지하고 혁명에 적극 가담한 미술가들은 대부분 아방가르디스트였다. 혁명 이전부터 구성주의, 절대주의 같은 아방가르드 미술은 러시아 사회에서 진보의 상징으로 받아들여졌다. 혁명 당시 아방가르드 경향을 통칭해 '미래주의'라고 부른 것도 이런 진취성 때문이었다.

10월혁명으로 볼셰비키 정권이 들어서자 아방가르디스트들은 예술 행정의 전권을 장악했다. 교육위원회의 미술 책임자로 모더니스트인 슈테렌베르크가 임명되었고, 추상화가 말레비치와 칸딘스키, 구성주의자 타틀린 등이 위원으로 위촉되었다. 이들은 리얼리즘 미술의 본산인 제국 미술 아카데미를 폐교했으며, 전위적인 미술을 가르치고 퍼뜨리는 데 주력했다. 이 무렵 혁명 미술로서 러시아 아방가르드 미술의 영광을 잘 보여주는 작품이 타틀린의 〈제3인터내셔널 기념비 모형〉이다.

실제로 세워졌더라면 엠파이어 스테이트 빌딩의 두 배는 되었을 이 기념비 모형은, 철골과 유리 같은 산업문명의 재료로 프롤레타리아의 혁명정신을 또렷이 드러냈다. 이 작품이 제작된 배경은, 1918년 레닌이 기존의 차르와 장군의 동상을 대체하기 위해 미술가들에게 마르크스 등 사회주의자들의 동상을 제작하도록 했다가 실패한 데서 비롯되었다. 사실적인 형태로 동상을 만들 경우 자연히 인물 자체를 강조하게 되는데, 이는 공산주의 혁명이 개인적인 성취물이 아니라 집단적이고 역사적인 성취물임을 몰각하게 만드는 측면이 있었다. 타틀린의 기념비는 이런 위험을 피할 수 있어서 좋았다. 무엇보다 테크놀로지와 노동의 결합을 느끼게 하는 데다, 활기찬 나선형의 구성이 '아래로부터의 혁명'이라는 주제를 선명히 드러내주었다.

이처럼 아방가르드 미술은 대체로 혁명정신에 잘 부합하고 주제 표현에 뛰어났다.

그러나 당시의 교육, 문화 수준에 비춰 러시아 민중의 눈에 매우 난해하게 비쳤다. 자연히 정치 지도자들은 전위미술의 대중성에 문제의식을 느꼈고, 선전선동 수단으로도 한계가 많다고 생각하게 되었다. 차르 못지않은 독재 권력을 추구한 스탈린의 입장에서는 더더욱 비효율적이고 불편한 미술이었다. 결국 아방가르드 미술은 1920년대를 지나면서 대대적으로 밀려나기 시작했다. 많은 진보적인 미술가들이 숙청되거나 해외로 망명을 떠났다. 1921년 칸딘스키가 독일로, 1922년 나움 가보와 샤갈이 베를린으로, 1923년 페브스너가 파리로 떠나버렸다.

점점 더 부정적으로 옥죄어오는 현실 앞에서 남은 작가들은 순수미술에서 응용미술 쪽으로 방향을 틀어 디자인에 아방가르드 정신을 접목하려 했다. 그들은 스스로를 생산주의자라고 불렀다. 그렇게 아방가르드 미술이 밀려난 자리에는 과거의 리얼리즘 형식에 이념의 색채를 더한 사회주의 리얼리즘 미술이 똬리를 틀었다. 러시아 미술사에서 볼셰비키가 그토록 혐오해 마지않던 차르 숭배의 이미지가 스탈린 숭배의 이미지로 되살아난 데는 이런 반전이 있었던 것이다.

제3인터내셔널 기념비 모형
블라디미르 타틀린 | 1920

클레오파트라·퐁파두르 부인·매춘·오달리스크

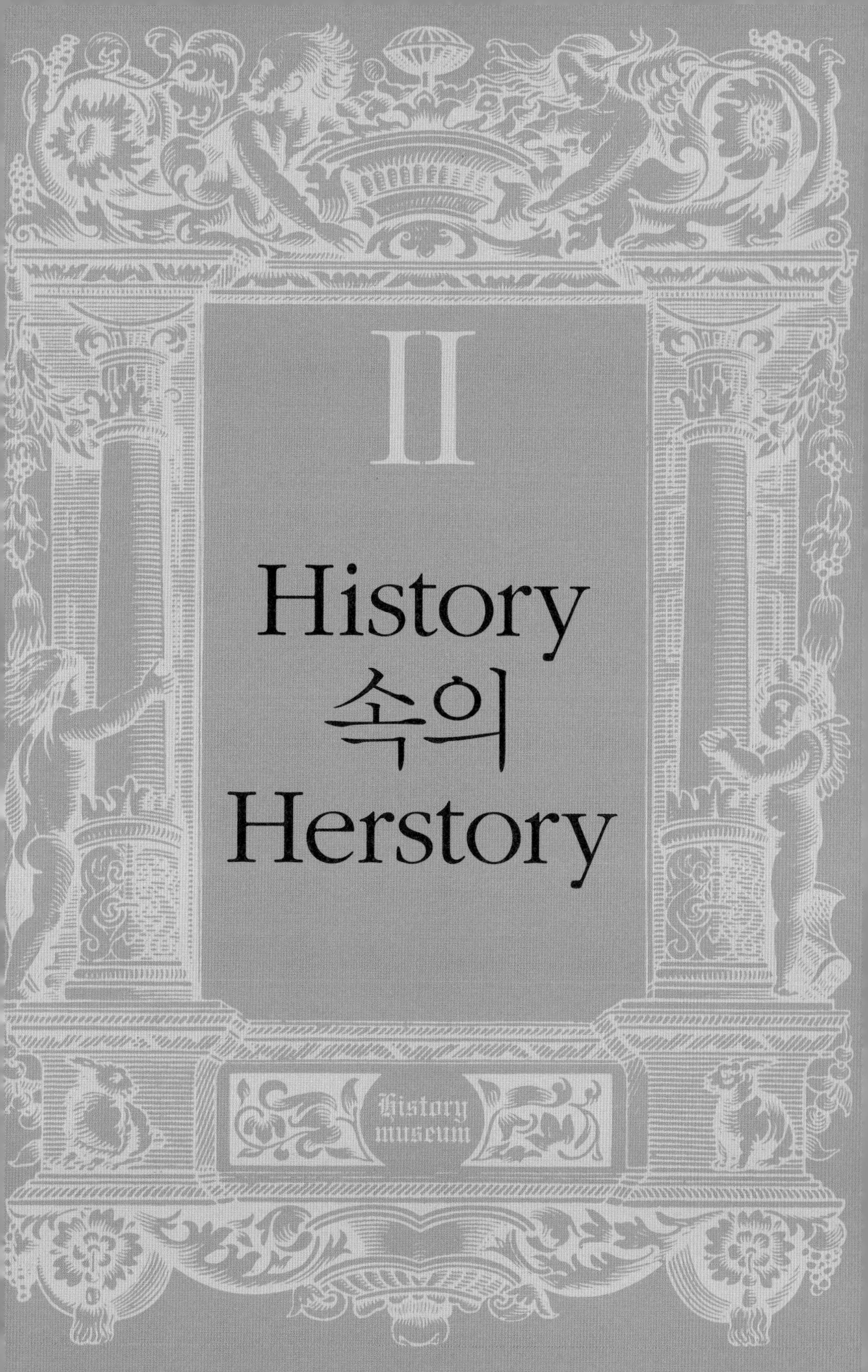
II
History
속의
Herstory
History
museum

클레오파트라, 사랑의 전략으로 일어선 권력의 화신

히스토리history를 이른바 '허스토리herstory'로 만든 대표적인 여성 가운데 한 사람이 클레오파트라다. 카이사르나 안토니우스 모두 당대를 호령한 최고의 영웅들이지만, 그들이 클레오파트라와 함께 있을 때는 그 빛이 금세 흐려지고 만다. 클레오파트라의 광채가 더 찬란하기 때문이다.

클레오파트라의 광채가 얼마나 찬란한가는 그녀가 역사에 등장한 이래 지금까지 그녀에 대한 신화와 전설이 끝없이 확대 재생산되어온 데서 잘 알 수 있다. 이제 그 신화와 전설로부터 사실을 구별해내는 것은 결코 쉽지 않다. 클레오파트라는 실존했던 하나의 인간이기에 앞서 누구도 빠져들지 않을 수 없는 야망과 매력의 영원한 상징인 것이다.

그런 점에서 지금까지 유럽 화단에서 그려져온 클레오파트라의 이미지가 대부분 '팜므 파탈

'의 색채를 띠고 있는 것은 불가피한 현상이라고 할 수 있다. 일단 그 현상은 그 현상대로 보면서 거기서 진정한 클레오파트라의 모습을 발견하는 게 이 시대의 의식 있는 관자의 감상법이 아닐까?

카 이 사 르 에 게 스 스 로 진 상 품 이 되 어

클레오파트라는 살아 있을 때부터 신화를 양산했다. 이집트의 파라오는 본질적으로 신적인 존재다. 왕가숭배는 이집트의 전통이며, 클레오파트라는 왕국의 권력과 종교를 체화한 살아 있는 여신이었다. 그에 더해 클레오파트라는 전통적인 왕조숭배보다 자신에 대한 개인숭배를 더 강조했기에 그녀를 둘러싼 모든 게 신비의 광채를 덧입을 수밖에 없었다.

클레오파트라는 로마인들에게도 매우 신비로운 존재였다. 물론 그 신비로움은 긍정적인 색채보다는 부정적인 색채를 띤 것이었다. 당대의 로마인들에게 클레오파트라는 위대한 로마의 영웅들을 사로잡은, '여성 공포증'을 불러일으킬 만한 존재였다. 이는 옥타비아누스가 정적이었던 안토니우스와 클레오파트라의 관계를 선정적으로 포장해 비난함으로써 한층 강화되었다. 두 사람이 죽은 뒤에도 옥타비아누스는 이른바 '로마의 가치'를 보존하기 위한 방편으로 클레오파트라의 부정적인 측면을 지속적으로 환기시켰는데, 오늘날 우리에게 친숙한 요부의 이미지가 이때 이미 확고히 뿌리내렸다.

관능과 미모의 현현체로 클레오파트라를 그린 그림은 매우 많다. 주제의 측면에서 보면 카이사르와 만날 때, 또 안토니우스와 만날 때 그 요부

카이사르 앞의 클레오파트라
장 레옹 제롬 | 1866 | 유화 | 183×129.5cm | 개인 소장

성이 특별히 더 강조되어 그려지곤 했다. 19세기 프랑스 화가 장 레옹 제롬이 그린 〈카이사르 앞의 클레오파트라〉가 그런 그림이다.

카이사르와 클레오파트라가 운명적인 만남을 가진 해는 기원전 48년이다. 당시 클레오파트라는 동생이자 남편인 프톨레마이오스 13세와의 권력투쟁에서 패해 폐위된 상태였다. 마침 이집트에 큰 영향력을 행사하는 로마의 지도자 카이사르가 이집트 알렉산드리아의 궁정에 머물고 있어 클레오파트라는 카이사르의 힘을 빌리고 싶었다. 카이사르는 이집트의 안정을 위해 프톨레마이오스 13세와 클레오파트라의 화해가 긴요하다고 생각하고 있었다. 이는 클레오파트라의 입장에서 매우 바람직한 상황이 아닐 수 없었다.

문제는 두 사람에 대한 카이사르의 소환에도 불구하고 프톨레마이오스 13세의 군사들이 가로막고 있어 클레오파트라가 그 소환에 응할 방법이 없었다는 것이다. 이에 클레오파트라는 기상천외한 방법을 생각해냈다. 아폴로도르라는 이름의 하인에게 자신을 값비싼 천에 말아 어깨에 메고 카이사르 앞에 가도록 한 것이다. 설마 천에 둘둘 말린 진상품, 그것도 심부름꾼이 어깨에 메고 온 진상품이 여왕이리라고는 아무도 생각지 못했다. 하인은 궁궐의 경비마저 속이고 카이사르 앞에 이르렀고, 양탄자를 펼치자 거기서 마법처럼 클레오파트라가 솟아나왔다.

그림에서 클레오파트라는 비너스 여신인 양 아름다운 자태를 자랑한다. 그녀의 미모와 관능에 대한 전설에 충실히 부합하려는 듯 화가는 클레오파트라를 세미누드 상태로 그렸다. 하체에 걸친 치마도 일종의 '시스루'다. 그 모습을 보고 놀란 카이사르가 반사적으로 자리에서 일어나려 한다. 주변의 측근들도 웅성대는 모습이다.

전해지는 이야기에 따르면, 클레오파트라보다 출두가 늦었던 프톨레마이오스 13세는 누나가 장군 옆에 딱 붙어 있는 모습을 보고는 화가 나서 왕관을 궁정 바닥에 내동댕이쳤다고 한다. 기지로 경계지대를 통과하고 단숨에 카이사르마저 사로잡은 누이에게서 분노와 두려움을 동시에 느꼈을 것이다.

안 토 니 우 스 를   지 속 적   쾌 락 으 로   사 로 잡 다

저 유명한 안토니우스와의 연애 사건도 클레오파트라가 그의 소환에 응한 데서 비롯되었다. 카이사르가 죽어 최고의 후원자를 잃은 클레오파트라는 로마가 내전의 혼란에 빠지자 안토니우스, 옥타비아누스(아우구스투스)의 '카이사르파'와 카시우스, 브루투스의 공화파 양 진영 사이에서 다소 모호한 태도를 취했다. 이에 안토니우스는 '카이사르파'에 대한 클레오파트라의 충성을 확인할 필요를 느껴 그녀를 소환했고, 클레오파트라는 안토니우스가 머물고 있는 소아시아의 타르수스로 가지 않을 수 없었다.

앨머 태디마의 〈안토니우스와 클레오파트라〉는 두 연인의 첫 만남을 매우 드라마틱하게 묘사한 걸작이다. 태디마는 셰익스피어의 희곡 『안토니우스와 클레오파트라』의 내용에 기초해 이 그림을 그렸다.

클레오파트라는 안토니우스가 시드노스 강에서 뱃놀이를 즐기는 데 착안해 자신의 배를 안토니우스의 배 가까이에 이르게 했다고 한다. 그녀는 배를 황금과 보석으로 화려하게 치장했으며 그럴 수 없이 아름다운 향기로 충만하게 했다. 그러고는 갑판 옥좌에 비너스로 분장해 앉아 있었다. 무척이나 화려한 배를 본 안토니우스는 궁금해서라도 그 배에 가까이 다가가지 않을 수 없었다.

안토니우스와 클레오파트라
앨머 태디마 | 1866 | 유화 | 183×129.5cm | 개인 소장

　화가는 넋이 나간 안토니우스가 벌떡 일어나 경이에 찬 눈길로 클레오
파트라를 바라보는 모습을 그렸다. 클레오파트라는 금으로 장식된 이동
닫집 아래에서 상황을 예의주시하고 있다. 자신이 원하는 대로 안토니우
스가 끌려오고 있음을 감지한 듯한 표정이다. 안토니우스와 극적인 첫 만
남을 가진 후 클레오파트라는 그의 마음을 지속적으로 사로잡기 위해 수
단과 방법을 가리지 않았다고 한다. 행여 안토니우스가 권태를 느낄세라
늘 새로운 쾌락을 개발했고 산해진미에 악사와 무희를 동원한 화려한 즐

클레오파트라

귀스타브 모로 | 1887년경 | 수채화 | 40×25cm | 파리 | 루브르 박물관

상징주의 화가 귀스타브 모로는 클레오파트라를 마법세계의 여왕처럼 그렸다. 모로는 역사상 요부로 불린 여인들에게
관심이 많아 그들을 주제로 한 그림을 적잖이 그렸는데, 클레오파트라 외에 살로메, 밧세바 등이 그 주된 대상이었다.
이 여인들처럼 클레오파트라도 전신 누드에 옷이 몸의 일부를 장식적으로 가린 모습으로 표현했다. 머리에는 티아라를
썼고 여왕의 홀을 옥좌에 기대어 놓은 대신 손에는 꽃을 쥐고 있다. 몽환적인 배경 저 멀리에 스핑크스와 피라미드가
보인다. 먼 곳을 응시하는 클레오파트라의 눈은 남다른 지성을 자랑하듯 반짝인다. 인상적인 것은 그녀의 오른손 아래
쪽에서 까만 뱀이 다가오고 있다는 것이다. 그녀의 운명을 상징하는 이미지라 하겠다.

길 거리를 제공했다고 한다. 그림에서는 그러고도 남을 클레오파트라의 집념과 열정이 시나브로 풍겨나온다.

이런 그림들에서 엿볼 수 있듯 많은 서양화가들이 클레오파트라에게서 강력한 미적, 관능적 매력을 보았다. 매력이라기보다는 마력이라고 하는 게 더 옳을지 모르겠다. 퇴폐성과 음모의 그림자가 진하게 밴 그런 마력 말이다. 그러나 실제로 클레오파트라가 그토록 퇴폐적이고 음탕한 존재였을까? 로마의 시인들이 규탄한 그대로 '동방의 괴물'이자 '노예들에게도 몸을 바치는 암컷' '창녀들의 여왕'이었을까?

마지막 파라오, 그녀의 정치 감각

클레오파트라는 이집트 라지드 왕가의 마지막 파라오다. 라지드 왕조는 마케도니아 정복자의 피를 이은 왕가로, 알렉산드로스가 기원전 323년 사망하자 그의 동료 장군 중 한 사람인 프톨레마이오스가 이집트의 통치권을 장악하며 생겨났다. 이후 이집트 파라오의 이름은 계속 프톨레마이오스로 이어 내려오는데, 공주들의 경우에는 클레오파트라라는 이름이 가장 일반적으로 쓰이게 된다. 라지드 왕가의 마지막 파라오 클레오파트라는 그래서 같은 이름의 조손을 세世로 구분해 쓰는 서양식에 따라 클레오파트라 7세가 된다.

이런 역사적 배경이 일러주듯 클레오파트라는 그리스인의 피를 이어받았다. 그런 까닭에 그녀에게서 전형적인 이집트인의 인종적 특성을 떠올려서는 곤란하다. 라지드 왕가 사람들은 이집트어를 할 줄 몰랐다. 당연히 일상에서 그리스어를 썼으며, 그리스 풍의 옷을 입었고, 그리스 식으로 살았다. 클레오파트라도 예외는 아니었다. 다만 이전의 왕들과 달리 그녀는 민간 이집트어를 배워 말할 줄 알았다. 이집트의 종교와 전통에 대한 이해가 이전의 어떤 왕보다 깊었고, 그만큼 이를 정치적으로 잘 활용할 줄 알았다.

클레오파트라는 선왕 프톨레마이오스 12세가 죽자 동생 프톨레마이오스 13세와 함께 공동 통치자로 등극했다. 당시 클레오파트라의 나이는 열여덟 살, 프톨레마이오스 13세의 나이는 열 살이었다. 왕가의 근친혼 전통에 따라 둘은 부부가 되었는데, 이는 이집트 신앙에서 오시리스와 이시스 신이 오누이이면서도 부부인 것처럼 신의 계보에 속하는 존재들에게는 극히 자연스러운 일이었다. 하지만 로마인들이 보기에 이 부분은 그녀의 비윤리성을 증명하는 좋은 증거였다. 근친상간도 마다하지 않는데 간통이야 더 말할 것도 없다는 비난을 쏟아부을 수 있었기 때문이다.

그러나 이와 관련해 로마인들이 간과한 것은 남매 사이의 결혼은 종교적 함의에 더해 권력의 유지와 배분을 위한 정치적 고려의 산물이었다는 것이다. 이집트에서 이게 가능했던 것은 그리스나 로마와 달리 여성 왕족의 통치를 인정하는 유연성이 있었기 때문이다. 그런 까닭에 클레오파트라는 그리스나 로마에서 태어났으면 여성이라서 받지 못했을 고급 교육(왕자들과 동일한 수준의 교육)을 받을 수 있었고, 훗날 이것이 그녀에게 큰 정치적 자산이 되어주었다.

이런 사실에 기초해보면, 클레오파트라가 카이사르나 안토니우스와 사랑을 나눈 데는 고도의 정치적 계산이 깔려 있었음을 알 수 있다. 여성의 정치 노하우를 발달시켜온 라지드 왕가의 후예답게 그녀는 지중해 최고의 권력자들과 연인 혹은 부부가 되었을 때 어떻게 자신의 정치적 지분을 확대해나갈 수 있는지 누구보다 잘 알았다.

사형수들에게 독약을 시험하는 클레오파트라

알렉상드르 카바넬 | 1887 | 유화 | 165×290cm | 개인 소장

여왕 곁에는 부채를 든 시녀와 잘 길들여진 표범이 있다. 클레오파트라 자체가 매우 아름답게 그려졌지만 그녀 곁의 시녀 또한 아름다운 용모를 지녔다. 아름다운 시녀와 야수 표범은 각각 관능과 권력을 상징한다. 그 모든 것을 갖춘 이가 바로 클레오파트라다. 그런 클레오파트라가 어딘가를 응시한다. 그녀의 시선이 가 닿는 곳에서 한 남자가 죽어가고 있다. 벌써 주검이 되어 들려나가는 사람도 있다. 클레오파트라가 죄인들을 상대로 독약을 테스트하는 장면을 그린 것이다.

이런 끔찍한 순간에도 여왕은 표정 하나 변하지 않고 냉정한 태도를 유지한다. 그녀는 오로지 독약의 효능에만 관심이 있는 듯하다. 이 같은 테스트를 통해 클레오파트라가 발견한 사실은, 효과가 빠른 독약은 심한 고통과 추한 몰골을 남기지만 효과가 서서히 나타나는 독약은 육체가 거의 변형되지 않는다는 것이었다. 미라를 만드는 이집트의 전통에 비춰볼 때 죽고 나서 육체의 형태가 어떻게 되느냐는 클레오파트라 같은 파라오에게 중요한 관심사가 아닐 수 없었을 것이다.

그러므로 클레오파트라의 '연애 행각'을 단순한 사적 방종이나 방탕으로 해석하는 것은 실체적 진실로부터 한참 벗어난 것이라고 할 수 있다. 그녀는 권력을 위해 투쟁했고 권력을 위해 죽었다. 흔히 미모와 관능만으로 영웅들을 사로잡은 것으로 생각하지만, 권력을 향한 열정과 지성, 용기 같은 다른 중요한 덕목이 더 강력한 기제로 작용했다.

전설적 대범함, 그리고 기지

미모와 관능만으로 따지면 클레오파트라보다 우월한 여인들이 카이사르와 안토니우스 주변에는 많았다. 고대 동전에 대한 최근의 연구에 따르면, 클레오파트라는 심지어 이마가 좁고 턱이 뾰족하고 입술이 얇아 결코 미인형이 아니었다고 한다. 영웅들이 사랑한 게 단순한 미모나 관능이 아니었음을 유추하게 하는 대목이다.

클레오파트라의 지성은 그녀가 마케도니아어뿐 아니라 그리스어, 민간 이집트어, 라틴어에도 능통했고, 아랍인, 히브리인, 메데스인과 그들의 언어로 직접 대화를 나눴다는 기록에서 또렷이 확인할 수 있다. 또 독약의 종류와 효과에 대해 깊이 연구했고(사형수에게 독을 주입하는 끔찍한 실험을 행했다고 한다), 미용법과 화장술에 대한 글을 썼다는 기록도 그녀의 지적인 면모를 일깨워준다.

클레오파트라의 용기와 대담성은 그녀와 관련된 다양한 일화들 속에 잘 담겨 있는데, 이를테면 이런 것이다. 클레오파트라와 사랑에 빠진 안토니우스는 비록 마음은 동했지만 그녀가 준비한 음식에는 전혀 손을 대지 않았다고 한다. 그녀의 해박한 독약 지식을 의식해 그녀가 권하는 요리를

클레오파트라의 연회
조반니 바티스타 티에폴로 | 1742~1743년경 | 유화 | 50.5×69cm | 파리 | 코냐크 제 박물관

먹을 수 없었다는 것이다. 그러자 클레오파트라는 포기한 듯 술잔에 꽃잎을 띄워 안토니우스에게 건넸고, 안토니우스가 무심코 이 잔을 받아 마시려 하자 갑자기 술잔을 쳐서 떨어뜨렸다고 한다. 그러고는 노예에게 같은 술을 먹여 죽게 함으로써 그 안에 독이 들어 있음을 확인시켰다. 언제든지 마음먹으면 안토니우스를 죽일 수 있지만 자신은 결코 그렇게 할 사람이 아님을 이런 대범한 행동을 통해 증명했다는 것이다.

이런 이야기도 있다. 어느 날 클레오파트라는 안토니우스에게 장난치듯 1000만 세스테르티우스(동화, 화폐)의 거금을 들여 정찬을 차릴 수 있다고 말했다. 이에 안토니우스가 그럼 한번 해보라고 부추겼다. 당시 로마 병사의 연봉이 900세스테르티우스였으니, 안토니우스는 속으로 말도 안 되는 소리를 한다고 생각했다. 다음날 정찬이 차려졌는데 보니 일상적인 정찬과 똑같았다. 그러자 안토니우스는 거봐란 듯이 클레오파트라를 조롱했다. 이에 클레오파트라가 두 번째 코스를 내오라 시켰는데 달랑 식초 항아리 하나가 나왔다. 클레오파트라는 자신의 귀에서 헤아릴 수 없이 값비싼 진주귀고리를 떼어 식초 잔에 넣었다. 진주가 다 녹자 그녀는 그것을 그대로 들이켰다. 안토니우스는 클레오파트라의 그런 대범함과 과단성에 입을 다물지 못했다고 한다.

티에폴로의 〈클레오파트라의 연회〉는 바로 그 일화를 드라마틱하고도 에너지가 넘치는 붓으로 그린 그림이다. 한 손에 쥔 고가의 진주를 다른 손에 쥔 잔에 넣으려 하는 클레오파트라. 그 광경을 보며 마주 앉은 안토니우스를 비롯해 모든 사람들이 화들짝 놀라고 있다. 기둥이 웅장한 실루엣으로 처리되어 있고 그 뒤의 하늘이 허허롭다. 클레오파트라의 호기로운 행동이 배경의 기둥 못지않게 크고 당당하게 느껴진다.

클레오파트라와 농부

페르디낭 들라크루아 | 1838 | 유화 | 98.4×122.7cm | 오클랜드 미술관

널리 알려져 있듯 클레오파트라는 자살로 생을 마감한다. 로마에서 있을 옥타비아누스의 개선 행진에 적장으로 비참하게 끌려갈 처지를 생각하니 도저히 이를 용납할 수 없었다. 이에 클레오파트라는 기원 전 30년 8월 12일 자살을 결행했다. 독약을 이용했는지 독사에 물려 죽었는지는 확실하지 않다. 하지만 전설은 그녀가 독사에 물려 죽었다고 전해준다. 한 농부가 무화과를 바구니에 담아오면서 그 밑에 독사를 숨겨 전달한 것을 이용했다는 것이다.

들라크루아의 〈클레오파트라와 농부〉에는 그 전설이 생생히 묘사되어 있다. 농부가 바구니에 담긴 뱀을 들춰 보이자 클레오파트라가 뚫어져라 쳐다보고 있다. 흰 살결에 아름다운 용모를 지닌 클레오파트라와 구릿빛 피부에 억세게 생긴 농부의 용모가 대조적이다. 미녀와 야수의 대조법을 연상시키는데, 이런 분위기가 클레오파트라의 존재를 더욱 신화적인 것으로 다가오게 한다.

클레오파트라의 죽음

장 앙드레 릭상 | 1874 | 유화 | 200×290cm | 툴루즈 | 오귀스탱 미술관

릭상이 그린 〈클레오파트라의 죽음〉은 한 시대를 풍미한 여왕의 마지막 모습을 기린 걸작이다. 39세의 나이에 비해 한층 젊어 보이는 육체가 빛을 발하듯 누워 있다. 통곡하던 시녀 가운데 한 사람은 혼절해 있고 다른 한 사람은 여왕의 권위를 지키려는 듯 왕관을 바로잡아준다. 그 모습이, 육체는 갔지만 클레오파트라의 영광은 영원하리라고 예언하는 듯하다. 시녀의 예언대로 클레오파트라는 영원히 시들지 않을 불멸의 삶을 사는 존재로 다시 태어났다.

결국 왕가는 무너지고

　　　　　　　동생들과 치열한 권력투쟁을 벌이고, 카이사르, 안토니우스와의 사랑을 통해 권력의 유지와 확대를 노렸던 클레오파트라. 그러나 그런 그녀도 자신의 모든 것을 '투자'한 안토니우스가 옥타비아누스와의 내전에서 패함으로써 결국 빠져나오기 어려운 궁지에 몰리게 된다. 이처럼 악화된 상황에서 그녀가 최선을 다해 추구한 것은 자식들만이라도 살아남아 이집트를 계속 통치하는 것이었다. 클레오파트라는 옥타비아누스에게 이런 소망을 간절히 호소했다. 안토니우스는 '로마의 가치'를 저버리며 클레오파트라에게 빠져들었지만, 클레오파트라는 안토니우스와 사랑을 나누면서도 자신이 라지드 왕가의 후손이며 이 왕가를 자자손손 이어야 한다는 사명감을 잊어본 적이 없었다. 하지만 그 모든 수고도 헛되이 결국 그녀는 마지막 파라오가 되어버렸다.

　그녀의 자식들 가운데 카이사르의 피를 이은 카이사리온은 죽임을 당했고, 안토니우스의 피를 이은 나머지 자식들은 안토니우스의 아내 옥타비아에게 보내졌다. 지도자를 잃은 이집트는 로마의 속주로 전락해버렸다.

이집트의 역사는 크게 고대 이집트, 프톨레마이오스 왕조 시대, 로마 지배 시대, 그 이후로 나누어 살펴볼 수 있다. 고대 이집트 문명은 나일 강 하류에서 번성했는데 최고 전성기였던 기원전 15세기에는 나일 강 삼각주에서 제벨 바르칼(수단 공화국 북부)까지 세력을 확장했다. (고대 문명 발상지로는 나일 강 유역의 이집트 문명, 인더스 강 유역의 인도 문명, 황 허 강 유역의 중국 문명, 그리고 티그리스·유프라테스 강 유역의 메소포타미아 문명이 꼽힌다.)

기원전 3200년부터 기원전 343년까지 3000년 가까이 존재했으나 알렉산드로스 대왕이 점령함으로써 고대 이집트는 그 막을 내리게 되었다. 알렉산드로스 대왕은 나일 강 하구에 자신의 이름을 딴 도시 알렉산드리아를 세우고 아몬 신전에 참배하였다고 전해진다.

이집트의 프톨레마이오스 왕조 시대는 기원전 305년에서 기원전 30년까지를 일컫 는다. 알렉산드로스 대왕이 바빌론에서 사망하자, 그의 부장部將이던 프톨레마이오스 가 이집트로 건너가 대왕이 임명한 이집트의 아미르(군사령관·총독·황태자 등을 뜻하는 아 랍어) 클레오메네스를 추방하고 새로운 왕조를 세웠다. 이때부터 이집트는 차차 번영을 되찾았다. 왕은 수도를 알렉산드리아로 옮기고 학자와 상인을 그리스로부터 이주시켜 헬레니즘 문명의 중심지로 삼았다. 그러나 점차 그리스 세계와의 접촉이 줄어들었기 때문에 이집트의 색채를 크게 벗어나지는 못했다. 클레오파트라는 바로 이 시기 최후 의 여왕으로 카이사르와 안토니우스와의 결합을 통해 격동기의 왕국을 유지해나갔다. 그러나 기원전 30년 프톨레마이오스 왕조는 클레오파트라 7세의 자살로 마침내 막을 내리고 이집트는 로마의 속주가 된다.

기원전 30년 로마의 옥타비아누스(아우구스투스)가 알렉산드리아를 점령한 이후, 비 잔틴 제국의 통치까지 약 700년 동안 이집트는 로마의 속주였다. 이집트는 행정적으로 동로마 제국(이후 비잔틴 제국)의 수도인 콘스탄티노플의 관할하에 있었는데 이 시기 이 집트는 로마에 곡물을 비롯한 자원을 공급하는 역할을 했다. 이 때문에 농민의 생활은 궁핍했고 도망자가 속출했다. 한편 313년 콘스탄티누스 황제는 기독교를 허용하는 밀 라노 칙령을 내리고 자신도 개종한다. 기독교는 발생 초기에는 박해를 받았으나 이처럼 콘스탄티누스 황제와 테오도시우스 황제의 보호 속에서 급격히 발전한다. 특히 테오도 시우스 황제는 이집트의 신전을 파괴하라는 명령을 내리기도 했다. 비잔틴 제국의 통치는 비잔틴 군대가 아라비아의 침략군과 3년 동안 충돌한 끝에 이집트에서 철수한 642년이 되어서야 끝이 났다.

지도층이 그리스어를 사용하는 이집트는 동로마 제국의 일부가 되었고, 이후 비잔틴 제국이 기독교를 국교로 공인하자 이집트의 토착종교는 설 자리를 잃게 된다. 이집트는 642년에 아라비아의 지배를 받게 되는데 이후 200~300년이 지나서야 현재처럼 아랍어를 사용하고 이슬람교가 지배적인 나라가 되었다. 이후 우마이야 왕조와 아바스 왕조에 의해 통치되다가 969년에 맘루크(9세기 중엽 이슬람 사회의 군인 엘리트층을 형성한 백인 노예) 출신의 장교들이 나라를 세웠는데 이는 1517년까지 유지되었다. 같은 해 이집트는 오스만 제국에 복속되었다.

1914년 제1차 세계대전이 발발하자 오스만 제국의 주권이 상실되면서 이집트는 영국의 보호령으로 넘어갔다. 1922년 일련의 민족주의 봉기에 영향을 받은 영국에 의해 이집트의 독립이 인정되면서 이집트는 형식적인 입헌군주국이 된다. 1952년 가말 아브델 나세르가 장교들과 쿠데타를 일으키고 대통령 자리에 앉는다. 이로써 이집트 현대사의 문이 열리게 되었다.

퐁파두르 부인, 파리의 스타일을 지배하다

의자에 앉은 여인이 악보를 읽다가 고개를 돌려 어딘가를 바라본다. 화려한 의상과 값비싼 가구, 멋진 실내 장식이 아니더라도 그 생김새만으로 기품이 있고 우아한 여성임을 한눈에 알아볼 수 있다. 우윳빛 피부와 단정한 이목구비, 그윽한 눈길, 지적인 분위기가 인상적이다.

그림 속의 여인은 저 유명한 퐁파두르 부인이다. 프랑스 왕 루이 15세의 정부로, 아름답고 교양이 풍부했으며 국정에도 큰 영향을 끼쳤다. 그 명성답게 책과 악보, 악기, 그림들에 둘러싸여 지적인 후광을 드러내는 그녀는 지금 자신을 찾아온 누군가를 반가이 맞이할 태세다. 이 여성을 찾아온 사람은 십중팔구 루이 15세일 것이다. 모리스 켕탱 드 라투르가 그린 〈퐁파두르 부인〉이다.

퐁파두르 부인

모리스 켕탱 드 라투르 | 1755 | 종이에 파스텔 | 178×131cm | 파리 | 루브르 박물관

국사國事에 바쁜 틈을 내 루이 15세가 그녀를 찾은 것은 그녀의 성적 매력에 취해 그녀를 한 번 더 안아보기 위해서가 아니다. 왕비 마리 레슈친스카의 측근조차 "퐁파두르 부인은 내가 본 세상에서 가장 아름다운 여성 중 한 사람"이라고 할 만큼 외모가 뛰어났지만, 그보다 그녀의 사려 깊은 마음씨와 예술적 교양, 남다른 지성이 왕의 발걸음이 잦아지도록 한 중요한 이유였다. 왕과의 사이에서 두 명의 아이를 유산한 퐁파두르 부인은 1750년경부터는 왕과 잠자리를 같이하지 않았다. 정부의 실질적인 역할을 포기한 셈이었지만, 그럼에도 그녀는 죽는 날까지 왕의 총애를 받았다. 그녀의 적들이 보기에 왕은 그녀의 말이라면 팥으로 메주를 쑨다고 해도 믿을 것 같았다. 비록 관능으로 왕을 사로잡을 수는 없었다 하더라도, 그렇게 평생 왕의 최측근으로서 막강한 영향력을 행사하며 한 시대를 풍미했다.

하나의 장르가 된, 그녀의 초상

미술사에서 퐁파두르 부인의 초상은 하나의 장르를 형성했다고 이야기될 정도로 빈번히 그려졌다. 그 위탁자는 대부분 부인 자신이었다. 퐁파두르 부인이 그림으로 자신을 드러내는 데 집착했던 것은 무엇보다 왕으로 하여금 그녀의 영원한 매력을 잊지 않도록 하기 위해서였다. 물론 자주 보는 사람을 그림으로 또 본다고 해서 새로울 게 뭐가 있을까 생각할 수 있지만, 결코 그렇지 않다. 예술은 신비한 힘을 지니고 있다. 예술로 포착한 상은 대상에 대한 판타지를 불러일으키고, 추억이나 그리움, 동경에 잠기게 한다. 열정을 불러일으킨다. 그 점을 퐁파두르 부인은 누구보다 잘 알았다. 퐁파두르 부인은 화가들로 하여금 자신을 나이보다 젊게 그리도록 하는 등 예술적 아우라를 최대한 발산했다. 그러므로 퐁파두르 부인의 초상을 감상할 때 우리는 이 그림이 루이 15세를 일차적인 타깃으로 삼아 그려진 것이라는 사실을 염두에 두고 볼 필요가 있다.

라투르의 그림은 퐁파두르 부인이 서른네 살 때 그려진 것이다. 그녀는 자신의 교양과 안목을 부각할 뿐 아니라 왕으로 하여금 당대의 지적, 예술적 흐름에 관심을 갖도록 배경에 다양한 소품을 동원했다. 부인 곁 테이블에는 희곡작가이자 시인인 과리니의 희곡 〈충직한 양치기〉와 디드로, 달랑베르가 편찬한 『백과전서』, 몽테스키외의 『법의 정신』, 볼테르의 『앙리아드』 등이 놓여 있다. 지구의도 자리를 함께했다. 켈뤼스 백작이 제작한 판화가 테이블 가장자리에 늘어져 있는데, 화가는 이 작품이 퐁파두르 부인의 작품인 것처럼 부인의 사인을 그려 넣었다. 퐁파두르 부인 역시 판화 제작에 능했음을 나타내기 위한 것이다. 이런 지적, 예술적 소품에 둘러싸인 퐁파두르 부인은 당시의 유행을 좇아 화려한 옷을 입었지만, 목걸이 등의 보석 장신구는 착용하지 않았다. 한편으로는 화려한 것을 좋아하면서도 다른 한편으로는 깔끔하고 격조 높은 세련미를 추구했다는 것을 알 수 있다. 높은 수준의 교양을 나타내는 징표라 할 수 있다. 이 모든 지적, 예술적 배경이 부인을 샛별처럼 빛나게 한다.

교 양 의   힘 으 로   권 력 을   거 머 쥐 다

　　　　　　　　퐁파두르 부인이 왕의 정부로 간택된 것은 물론 그 미모가 크게 작용했기 때문이다. 그러나 그녀가 당대의 가장 영향력 있는 여성이 된 것은 단순히 미모 덕이 아니라 그녀의 재능과 교양, 품성이 남달랐기 때문이었다. 품성에 대해서는 뒤에 이야기하기로 하고, 우선 그녀의 재능과 교양에 주목해보자. 퐁파두르 부인은 예술적 재능이 뛰어났고 지적으로 우수했다. 이 재능과 지성이 그녀를 당대 최고의 실세 가운데 한 사람이 되게 만들었다. 교양, 특히 예술적 교양을 흔히 지적 장식 정도로 생각하는 경우가 많지만, 사실 교양은 장식에 불과한 게 아니다. 모든 것을 다 갖춘 사람에게 풍부한 교양은 곧잘 막강한 권력이 된다. 사회적으로 높이 평가되고 또 폭넓게 요구되는 것이 교양인 까닭에 교양이 풍부한 사람일수록 매력적으로 느껴지고 사회관계에서 그만큼 유리한 위치에 설 수밖에 없다.

퐁파두르 부인은 그렇게 교양의 힘으로 권력을 확대 재생산했다. 그녀가 미술, 음악, 문학뿐 아니라 건축, 인테리어, 패션에 이르기까지 폭넓은 지식을 자랑하고 당대의 트렌드를 선도할 수 있었던 것은 오로지 남다른 교양의 힘 덕이었다. 그녀는 자신의 남동생을 예술 담당 장관으로 만들어 콩코르드 광장과 프티 트리아농 궁, 벨뷔 궁 등의 건축 프로젝트를 진행하게 했고, 당대의 걸작 미술품과 공예품을 적극적으로 구입했다. 훗날 유럽 최고의 도자기 산지 가운데 하나가 되는 세브르의 후원에도 발 벗고 나서 그 위대한 도약을 가능하게 만들었다. 역사는 로코코 시대라 불리는 이 시기, 프랑스의 예술적 취향과 취미 판단의 종국적인 형성자로 퐁파두르 부인을 꼽는 데 주저하지 않는다.

그녀의 이런 남다른 능력과 재능을 높이 평가했기에 더이상 연인이 아니었음에도 루이 15세는 퐁파두르 부인을 크게 신임했다. 예술적으로 잘 장식된 데다 여성적인 아름다움과 친근함을 갖춘 부인의 거처를 찾아 진정 쉬는 맛을 즐겼다. 기분이 좋아진 왕은 때로 식사자리의 사람들에게

퐁파두르 부인

프랑수아 부셰 | 1756 | 유화 | 212×164cm | 뮌헨 | 알테 피나코테크

이 그림에서도 퐁파두르 부인은 지적이고 교양이 풍부한 귀부인으로 표현되어 있다. 부셰는 모두 12점
이 넘는 퐁파두르 부인상을 그렸다고 하는데, 이 작품은 그 가운데서도 으뜸가는 명품이라 할 수 있다.
부인은 지금 책을 읽다가 누군가의 방문을 받고 시선을 옮기는 듯한 표정이다. 글쓰기 용도의 작은 책상
이 곁에 있는데, 서랍의 잉크통에 깃대 펜이 꽂혀 있다. 배경에 보이는 공들여 만든 책장도 그녀의 남다
른 지성을 강하게 시사한다. 그녀의 화려한 옷과 배경의 다마스크 천 커튼이 그녀의 지성 못지않은 그녀
의 아름다움을 상기시킨다.

직접 커피를 서브하기까지 했다고 한다. 오스트리아의 여제 마리아 테레지아가 자신의 딸 마리 앙투아네트를 루이 15세의 손자 루이 16세에게 시집보내면서 "무엇보다 파리의 스타일을 지배하라"고 당부한 것은 퐁파두르 부인의 이런 재능과 역할에 대한 깊은 이해가 있었기에 가능했던 것이다.

미 모 와 관 능 을 이 긴 여 인 의 품 격

퐁파두르 부인은 귀족 출신이 아니라 평민 출신이다. 사실 이 점으로 인해 그녀는 궁궐 귀족들로부터 더욱 심한 시기와 질투의 대상이 되었다. 출신 배경이 이럴진대, 그녀는 어떻게 남다른 예술적, 지적 교양을 갖추고 그 어느 귀족보다 막강한 권력을 획득할 수 있었을까? 얼핏 이해가 안 갈 수도 있지만, 거슬러 올라가면 그것은 그녀 아버지의 몰락 때문이었다.

퐁파두르 부인은 1721년 파리에서 재무전문가의 집사였던 프랑수아 푸아송의 딸로 태어났다. 그녀의 본명은 잔 앙투아네트 푸아송이다. 그녀가 어릴 적 아버지가 금융 사고에 연루되는 바람에 온 집안이 풍비박산이 된 적이 있다. 이때 외국으로 피신한 아버지를 대신해 그녀의 어머니는 부유한 징세인 르 노르망 드 투르넴의 도움을 얻어 온 가족을 먹여 살렸다. 노르망의 도움은 단순한 원조가 아니라 미인이었던 어머니와의 연인관계를 고리로 한 것으로 추정된다. 그래서 퐁파두르 부인의 친부가 사실은 푸아송이 아니라 노르망이라는 설이 떠돌기도 했다.

어쨌든 후견인 노르망은 어린 잔 앙투아네트 푸아송의 교육에 돈을 아끼지 않았다. 거기에 어머니의 욕심이 더해져 그녀는 연기, 노래, 무용, 클라비코드, 회화, 판화 등 다양한 예술 분야에 걸쳐 최상의 교육을 받았다. 스승들 가운데는 당대 유럽 최고의 성악가로 꼽히던 피에르 젤리오트 같은 사람도 있었다. 그런 투자의 결과 그녀는 특히 연기와 노래 쪽에서 매우 뛰어난 재능을 보였다. 이렇듯 일찍부터 감각을 계발하고 문화와 예술에 대한 안목을 키운 것이 훗날 그녀의 성취에 긴요한 디딤돌이 되어준 것이다.

이를 간파한 루이 15세의 다른 정부들, 특히 퐁파두르 부인이 더이상 성적으로 왕을 사로잡지 못하게 된 시기에 정부가 된 젊고 아름다운 여인들은, 퐁파두르 부인쯤은 쉽게 제치고 왕의 총애를 한 몸에 받을 수 있으리라 생각했다. 하지만 그것은 착각이었다. 바람둥이 왕은 성적 욕망을 채워줄 젊고 아름다운 여자를 언제 어디서나 쉽게 찾을 수 있었고 또 필요하면 지금의 애첩도 새로운 여인으로 대체할 수 있었다. 하지만 퐁파두르 부인은 그렇지 않았다. 루이 15세가 보기에 퐁파두르 부인을 대체할 수 있는 사람은 이 세상에 단 한 사람도 없었다.

미모와 관능으로 퐁파두르 부인의 자리를 가로채려고 한 대표적인 여인의 한 사람이 카사노바가 '발굴'해 유명해진 미녀 마리 루이즈 오머피다. 그녀를 그린 그림으로 가장 유명한 것은 프랑수아 부세의 〈엎드린 소녀〉다. 퐁파두르 부인도 여러 차례 그린 바 있는 부세는 아직 왕의 정부가 되기 전 오머피의 앳된 모습을 이렇게 표현했다. 그림 속의 오머피는 열세 살짜리답지 않게 발달한 관능미를 선보인다. 순수하고 천진한 표정이 관능미와 대조를 이루며 묘한 매력을 발산한다. 예쁘기도 하지만 그만큼 천진하게 느껴져 이 그림을 보는 관객은 저도 모르게 소녀의 세계로 시나브로 다가가게 된다.

엎드린 소녀
프랑수아 부셰 | 1752년경 | 유화 | 59×73cm | 뮌헨 | 알테 피나코테크

　루이 15세가 오머피에 대해 관심을 갖게 된 것도 그림 속의 그녀의 모습을 보게 되었기 때문이라고 한다. 왕이 본 것은 지금은 망실된 요한 페터스의 미니어처 그림이다. 마침내 궁궐에 들어가 바람둥이 왕의 사랑을 듬뿍 받게 된 오머피는 왕과 살을 맞대지 못하는 퐁파두르 부인을 바람 빠진 풍선 같은 존재로 보았다. 그러나 그녀의 자신감과 야망은 3년을 넘기지 못했다. 1755년 그녀는 왕이 준 5만 리브르의 돈을 손에 쥐고 별 볼 일 없는 귀족 자크 드 보프랑슈와 정략결혼을 해야 했다. 그렇게 냉정하게 버림을 받았다. 당시 "모든 인류가 아담의 자손이라면, 모든 프랑스 사람은 루이 15세의 자손이다"라는 조크가 있었던 데서 알 수 있듯 유명한 바람둥이 왕을 사랑만으로 사로잡으려 한 것 자체가 그녀의 실수였다.

시 아 버 지 에   의 해   왕 에 게 로

퐁파두르 부인이 루이 15세를 만난 것은 1745년 2월 25일 밤, 루이 드 프랑스 황태자의 결혼식을 축하하는 가면무도회 자리에서였다고 한다. 당시 퐁파두르 부인은 이미 유부녀의 몸이었다. 후견인 노르망의 조카 샤를 기욤과 결혼한 사이였는데, 흥미롭게도 그녀의 시아버지까지 나서서 그녀를 왕과 만나게 하려고 애썼다. 그 무렵 왕은 사랑하는 정부 마리 안이 죽어 실의에 빠져 있었는데, 정신廷臣들이 왕의 주의를 돌리려 애쓰자 여기에 그녀의 시아버지도 며느리를 내걸고 가세한 것이다.

마침내 이혼을 하고 왕의 정부가 된 그녀는 퐁파두르 후작부인이라는 작위를 얻었다. 궁궐에 들어가기 위해서는 작위가 필요했으므로 왕이 퐁파두르 후작령을 구입해 이를 문장紋章과 함께 그녀에게 준 것이다. 하지만 그녀의 혈통이 평민 출신이라는 사실 자체는 변한 게 아니어서 귀족들의 눈총은 여전했다. 게다가 왕의 사랑만을 탐한 다른 정부들과 달리 그녀는 국정에도 지속적으로 개입함으로써 더 큰 분노를 샀다.

특히 루이 15세의 인기를 크게 떨어뜨린 7년전쟁(1756~1763)의 패배에 그녀가 결정적인 역할을 했다고 사람들은 생각했다. 정부에 불과한 그녀가 중요한 외교 및 군사 정책 결정에 개입해 수많은 사망자를 내고 국가 재정을 파탄나게 하는 데 일조했다는 것이다. 이런 비난은 사실 귀족들의 선동으로 지나치게 부풀려진 측면이 있다. 어쨌든 프랑스와 오스트리아, 러시아가 한편이 되고 프로이센과 영국이 한편이 되어 싸운 이 전쟁의 패배로 프랑스는 북아메리카와 인도에서 쫓겨나는 신세가 되었다. 이 전쟁 중 로스바흐 전투에서 프랑스가 패했다는 소식에 왕이 크게 실망하자 퐁파두르 부인은 다음과 같은 말로 왕을 위로했다고 한다.

일출
프랑수아 부셰 | 1753 | 유화 | 318×261cm | 런던 | 월리스 컬렉션

일몰

프랑수아 부셰 | 1752 | 유화 | 318×261cm | 런던 | 월리스 컬렉션

"그만 걱정하고 쉬세요. 우리 죽은 뒤에 대홍수가 난들 그게 무슨 대숩니까?"

그녀의 대범함과 현실적인 태도를 확인하게 해주는 말이다. 이렇듯 대범하면서도 냉철한 그녀의 품성과 태도가 그녀가 왕을 사로잡고 왕에 대해 오래도록 영향력을 유지할 수 있었던 또 다른 힘이었다.

왕이 좋아한 퐁파두르의 성품 중에는 배려심도 있었다. 퐁파두르 부인은 왕비 마리 레슈친스카에게 극진한 존경을 표했다. 다른 정부들이 왕의 총애에 오만해져 왕비를 무시하고 모욕했던 것과 달리 그녀는 왕비와의 관계를 돈독히 하기 위해 매우 애를 썼다. 왕에게도 왕비에게 잘해줄 것을 누누이 당부하고 왕비가 좋아할 만한 선물을 마련해 왕이 직접 가져다주도록 하는 등 속 깊은 배려를 했다. 바람둥이로서 왕비에게 죄책감을 갖고 있던 왕은 퐁파두르 부인의 그런 마음씨가 고맙기 그지없었다.

그런가 하면 왕의 잠자리에 필요한 여성을 직접 주선해 자신의 '무능'을 보완하는 식으로 다른 정부들과 구별되는 너그러움을 보여주었다. 이 모든 게 오로지 왕 한 사람을 위한 것이었고 왕도 그 사실을 매우 잘 알았다.

왕에게 연인 이상의 운명으로

두 사람의 돈독한 관계는 그림으로도 표현이 되곤 했는데, 퐁파두르 부인의 요청으로 부세가 그린 〈일출〉과 〈일몰〉이 그 대표적인 작품이다. 화가 스스로가 매우 뛰어난 작품으로 평가했던 두 그림은 태양의 신 아폴로가 바다의 여신 테티스와 바다의 요정들

운명의 여신에게 퐁파두르 부인의 목숨을 연장해달라고 호소하는 예술들
카를 방로 ㅣ 1764 ㅣ 유화 ㅣ 포틀랜드 미술관

을 떠나는 장면과 돌아와 그들의 환영을 받는 장면을 묘사한 것이다. 이 그림에서 아폴로는 루이 15세를 상징하고 테티스 여신은 퐁파두르 부인을 상징한다. 해가 바다에서 떠오르고 바다로 돌아가는 것은 영원히 벗어날 수 없는 숙명이다. 그런 해와 바다의 관계가 곧 루이 15세와 퐁파두르 부인의 관계라는 것이다. 물론 이것은 퐁파두르 부인의 생각이었지만, 그 생각처럼 두 사람의 관계는 부인이 죽을 때까지 계속되었다. 부세 특유의 부드럽고 달콤한 붓놀림이 루이 15세를 향한 퐁파두르 부인의 애틋한 마음을 그대로 전해주는 듯하다.

퐁파두르 부인은 1764년 43세의 젊은 나이로 생을 마감했다. 사인은 폐결핵이었다. 그녀의 장례식 날 왕은 정식 부인이 아니어서 궁중 법도상 예식에 참석할 수 없자 외투와 모자도 쓰지 않은 채 발코니에 서서 차가운 비바람을 맞으며 눈물을 흘렸다고 한다. 파란만장했던 그녀의 지난날이 떠올랐는지 "부인의 여행길이니 날씨가 좋을 리 없지……"라고 되뇌었다고 한다.

부인의 별세로 왕만큼이나 큰 상실감을 맛본 사람들은 프랑스의 예술가들이었다. 그녀의 후원과 격려가 늘 큰 힘이었는데, 예상보다 빠른 그녀의 퇴장에 안타까움과 아쉬움을 느끼지 않을 수 없었다. 카를 방로가 그린 〈운명의 여신에게 퐁파두르 부인의 목숨을 연장해달라고 호소하는 예술들〉에는 그들의 절절했던 심경이 담겨 있다. 운명의 여신이 가위를 들어 부인의 명줄을 끊으려 하자 아폴로와 주위의 조각, 회화, 건축, 음악이 간절한 자세로 그러지 말 것을 호소하는 그림이다. 한 시대 문화예술의 토대를 다진 이에게 보내는 감사이자 그 업적에 대한 극진한 찬사가 아닐 수 없다.

클리블랜드 공작부인 바버라 팔머
피터 렐리 | 1666년경 | 유화 | 런던 | 국립 초상화 미술관

바버라 팔머(1640~1709)는 영국 왕 찰스 2세의 정부였다. 찰스 2세는 많은 정부를 두었는데, 그 가운데 서도 바버라 팔머는 가장 악명이 높은 코티잔이었다. 그림이 보여주듯 그녀는 키가 컸고, 피부가 희었으 며, 관능적인 몸매를 지녔다. 로저 팔머라는 남자와 결혼했는데, 그녀가 왕의 정부가 되고 나서도 둘의 혼인관계는 계속 유지되었다. 그 덕에 남편 팔머는 왕으로부터 캐슬메인 백작의 작위를 하사받았다. 그 녀는 낭비가 심했고, 재물에 욕심이 많았으며, 질투가 대단했다고 한다. 그녀에게 휘둘린 왕은 그만큼 국고를 탕진해야 했고 그녀는 백성의 원성을 들어야 했다.

⟨사랑의 전개⟩ 중 만남

장 오노레 프라고나르

루이 15세의 마지막 정부인 뒤 바리 부인의 의뢰에 따라 프라고나르가 그린 연작의 하나다. 뒤 바리 부인이 왕으로부터 하사받은 땅에 건물을 세운 뒤 카드놀이방의 장식물로 요청한 작품이다. 그러나 이 작품은 다시 화가에게 돌려졌는데, 전하는 이야기에 따르면, 이 그림에 등장하는 남자가 루이 15세를 똑 닮아 이것이 왕에게 누가 될까봐 그랬다는 것이다. 왕의 총애를 한 몸에 받는 입장에서 이를 여봐란듯이 과시함으로써 적들의 시기심과 분란을 일으키고 싶지 않아 그리했던 것으로 보인다.

과거 유럽에서는 퐁파두르 부인처럼 왕이나 귀족, 권력자의 정부가 된 사람을 코티잔courtesan이라고 불렀다. 이들은 일반적인 정부와 달랐고 창부들과도 구별된 존재들이었다. 이들은 높은 지위의 후원자들과 관계를 맺을 뿐 아니라, 그 관계가 사회적으로 공인된 이들이었다.

따라서 코티잔이 후원자에게 제공하는 서비스는 단순히 성적인 것에 국한되지 않았다. 좋은 교육을 받고 교양을 갖춰 후원자의 정서적, 문화적 욕구까지 충족시킬 수 있어야 했다. 코티잔이라는 말이 코티어courtier, 정신, 조신의 여성형이라는 점을 생각해보면, 궁정인으로서 예의와 격, 교양을 갖춰야 하는 것은 필수적인 조건이었다 하겠다.

코티잔이라는 단어가 군주의 정부를 의미하는 용도로 사용되기 시작한 것은 르네상스 시대의 이탈리아에서였다. 이탈리아어로는 코르티자나cortigiana라고 불렀다. 이것이 16세기 무렵 프랑스어 쿠르티잔courtisane을 거쳐 영어 코티잔이 되었다.

물론 코티잔이라 해도 다 같은 코티잔이 아니었다. 그들 사이에도 구분이 있었다. 이탈리아에서는 코르티자나 오네스타cortigiana onesta와 코르티자나 디 루메cortigiana di lume로 구분했는데, 전자가 바로 퐁파두르 부인 같은 지적이고 영향력이 큰 '고급' 코티잔을 의미했고, 후자는 창부보다는 나은 위치에 있지만 대체로 사회적 지위가 낮은 코티잔을 의미했다.

고급 코티잔이 되기 위해서는 아름다운 용모뿐 아니라 교양과 재능, 품성, 센스, 위트를 두루 갖춰야 했다. 따라서 높은 지위의 후원자에게 선택될 때 그 선택의 기준이 되는 것은 결국 그녀가 어떻게 양육되었느냐 하는 것이었다. 고급 코티잔은 좋은 교육을 받을 수 있는 유복한 가정에서 태어난 경우가 적지 않았다. 유부녀인 경우도 많았는데, 어차피 코티잔이 된다는 것은 사랑이 아니라 이익을 따라 한 남자의 파트너가 되는 것이므로, 심지어 자기 남편의 신분 상승 혹은 지위 상승을 위해서도 다른 남자의 코티잔이 될 수 있었다. 이렇게 해서 바라는 이득을 얻으면 상호 양해하에 후원자와 깨끗이 헤어졌다. 후원자들은 자신이 데리고 있던 코티잔에게 헤어질 때 이처럼 원하는 보상을 해주거나, 다른 유력한 후원자를 소개하거나 경제적인 보상을 해주곤 했다.

이처럼 유럽에서 코티잔 문화가 발달한 것은 정략결혼 문화와 밀접한 관련이 있다. 권력자들이나 귀족의 경우 가문과 혈통, 재산을 잇기 위해 정략적으로 결혼하는 경우가 많다보니 정서적이고 육체적인 만족을 이렇듯 혼외의 파트너에게서 찾게 된 것이다. 이것이 궁정문화와 귀족문화에 녹아들어 공식화되어 나타난 것이 바로 코티잔이었다.

매춘,
역사에서 가장 오래된 직업

예술가들은 사회의 규범으로부터 쉽게 일탈하는 편이다. 그래서 갖가지 하위문화를 비교적 편견 없이 수용한다. 윤락문화도 마찬가지다. 미술가들은 윤락문화를 도덕적 잣대로 재단하기보다 인간의 본성과 관련된 중요한 주제로 보곤 했다. 특히 근대의 예술가들은 자신들이 사람들에게 즐거움을 주면서도 사회적으로는 냉대를 당한다는 점에서 창부와 유사하다고 느꼈다. 동질감을 가졌던 것이다. 그런 동질감이 곧잘 창부와 윤락문화를 긍정적으로 표현하는 것으로 이어지곤 했다. 물론 사회의 어두운 측면이나 인간의 벌거벗은 욕망을 그리기 위한 수단으로 윤락문화를 표현하기도 했다.

그러나 근대 이전에는 사회적 제약이 심해 어떤 주제든 윤락문화와 관련된 그림을 그리기가 쉽지 않았다. 예술가들의 태도나 성향과 관계없이 창부를 그린다는 것 자체가 엄격한 금기였다. 중세를 넘어 고대로 거슬러 올라가야 이 주제의 그림들을 다시 볼 수 있다.

고대 그리스에서는 매춘이 경제활동의 중요한 부분을 차지했다. 사람들은 윤락문화를 후대 사람들만큼 비판적인 시각으로 바라보지 않았다. 이런 관용적인 시각이 그리스 미술가들로 하여금 자유롭게 윤락문화를 표현하게 만들었다. 로마의 화가들 또한 유곽을 소재로 한 그림을 적잖이 그렸다. 이런 그림들을 통해 우리는 로마 사람들도 그리스 사람들과 유사한 태도로 윤락문화를 대했음을 알 수 있다.

기원전 이집트, 파라오의 딸도 몸을 팔다

윤락은 금전이나 기타 재산상의 이익을 얻는 대가로 성행위를 하는 일을 말한다. 매춘은 이 세상에서 가장 오래된 직업이라는 말이 있다. 고대 인도에서는 사원의 무희가 참배자에게 몸을 허락하고 보수를 받는 풍습이 있었으며, 이집트 등 지중해 일대에서도 사원 매춘 풍습이 광범위하게 퍼져 있었다.

전해오는 바에 따르면, 기원전 26세기 고대 이집트의 파라오 쿠푸는 피라미드를 세울 돈을 마련하기 위해 딸에게 몸을 팔게 했다고 한다. 기원전 18세기 메소포타미아의 함무라비 법전에는 창부를 포함한 여성의 상속권에 대해 언급한 부분이 나온다. 법조문에 등장하는 창부에 관한 언급 가운데 가장 오래된 것이라 하겠다. 기원전 7세기 바빌로니아에서는 부유한 시민들의 주요 수입원 가운데 하나가 여자노예를 통한 윤락사업이었다.

그리스, 창부도 계급이 있다

　　　　고대 그리스의 윤락문화에 대해서는 오늘날 꽤 많이 알려져 있는 편이다. 문헌을 통해 내려오는 기록도 기록이지만, 무엇보다 도기 그림을 통해 많은 정보를 얻을 수 있다. 그리스 창부들에 대한 가장 중요한 지식은 이 도기 그림들로부터 왔다 해도 과언이 아니다.

　도기에 그려진 윤락문화 주제는 크게 네 가지로 나뉜다. 시끌벅적한 주연 장면과 성행위 장면, 창부들의 화장 장면, 창부들이 학대당하는 장면이 그것이다. 주연 장면 그림은 남녀가 음주가무를 즐기는 모습을 표현한 것으로, 창부들뿐 아니라 남자들도 곧잘 벌거벗고 노는 모습으로 그려졌다. 성행위 장면 그림은 남녀의 성교 장면을 노골적으로 다룬 그림들이 대부분인데, 특이하게도 배후위 체위나 항문 섹스 장면이 가장 빈번히 그려졌다. 성행위 장면과 관련해서는 동성애 장면이나 여성이 올리스보스(자위행위 기구, 가죽으로 만들어졌다)를 사용해 자위행위를 하는 장면이 그려진 것도 볼 수 있다.

　고대 그리스의 창부는 크게 세 종류로 구분된다. 포주에게 예속된 포르나이와 좀더 독립적으로 활동한 중간층의 창부, 그리고 고급 창부인 헤타이라가 그들이다. 포르나이들은 가장 낮은 계층의 창부들로, 대부분 비非그리스인 노예들이거나 그들의 자손이었다. 버려진 여자아이들이 포르나이가 되는 경우도 많았다. 아테네의 경우 이들은 수입이 적은 남성들도 접근할 수 있도록 관리되었는데, 이러한 사회적 통제는 아테네가 추구하는 민주주의의 가치와도 밀접한 관련을 갖는 것이었다.

　중간층의 창부들은 신분상 노예가 아니었으므로 좀더 자유롭고 능동적인 방식으로 활동했다. 외국인 거주자나 가난한 과부, 자유 신분을 획득한 포르나이들이 구성의 대부분을 이뤘다. 이들은 '홍보'에 매우 적극적

창부와의 성행위를 그린 고대 그리스의 도기 그림

이었다. 매우 요란하게 꾸미고 다녔으며, 심지어 샌들에 '날 따라와요'라는 문구를 파 넣어 걸을 때마다 땅바닥에 이 홍보 문구가 새겨지도록 하는 경우도 있었다. 주연에 불려나가 춤추고 노래하고 몸을 팔던 무희들과 연주자들이 이 부류에 속한다고 할 수 있다. 이들 중간층의 창부들을 보통 아우레트리데스(피리 부는 소녀)라고 부른 것에서 이들의 역할과 활동을 짐작해볼 수 있다.

제일 높은 위치에 있는 헤타이라는 단순히 몸을 파는 존재가 아니라 남성들과 수준 높은 대화를 할 만큼의 교양도 겸비한 고급 창부였다. 헤타이라라는 이름의 뜻풀이를 하면 '동반자'로, 이들의 위치는 우리 식으로 보자면 황진이 같은 고급 기생과 유사한 존재였다. 역시 외국인 신분이 많았는데, 그리스 여성들이 일반적으로 사회활동에 제약이 많았던 데

포세이돈 축제의 프리네
헨리크 지미라즈키 | 1889 | 유화 | 390×763.5cm | 상트페테르부르크 | 국립 러시아 미술관

비해 이들은 독립적인 삶을 영위하고 또 나름대로 사회적인 영향력을 행사할 수 있었다.

헤타이라가 이런 힘을 지녔던 것은 이들이 지적인 남성들 사이의 대화에도 자연스럽게 끼어들 수 있었기 때문이다. 이들은 일반 그리스 여성들과 달리 비교적 충실한 교육을 받았다.

재색을 겸비한 고대 그리스의 헤타이라 가운데서는 유명인도 많이 나왔다. 조각가 프락시텔레스의 정부였던 프리네도 그중 한 사람이다. 기원전 4세기 아테네에서 활동한 프리네는 미모를 팔아 번 돈으로 큰 부를 일궜다. 얼마나 돈을 많이 벌었는지 크게 무너져내린 테베의 성벽을 자기 돈으로 재건해주겠다고 테베 당국에 제안했을 정도였다. 그런 그녀의 미모와 관련한 유명한 사건이 '포세이돈 축제의 누드쇼 사건'이다. 엘레우시니아의 포세이돈 축제 때 프리네가 사람들 보는 앞에서 옷을 훌훌 벗어던지고 바다로 걸어들어간 사건이 그것이다.

19세기 러시아 화가 헨리크 지미라즈키가 〈포세이돈 축제의 프리네〉에서 그 광경을 직접 본 듯 생생히 묘사하고 있다. 축제는 지금 아프로디테 여신의 등장으로 절정을 향해 달려가고 있다. 화면 한가운데 나신을 드러낸 여인이 바로 아프로디테다. 물론 아프로디테는 프리네가 역할을 맡아 분장한 것이다. 그 대단하다는 미모의 프리네가 옷을 하나하나 벗어 알몸이 되어가고 있다. 오른쪽 허벅지에 걸친 옷도 곧 땅으로 흘러내릴 것이다. 이를 바라보는 눈빛들이 예사롭지 않다. 환호하는 이가 있는가 하면 꽃을 던지는 이도 있다. 사랑의 신 에로스로 꾸며지는 아이의 분장이 다 끝나면 프리네는 그림 왼쪽 계단을 따라 물로 걸어들어갈 것이다. 그리고는 물에서 탄생했다는 아프로디테의 신화를 재현할 것이다. 이는 자신이 아프로디테와 다름없다는 선언이다. 신화의 나라에 대한 환상이 당대 최고 창부를 통해 매우 인상적으로 재현된 그림이 아닐 수 없다.

헤타이라가 그리스에서 가장 자유롭고 심지어 영향력도 지닌 여성이었던 것은 사실이지만, 그러나 종국적으로는 매춘 여성이었던 까닭에 일반 그리스 여성과 같은 사회적 존경을 얻을 수는 없었다. 이는 정식 시민 계층에서 헤타이라가 나온 기록이 없는 데서 잘 알 수 있다. 그런 까닭에 헤타이라 가운데 많은 이들이 남편을 얻거나 삶의 지주를 얻기 위해 애썼다고 한다.

로마, 노예나 범죄자가 창부가 되다

고대 로마 또한 매춘을 불가피한 사회현상으로, 또 일상의 한 부분으로 보았다. 하지만 그리스의 헤타이라 같은 고급 창부는 많지 않았다. 제국을 건설한 로마는 부유한 시민일수록 많은 노예를 거느렸다. 주인은 노예를 성적으로 마음껏 착취할 수 있었으며 심지어 손님 등 다른 사람에게 욕망의 대상으로 내주기도 했다. 이런 행동을 수치스럽게 여기기는커녕 미덕으로 상찬했다.

그러므로 유곽을 찾는 사람들은 다른 방법으로는 성적 욕망을 해소할 수 없는 사회의 기층에 속한 사람들이었다. 당연히 창부들은 외국인 노예들이 주를 이뤘으며 버려진 여아들 또한 대부분 창부로 자라났다. 이런 점에서 유곽이 대부분 매우 비위생적이고 불결하며 악취가 나는 곳이었다는 기록은 충분히 이해가 가는 내용이다.

물론 창부들 가운데는 시민계층에 속한 사람도 있었다. 이들은 범죄를 저질러 그 벌로 창부가 되거나 곤궁한 형편으로 인해 창부가 된 사람들

로마 폼페이 유곽의 벽화

이었다. 당시에도 매춘은 특별한 기술이 없던 여성들이 다른 노동에 비해 상대적으로 많은 돈을 벌 수 있는 직업이었다.

폼페이의 발굴은 이 고대 로마의 도시에 모두 34개의 윤락업소가 있었다는 사실을 확인해주었다. 인구가 모두 1만 2000명쯤이었을 것으로 추산되니 인구에 비해 꽤 많은 윤락업소가 존재했다는 사실을 알 수 있다. 이곳의 벽화들을 보면 그 내용이 매우 도발적이다. 그리스 도기 그림이 특정한 체위 장면에 몰려 있었다면 이곳의 그림들은 다양한 체위를 고루 보여준다. 아마도 찾아온 손님들의 눈을 즐겁게 하고 성적 욕망을 자극하기 위한 것이었을 것이다. 흥미로운 것은 성행위 그림들 가운데 일종의 브래지어 같은 것을 입고 있는 창부의 모습도 있는데, 거기에 라틴어로 '살살 하세요'라는 글자를 써놓았다는 것이다.

중세가 숨긴 창부, 19세기에 도발하다

중세 이후 기독교 문화의 유럽 지배는 창부를 그림의 주제로 삼는 것을 꺼리게 했다. 가톨릭교회는 결혼의 테두리 밖에서 이뤄지는 모든 성행위를 죄악시했다. 물론 그럼에도 매춘을 금기시하지는 못했다. 그랬을 경우 발생할 더 큰 죄악, 이를테면 강간 등이 늘어날까 두려웠기 때문이다. 16세기의 종교개혁은 유럽의 몇몇 도시에서 유곽을 일소하는 성과를 올렸다. 하지만 그것도 결국 일정한 시간의 한계 속에서나 가능한 일이었다. 시간이 흐르면서 매춘은 다시 되살아났다. 다만 이 무렵 창부와 유곽이 더이상 고대 그리스나 로마에서처럼 활발히 그려지지 않았다는 사실은 윤락문화에 대한 유럽인들의 태도가 과거에 비해 그만큼 부정적으로 바뀌었음을 나타내는 것이라 하겠다.

이렇듯 중세 이래 유럽 대륙에서 별로 그려지지 않고 그려져도 매우 점잖게 표현되던 창부 그림이 본격적으로, 도발적으로 다시 그려지기 시작한 것은 19세기 후반부터다. 이는 대도시화와 산업화, 그리고 예술의 자율성 증대와 밀접한 관련이 있다.

주지하듯 19세기는 메트로폴리스가 나타나기 시작한 시기다. 1810년 유럽 도시 중 런던이 처음으로 인구 100만 명을 돌파했고 1846년 파리, 1880년 베를린이 각각 인구 100만 명을 넘어섰다. 메트로폴리스의 탄생과 더불어 유럽은 국가 전체가 도시화하는 인류 최초의 현상을 맞게 된다. 이렇게 도시가 성장하고 인구가 도시로 집중하면서 필연적으로 매춘은 거대한 산업으로 성장하게 되었다. 특히 도시의 고용 불안은 손쉽게 돈을 벌 수 있는 매춘시장에 사람들을 경쟁적으로 끌어들였다.

이 같은 현상은 유럽 각국으로 하여금 매춘의 불가피성을 인정하면서도 이를 규제할 필요성을 느끼게 만들었다. 만연하는 성병 등이 심각한 사회문제로 대두되었기 때문이다. 그러나 프랑스의 예에서 보듯, 공창으로 매춘활동을 규제하려던 노력은 도시의 성장에 따른 끝없는 인구의 유입으로 실패로 끝나고 말았다. 늘어만 가는 무면허 매춘을 막을 수 없었던 것이다. 1839년 100만여 명의 런던 인구 가운데 8만여 명이 창부였던 것으로 추산될 정도다.

이 시기는 마침 현대미술의 출발과도 겹치는 시기다. 당시 그 어느 때보다 적극적으로 표현의 자유와 예술의 자율성을 부르짖던 미술가들은 대중의 몰이해에 부딪혀 사회적으로 큰 소외감을 느끼고 있었다. 그런 그들의 입장에서 서커스단원이나 무희, 창부와 같은 존재들은 유사한 소외감을 공유하는 존재들이었다. 자연히 창부의 이미지가 빈번히 화포를 수놓게 되었고, 그들에게 손가락질하는 사회를 향해 과연 누가 더 깨끗한지 반문하는 그림까지 나오게 되었다.

창부들의 소울메이트, 로트레크

이처럼 창부들과 소외감을 나눈 19세기 말의 대표적인 화가 가운데 한 사람이 로트레크다. 로트레크는 유흥업종 종사자들을 그림의 소재로 삼았을 뿐 아니라 그들의 문화를 진정으로 사랑하고 거기에 자신의 전 존재를 던졌다.

물랭 가: 건강 검진

앙리 드 툴루즈 로트레크 | 1894 | 유화 | 워싱턴 | 내셔널 갤러리

그는 "그림 작업하러 매일 술집에 갔다"고 말했는데, 진짜 며칠씩 혹은 몇 달씩 사창가에 틀어박혀 그림을 그리곤 했다. 유명한 화상 뒤랑 뤼엘이 그의 그림을 보고 싶다고 했을 때 그가 안내한 곳도 물랭 가의 한 유곽이었다. 이처럼 술 마시며 떠들고 여자들을 껴안다보면 그에게는 그것이 곧 예술이 되었다. 그의 친구 모리스 주아양에 따르면 "그는 반라의 여자들 엉덩이에 손을 얹고 자동 피아노 반주에 맞춰 춤을 추어달라고 요구"하는가 하면 "그들의 자태를 바라보며 황홀경에 빠져들곤 했다"고 한다.

〈물랭 가: 건강 검진〉은 창부들을 대상으로 보건 검사를 하는 이색적인 풍경을 그린 그림이다. 줄지어 서 있는 전경의 두 여인은 성병의 유무를 확인하기 위해 의사의 진찰을 기다리고 있다. 속치마를 들어올렸거나 아랫도리를 완전히 드러낸 모습에서 자신의 성을 타인에게 보이는 것이 이들에게 얼마나 흔한 일상인가를 알 수 있다. 그들의 얼굴에는 부끄러움이나 수치심 같은 것이 전혀 없다. 그저 귀찮고 불편한 요식절차로 생각하는 표정이 역력하다. 매춘의 역사에서 19세기는 이처럼 창부들을 대상으로 강제적인 보건 검사가 도입된 최초의 시기였다. 맨 처음 프랑스가, 뒤이어 영국이 이 제도를 도입했다.

20세기의 창부 그림, 부조리를 고발하다

　　　　　　　20세기 초에 들어서는 윤락녀 주제를 통해 사회나 현실을 비판하려는 의도가 그림에 한층 또렷한 목소리로 담기게 된다. 특히 일차세계대전을 전후한 시기에 부조리한 사회 현실이나 인간 소외를 이런 성적 주제를 통해 표현하려는 경향이 두드러졌다. 키르히너

거리의 여인들

에른스트 루트비히 키르히너 | 1915 | 유화 | 126×90cm | 부퍼탈 | 폰 데어 호이트 미술관

가 그 대표적인 화가다.

나체의 남녀가 자연에서 자유롭게 어울리는 나체주의 그림으로 유명한 독일 화가 키르히너는 창부들을 그릴 때는 오히려 옷 입은 모습을 즐겨 그렸다. 베를린 거리를 배회하는 키르히너의 창부들은 비록 옷은 입었지만 그 특이한 의상과 도발적인 제스처로 다른 사람들보다 도드라져 보인다. 일반 시민들이 보기에는 이들은 당연히 퇴폐와 타락의 상징이었다. 그러나 키르히너에게는 그들이 순수와 정직의 상징이었다.

창부들은 비록 사회로부터 지탄받는 행위를 해서 돈을 벌고 있지만, 누구를 속이거나 갈취하는 일은 없다. 하지만 사회의 지도층 가운데는 부와 명예를 얻고 지키기 위해 온갖 비열하고 악랄한 수법을 마다하지 않는 이들이 있다. 〈베를린 거리 풍경〉을 통해 키르히너는 요구한다. 이 창부들보다 깨끗한 이가 있다면 나와서 이들에게 돌을 던지라고. 최소한 이 창부들은 정직하다. 자신이 어떤 일을 하는지 결코 숨기지 않는다. 그리고 그로 인해 발생한 비판을 묵묵히 감내한다. 하지만 사회의 거악들은 부정한 행위를 하고 있음에도 천연덕스럽게 이를 숨기고 그에 대한 비판도 피해간다. 그들이야말로 진정한 '공공의 적'들이다. 키르히너는 이 시니컬한 그림으로 그 '공공의 적'들에게 통렬한 고발장을 날리고 있는 것이다.

거울 앞의 창부

조르주 루오 | 1906 | 종이에 수채 | 70×60cm | 파리 국립 근대 미술관

조르주 루오는 '20세기의 유일한 종교화가'로 불릴 만큼 종교적인 색채가 짙은 그림을 많이 그렸다. 가난하고 소외된 사람에 대한 그의 관심은 이런 종교적인 태도와 밀접한 관련이 있다. 그 핵심적인 주제가 창부와 어릿광대였다. 이런 이들을 그림으로써 루오는 인간의 진실한 내면을 보고자 했다.

그림 속의 창부는 지금 거울을 보며 단장을 하고 있다. 제아무리 단장을 해도 그녀는 순수한 아름다움을 보여주지 못한다. 창부라는 실존 자체가 그 열망을 꺾는다. 그녀의 단장은 그렇다면 무슨 의미를 갖는 것일까? 단장할수록 그녀는 추해지는 것 같다. 루오는 거친 붓과 어두운 색채로 그렇게 처연한 존재의 슬픔을 보여준다. 그러나 그녀의 슬픔은 그녀만의 책임은 아니다. 그녀를 이리로 내몬 사회구조와 그 구조로부터 혜택을 얻는 사람들의 책임 또한 직지 않다. 이 그림이 그려진 지 얼마 되지 않아 루오는 법조인들과 정치인들을 매우 혐오스럽게 그리기 시작했다.

로트레크와 홍등가 여인들

　서양미술사에서 홍등가에서 예술적 영감을 찾은 화가에 대한 기록을 찾아보는 것은 어렵지 않다. 카르파초, 할스, 베르메르 같은 르네상스-바로크 시대의 화가들로부터 마네, 드가, 쇠라, 로트레크, 보나르, 뷔야르, 루오, 피카소 등의 근현대 화가에 이르기까지 수많은 화가들이 유곽에서 몸과 마음을 달래고 창작의 아이디어를 얻었다.

　로트레크는 이들 가운데서도 단연 돋보이는 화가다. 질과 양 모두에서 타의 추종을 불허하는 창부 주제 그림을 남겼다. 흥미로운 사실은, 그의 그림 속 창부들은 대부분 관능의 화신이 아니라 '홍등가의 생활인'으로 그려졌다는 것이다. 일반인들과 다른 일을 하고 다른 공간에서 살지만 그들 역시 다른 이들과 똑같이 희로애락을 느끼며 하루하루 힘겹게 살아가는 존재들이었다. 로트레크는 생활인으로서 창부의 그런 진면을 진솔한 붓놀림으로 그렸다.

　무료하게 손님을 기다리거나 피곤한 몸을 소파에 뉘인 그들의 모습에서는 일상에 지친 여느 여인과 다를 바 없는 삶의 무게가 느껴진다. 옷을 벗거나 갈아입는 모습도 사적인 공간에서는 지극히 자연스러운 행동이다. 아침에 일어나 화장을 하지 않은 얼굴로 멍하니 어딘가를 바라보는 모습도 누구에게나 익숙한 일상의 이미지다.

　로트레크는 창부들에게 매우 친절했고 사려 깊었다. 그는 그녀들의 고백을 들어주고 편지의 맞춤법이나 표현을 고쳐주었다. 슬픈 일이 있을 때는 함께 슬퍼해주고 또 사소한 장난으로 그녀들을 웃게 만들었다. 생일을 기억했다가 작은 선물을 주거나 이벤트를 벌여 축하해주었다. 창부들은 이런 그를 식구처럼 생각했고 그 앞에서 아무렇지 않게 씻거나 옷을 갈아입었다. 창부들이 그의 화포에 일상의 여인으로 자연스럽게 그려지게 된 배경이다. 창부들과의 이런 친밀한 관계는 그녀들이 동성애를 나누는 장면까지도 그가 보고 그릴 수 있는 바탕이 되어주었다. 수많은 남자들을 상대하지만 뼛속까지 외로웠던 그녀들은 서로 쉽게 연인이 되었다. 그런 그네들의 사랑을 로트레크는 관음적인 시선이 아니라 연민 어린 친구의 시선으로 따뜻하게 표현했다.

물랭 가의 살롱에서
앙리 드 툴루즈 로트레크 | 1894년경 | 유화 | 111.5×132.5cm | 알비 | 툴루즈 로트레크 미술관

키스
앙리 드 툴루즈 로트레크 | 1892 | 유화 | 60×80cm | 개인 소장

오달리스크, 오리엔탈리즘 회화 속 여성에 대한 오해와 진실

미술은 시대의 자식이다. 예술은 시대를 초월한다고 하나 그것은 예술이 주는 감동의 측면에서 그렇다는 것이지, 작품에 담긴 사고와 의식, 스타일은 시대의 한계를 벗어날 수 없다. 미술은 작품을 탄생시킨 시대의 모순과 한계를 어떤 양태로든 전달하게 된다.

19세기 유럽의 오리엔탈리즘 회화 또한 예외가 아니다. 오리엔탈리즘 회화 가운데서도 특히 이슬람 여성을 그린 그림은 당대 유럽의 제국주의가 동방에 대해 가졌던 왜곡된 시각을 또렷이 드러낸다. 지금도 여전한 기독교 문명과 이슬람 문명의 갈등에는 이런 종류의 왜곡된 시각이 잠재된 바이러스처럼 기능하고 있다. 비록 예술작품이 주는 감동은 그 나름의 가치를 갖는다 해도 이런 시대적 한계는 선명히 구분해볼 필요가 있다.

판타지를 위한 동방의 여인들

'오리엔탈리즘orientalism'은 애초에 유럽인들의 동방 취미를 나타내는 말이었지만, 오늘날에는 서양의 동양 지배를 정당화하는 태도나 동양에 대한 서양의 부정적이고 왜곡된 인식을 가리키는 말로 주로 쓰인다. 동양인은 자치 능력이 선천적으로 부족한 사람들이라거나, 전제군주 아래 부패와 폭압이 일상화되어 스스로의 힘으로 일어설 수 없는 존재라는 인식이 그 대표적인 것이다. 이런 인식은 특히 동방의 여성들의 경우 게으른 데다가 사치와 향락을 일삼고 관능으로 남자를 유혹하는 존재라는 편견을 낳았다.

동방에 대한 이런 차별적인 인식은 유럽인들로 하여금 동방에 대해 한편으로는 거부감과 경계심을 갖게 하고, 다른 한편으로는 서구 우월주의에 기초한 호기심과 환상을 갖게 했다. 이슬람 여성을 주제로 한 오리엔탈리즘 회화는 이 호기심과 환상을 가장 적극적으로 소비하게 만든 미술이었다. 그렇게 미술을 통해 환상과 호기심을 소비할수록 유럽인들의 왜곡된 인식과 편향적인 사고는 더 확대되었다. 물론 이 주제의 모든 회화가 그랬다는 것은 아니다. 이슬람 여성들을 가능한 한 객관적으로 묘사하려 한 화가들도 있었다. 그러나 그들의 그림은 관능의 판타지를 담은 여성 그림보다 대중의 환영을 받지 못했다.

에스파냐 화가 마리아노 포르투니 이 마르살의 〈오달리스크〉는 매우 관능적인 그림이다. 아리따운 오달리스크가 벌거벗은 채 누워 있다. 비록 남자 악사가 앞에 있지만 하나도 거리낄 게 없다. 몸을 뒤틀어 이른바 'S 라인'을 부각하는 한편, 골반에 손을 얹어 은근히 유혹하는 분위기를 자아낸다. 오로지 관능을 위해 태어난 요부의 이미지가 아닐 수 없다. 화가

오달리스크
마리아노 포르투니 이 마르살 | 1861 | 유화 | 56.9×81cm | 바르셀로나 근대 미술관

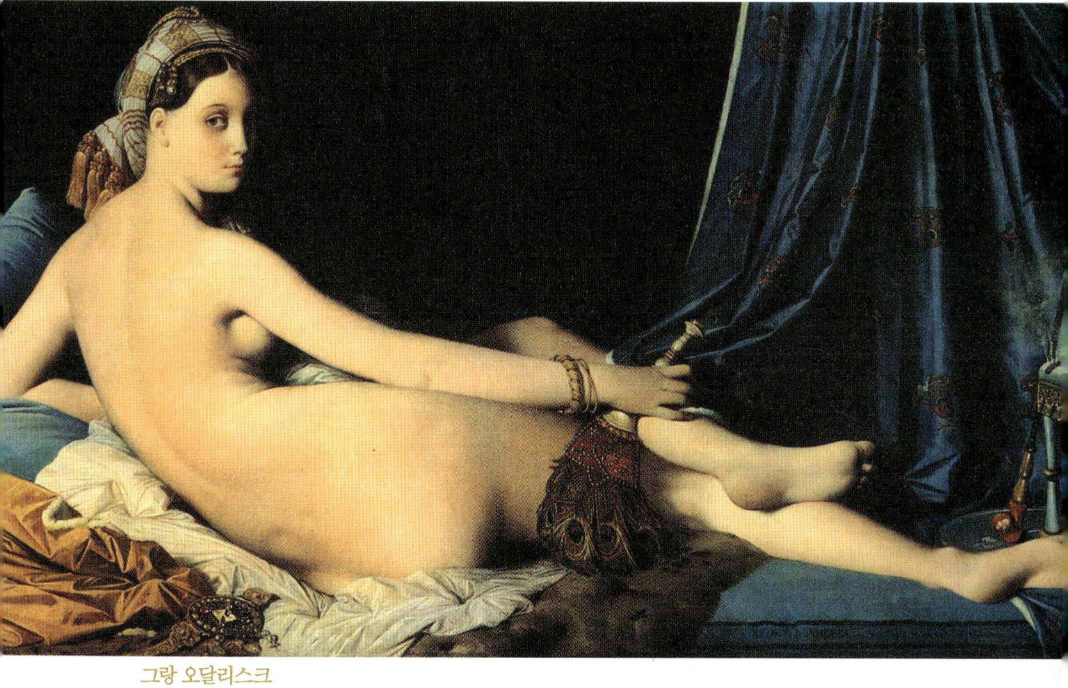

그랑 오달리스크

장 오귀스트 도미니크 앵그르 | 1814 | 유화 | 91×162cm | 파리 | 루브르 박물관

오달리스크의 뒷모습을 그린 그림이다. 앵그르의 오달리스크 역시 노예라기보다는 귀부인 혹은 고급 창부처럼 보인다. 그녀가 허드렛일이나 고달픈 노동과 아무 관계가 없다는 사실은 매끄러운 그녀의 발이 잘 증명한다. 마치 세상에 태어나 한 번도 땅을 디뎌본 적이 없는 것 같은 여인의 발은 주름도, 굳은살도, 닳은 흔적도 없이 계란처럼 매끈매끈한 곡선을 자랑한다. 얼굴과 몸, 손 역시 흠이나 티가 없기는 마찬가지다. 위대한 대가의 위대한 작품이지만 이처럼 사실 관계에서는 오류가 있다. 개인으로서 한 사람의 화가가 시대의 편견이나 선입견으로부터 자유롭기는 이처럼 쉽지 않은 것이다.

가 그림에서 가장 심혈을 기울여 포착하려고 한 게 이 요부적 관능이다. 거장 앵그르를 비롯해 19세기의 많은 유럽 화가들이 오달리스크를 그릴 때면 대부분 이처럼 에로틱한 누드로 그렸다.

하지만 이런 이미지는 사실과 다르다. 오달리스크는 오스만 제국 술탄의 여자 노예다. 술탄의 노예라고 하나, 하는 일은 술탄이 아니라 술탄의 처첩들 시중을 드는 일이었다. 그 점을 생각해보면 이같이 화려하고 나른한 관능의 표현은 그다지 현실성이 없어 보인다. 시중 드느라 정신이 없을 여인이 이렇게 벌거벗은 채 악사의 음악이나 들으며 요염하게 늘어져 있을 수는 없기 때문이다. 술탄을 위해 이런 포즈를 취한 게 아니냐고 생각하는 것도 사실에 부합하지 않는다. 오달리스크들은 술탄을 대면할 기회조차 거의 없었다.

물론 오달리스크 가운데 어여쁜 용모에 춤을 잘 추거나 노래를 잘 부르는 경우 그녀는 술탄의 첩이 될 기회를 얻을 수 있었다. 그러나 그것은 술탄을 직접적으로 유혹해 그런 기회를 얻는 게 아니었다. 그들이 첩이 될 수 있는가 없는가는 전적으로 술탄의 어머니에게 달려 있었다. 하렘의 최고 권력자인 술탄의 어머니가 그들 가운데 일부를 택해 첩이 되는 훈련을 받게 했고, 다시 그 가운데 일부를 골라 첩으로 만들었다. 술탄의 어머니는 하렘에 대한 모든 통제권을 갖고 있었기에(글자 그대로 생살여탈권을 쥐고 있었다), 오달리스크들은 그녀 앞에서 그저 죽은 듯 복종했다. 감히 하렘 이곳저곳에서 멋대로 옷을 벗고 여봐란듯이 에로티시즘을 과시하는 것은 있을 수 없는 일이었다.

그런 까닭에 마리아노 포르투니의 그림을 비롯한 유럽 화가들의 오달리스크 이미지는 이와 같은 현실로부터 꽤나 멀리 떨어져 있는 판타지라고 할 수 있다. 당대 유럽의 남성들이 오리엔트의 여성에 대해 막연히 가지고 있던 기대와 로망을 이런 주제의 그림으로 표현한 것이다. 미지의 세계에서 유럽의 도덕이나 규범과는 다른 삶이 펼쳐질 때 그것은 그들에게 열등한 것으로 비치는 한편, 그래서 오히려 더 본능을 자극하고 열망하게 되는 그 무엇일 수 있었다. 그 판타지가 이 그림에는 배어 있다.

금남의 구역, 하렘의 여인들

오달리스크뿐 아니라 하렘을 주제로 한 그림에서도 우리는 이런 판타지가 작동하는 것을 볼 수 있다. 유럽에서 하렘이 한때 사창가를 의미하는 말로 쓰이기도 했다는 점에서 하렘이 그동안 얼마나 지독한 오해의 대상이었는지를 알 수 있다. 하렘을 의미하는 '오리엔트의 집Maison Orientale'은 19세기 중엽 파리에서 가장 큰 사창가를 일컫는 이름이었다.

하지만 하렘은 본래 이슬람권에서 가까운 친척 외에 일반 남성의 출입이 금지된 폐쇄적이고 배타적인 공간을 지칭한다. 한마디로 '금남의 구역'이다. 가장 잘 알려진 것이 오스만 제국 술탄의 하렘이다. 톱카프 궁전에 있던 이 하렘에는 술탄의 아내와 여인들, 술탄의 어머니, 술탄의 누이들, 딸들, 가까운 여성 친척들, 환관, 여성 노예들이 거주했다. 세월이 흐르면서는 16세 미만인 술탄의 아들들도 하렘에서 함께 살았다. 하렘을 만든 것은 술탄의 성적 욕망을 위한 게 아니라, 이처럼 내외를 따지는 문화에서 기능적인 필요에 의한 것이었다. 이런 공간적 성격과, 오스만 제국의 역사에서 술탄의 어머니나 아내, 누이들이 강력한 정치적 영향력을 발휘한 경우가 적지 않았음을 생각하면, 하렘이 환락의 장소라기보다는 오히려 제국의 보이지 않는 권력이었으리라는 사실을 능히 짐작할 수 있다.

따지고 보면 내외를 가려 공간을 나누는 것은 우리에게도 익숙한 문화다. 우리의 경우 이는 유교문화의 엄격한 규범에 따른 것이었다. 그럼에도 궁궐에서 내외 공간을 구분하고 왕에게 중전 외에 후궁들이 있었다는 이유로 다른 문화권의 사람들이 조선시대의 왕이 성적으로 방종하고 타락했으며, 궁중에서 매일 '섹스 잔치'나 벌였다고 생각한다면 그것만큼 큰 오해도 없을 것이다.

역사적 사실에 의거해보면, 조선의 왕은 자신이 원한다고 아무 때나 아무 여인과 열락을 즐길 수 없었다. 대전 상궁이 일진을 봐 '파트너'를 정했고, 오로지 왕자 생산을 위한 목적이 최우선이었다. 왕의 방 주위로는 숙직 상궁들이 시중을 들며 왕이 지나치게 섹스에 몰입한다 싶으면 소리를 내어 제지하기도 했다. 역사학자 김종성은 그래서 조선시대 왕의 위치가 "남자로서의 삶을 살기에는 아주 '꽝'이었다"고 말한다. 물론 어느 정도 예외는 있었을 것이고, 또 술탄의 경우에는 조선의 임금보다 성적으로 훨씬 자유로웠겠지만, 그렇다고 해서 하렘에서 그의 권한이 무소불위는 아니었던 것이다.

앞에서도 언급했듯 하렘의 실권자는 술탄이 아니라 발리데 술탄, 곧 술탄의 어머니였다. 술탄의 어머니는 술탄과 그의 아내들의 관계를 통제할 수 있었다. 술탄의 아내와 소실을 선정하는 권한은 어머니 발리데 술탄에게 있었다. 어머니가 지닌 이 권위와 힘은 제아무리 술탄이라 해도 무시할 수 없었다. "자신의 어머니보다 더 존중받아야 할 분은 오직 알라 한 분뿐"이라는 이슬람 신앙의 가치는 술탄에게도 결코 예외일 수 없었다.

하렘의 빛
프레더릭 레이턴 경 | 1880년경 | 유화 | 152.4×83.8cm | 개인 소장

19세기 영국 화가 프레더릭 레이턴 경이 그린 〈하렘의 빛〉은 하렘의 평범한 일상을 소재로 한 그림이다. 한 여인이 소녀가 든 거울을 보며 매무새를 단장하고 있다. 평범하기 그지없는 소재이나, 화가의 농익은 붓을 통해 은근한 에로티시즘의 색채가 더해졌다. 일상의 한 장면을 그린 그림이지만 저변에는 욕망의 판타지가 흐르고 있는 것이다.

인테리어 장식은 다소 어둡게 처리되어 있다. 그럼에도 전반적으로 고급스럽고 매끈해 보인다. 여인의 얼굴은 연극배우의 분장한 얼굴 혹은 마스크 같다. 그로 인해 그 마스크 아래 뭔가 은밀한 속셈이 숨어 있는 것처럼 보인다. 빗각으로 거울을 바라보는 여인의 시선은 스스로의 아름다움에 취한 듯 몽롱하다. 우아한 동작으로부터 강한 자기애, 그것도 성적으로 환기된 자기애가 느껴진다. 유럽의 화가는 이처럼 화장이라는 일상적인 행위로부터도 오리엔트 여성의 비밀스러우면서도 관능적인 판타지를 보았다. 그들이 보기에 하렘의 여인은 언제 어디서나 이처럼 치명적인 에로티시즘의 소유자여야 했던 것이다.

목욕탕의 여인들

오리엔트 여성을 주제로 한 유럽 화가들의 그림 가운데는 목욕 장면을 다룬 게 유난히 많다. 관능적인 여성상을 그리려면 누드를 그려야 하는데, 목욕 장면이 이를 자연스럽게 표현할 수 있는 기회를 제공했기 때문이다.

오스만의 목욕탕은 하맘이라 불린다. 하맘은 보통 복합건물 형태로 지어져 남녀 공간을 구분해 사용했다. 구분이 되어 있지 않은 경우에는 시간을 달리해 남녀가 따로 사용했다. 오스만 제국에서 하맘은 단순한 목

백인 노예
장 쥘 앙투안 르콩트 뒤 노위 | 1888 | 유화 | 183×149.5cm | 낭트 미술관

욕탕이 아니라 일종의 사교 센터였다. 거의 모든 도시에 하나씩 세워져 있었고, 공동체의 일상생활과 밀접히 연결되어 있었다. 결혼식이 열리기 전에 갖는 축하 모임이나 아기 탄생 축하 행사 등 특별한 기념일에는 이곳에서 전통 무용 등의 공연이 벌어지고 음식도 함께했다. 특히 여성들이 이런 모임을 즐겨 가졌다.

이 같은 사교 공간의 특성으로 인해 하맘에서 오스만 여성들은 그때그때의 스캔들을 비롯해 도시의 온갖 소식을 주고받았다. 또 자녀 양육 문제를 비롯한 다양한 관심사와 개인사에 대해 이야기를 나눴다. 세계 어느 곳이든 여성들이 모이면 할 수 있는 이야기와 하고 싶은 이야기들이 오갔다. 궁궐의 하렘에도 당연히 하맘이 존재했고, 그곳의 성격도 기본적으로 다른 하맘과 다를 바가 없었다.

다만 오스만 여성들의 목욕문화를 직접 지켜볼 수 없었던 유럽의 남성 화가들은 이런 보편적인 측면에 관심을 기울이지 않았다. 그들은 하맘의 여성들을 모두 젊고 예쁜 여성들로만 그렸다. 유난히 자신의 육체에 집착하고 자신의 관능을 의식하는 존재로 그렸다. 그들의 붓끝에는 그만큼의 관음증적인 호기심이 배어 있었다.

장 쥘 앙투안 르콩트 뒤 노위의 〈백인 노예〉는 그렇게 그려진 하맘의 여인이다. 여인은 욕조와 마주해 한가로이 앉아 있다. 곁에는 맛있는 음식이 차려져 있고 입에서는 담배 연기가 뿜어져나온다. 여인의 피부는 맑고 뽀얗다. 몸의 윤곽을 이루는 선은 아주 매끄럽다. 부드럽게 뻗어나와 유려하게 돌아간다. 섬세한 움직임을 보여주는 고운 손가락과 중력의 피로를 모르는 하얀 발바닥은 여인이 노예라는 사실을 무색하게 한다. 그렇다. 화가가 보기에 그녀는 노동을 위한 노예가 아니라 오로지 성적 봉사를 위해 존재하는 노예다. 그러므로 모든 허드렛일로부터 자유로울 뿐 아니라 이처럼 여유롭고 호사스럽다. 지금 이 시간에도 힘겹게 일하는 저 뒤편의 흑인 노예들과는 처지가 달라도 크게 다른 것이다.

보는 이에 따라서는 인종에 따른 이런 차별적 표현이 왜곡된 성적 표현보다 더 고약하다고 생각할 수 있다. 하지만 이런 표현에는 얼마간의 진실이 담겨 있다. 옛 중동 지역의 노예시장에서는 오랫동안 백인 여성이 쾌락을 위한 가치 면에서 높이 평가되었다. 흑인 여성은 주로 집안일과 노동을 위해 거래되었다. 이 그림은 그 사실을 의식한 측면이 있다. 하지만 역사적 사실이 그렇다 하더라도 이에 대한 비판의식 없이 하맘을 오로지 성적 판타지의 장으로만 그린 것은 분명 화가의 시선이 지닌 한계를 보여주는 것이다.

판타지를 벗어난 노예시장의 여인들

앞에서 본 오달리스크와 하렘, 하맘과 함께 가장 많이 그려진 오리엔탈리즘 회화의 여성 주제는 노예시장이다. 노예시장 그림은 주로 여성 노예를 거래하는 장면을 그린 그림이라는 점에서 일반적으로 가학적이고 남성 우월주의적인 인상을 가장 강하게 주는 장르다. 노예 주제를 많이 그린 프랑스 화가 장 레옹 제롬의 그림에서도 그런 경향이 또렷이 나타난다. 대표적인 게 1866년 작 〈노예시장〉이다.

한 명의 벌거벗은 여인 주위에 그를 사고팔려는 남성들이 빙 둘러서 있다. 여인 뒤에 있는 수염을 기른 남자가 상인이고, 여인의 입을 열어보는 남자가 고객이다. 입을 열어보는 것은 치아가 얼마나 건강한지 살피기 위함이다. 물론 이 장면은 화가가 목격한 사실을 토대로 한 것이다. 당시의

노예시장
장 레옹 제롬 | 1866 | 유화 | 84.3×63cm | 매사추세츠 | 클라크 아트 인스티튜트

기록을 보면 노예 거래 관행이 그림과 크게 다르지 않았다. 프랑스 문필가 제라르 드 네르발은 자신의 경험에 대해 이렇게 썼다.

"네르발은 부득이 노예시장까지 가게 되었다. 고맙게도, 상인은 매우 협조적이었다. 노예의 옷을 벗기고 입을 벌려 이빨을 볼 수 있도록 했다. 활보하게도 했다. 그들의 가슴이 얼마나 탄력이 있는지 보여주는 데 특별히 신경을 썼다. 네르발은 열여덟 살짜리 자바 소녀를 25파운드에 구입했다. 인도양해적들에게 잡혀 메카에서 팔린 소녀라고 했다."

그림이 어느 정도 당대의 사실을 반영하고 있다고는 해도 화가가 노예로 팔리는 여인의 존엄에 대해 그다지 관심을 보이지 않는 부분은 아쉬운점이다. 그림의 초점은 오로지 여인의 누드와 그녀를 사고파는 남자들의지배자로서의 권력에 맞춰져 있다. 이런 성적, 가학적 표현이 유럽인들의판타지를 크게 고양시켰다.

하지만 그의 1871년 작 〈노예시장〉은 그래도 앞의 그림에 비해 노예 여성이 처한 고통에 좀더 관심을 기울인 작품이다. 그림의 노예들은 앉아있거나 벽에 기대어 서 있다. 맨 오른쪽의 여성은 거의 혼절상태다. 심신이 얼마나 지쳐 있는지 보기 딱할 정도다. 세 번째 흑인 여성도 고개를 파묻고 주어진 운명에 괴로워한다. 그 곁의 여인은 아기를 안고 있다. 아기를 꼭 껴안은 모습에서 혹시라도 아이와 떨어지게 될까봐 두려워하는 속마음을 읽을 수 있다. 이렇듯 그림에 등장하는 여인들은 대부분 지쳐 있거나 두려워하는 존재들이다. 동정심을 불러일으킨다.

다만 소위 '모델 포즈'를 취한 맨 왼쪽의 여성은 다소 예외적인 느낌을

노예시장
장 레옹 제롬 | 1871 | 유화 | 75×60cm | 신시내티 미술관

준다. 화가가 그림에 의도적으로 관능의 요소를 더함으로써 관객의 눈길을 사로잡고자 한 게 아니냐 하는 의심을 살 수 있는 표현이다. 물론 그런 요소가 없지 않다. 그렇지만 이는 노예 여인의 실존을 반영하는 측면도 있다. 당시 노예시장에 매물로 나온 노예가 가장 두려워한 것은 자신이 팔리지 않는 것이었다. 그런 노예는 상인의 기분에 따라 강간을 당하거나 죽임을 당할 수 있었다. 노예 여성이 바랄 수 있는 최상의 운명은 부유하고 착한 주인에게 팔려나가는 것이었다. 그러니 어떻게 해서든 팔리기 위해 이렇듯 필사적으로 애를 쓰는 것이다.

어쩌면 이 그림을 보던 당시 유럽의 남성 관객들은 자신들이 그 부유하고 착한 주인이라고 생각했을지 모른다. 그리고 그런 착각과 앞에서 보았던 판타지가 서로 섞여 도착된 역사적 사명으로 나타난 게 서구 열강의 식민지 정복이었을 것이다. 19세기 내내 무수히 그려진 오리엔트 여성 주제의 그림에는 이런 도착된 우월의식과 계몽의식이 면면히 깔려 있다. 시대의 자식인 그림은 이렇게 그 시대를 표현하고 있는 것이다.

오스만 제국(1299~1922)은 13세기 소아시아 지역의 작은 민족에서 시작하여 모로코, 아제르바이잔, 우크라이나, 예멘에 이르는 광범위한 지역을 600여 년간 지배한 다민족 제국이다. 제국을 건설한 이는 오스만 1세(재위 1299~1326)로 제국의 명칭도 그의 이름에서 비롯되었다. 오스만 1세는 비잔틴 제국과의 경계까지 영토를 넓혔고 1326년 아나톨리아 전역을 통일했다. 그는 소수집단의 자치구인 '밀레'를 통해 통치의 효율성을 높였고 제국의 기틀을 마련했다.

이후 제국의 역사는 영토 확장의 역사였다. 오스만 제국은 15세기 말까지 발칸과 아나톨리아(어원은 그리스어 '아나톨레Anatole'로 '태양이 떠오르는 곳' 또는 '동방의 땅'을 의미하며, 아시아의 서쪽 끝과 흑해·지중해·에게 해에 둘러싸인 반도)의 거의 모든 부분을 점령했고, 흑해 북해안과 에게 해의 섬들까지 세력을 뻗어갔다. 1512년 셀림 1세는 맘루크 왕조(13세기부터 16세기까지 이집트와 시리아를 지배한 터키계 이슬람 왕조)를 멸하여 아랍인 거주지까지 영역을 확장했고 그들이 소유했던 이슬람교의 2대 성지인 메카와 메디나의 보호권까지 차지하여 이슬람 세계의 맹주로 군림했다. 그리하여 제10대 군주인 술레이만 1세(재위 1520~1566) 때 오스만 제국은 전성기를 맞이하게 된다. 그는 1526년에 헝가리의 대부분을 점령했으며 동쪽으로는 바그다드를, 남쪽으로는 아덴을 정복했다. 이 시기 오스만 제국은 그간 형성해온 제도가 완성 단계에 이르러 결함이 없는 이상적인 시대로 여겨졌다.

그러나 18세기에 이르러 제국은 새롭게 닥쳐오는 외부의 변화에 적응하지 못하고 서서히 약화되어갔다. 1789년 프랑스 대혁명의 영향으로 민족의 독립을 추구하는 세계적인 분위기 속에 아랍인을 비롯한 피지배 민족들의 독립운동이 일어났다. 또한 1830년에는 영국과 프랑스, 러시아의 침략을 받았다. 이에 마흐무트 2세는 군대를 서구화하고 중앙정부의 권력을 강화함으로써 위기에 대응하고자 했으며, 그 뒤를 이은 압둘마지드 1세는 개혁적인 탄지마트 정책을 통해 서구형 국가로의 전환을 시도했다. 그러나 이는 효과를 거두지 못하고 점차 서구의 식민지가 되어갔다.

위기가 지속되자 청년 장교들을 비롯한 제국 내의 지식인들은 1876년 압둘하미드 2세에게 근대적 헌법을 공포하도록 압박했다. 그러나 그는 절대주의적 전제정치를 강행하여 청년 장교들의 불만을 샀다. 청년 장교들은 1908년 청년투르크당을 결성하여 혁명을 일으켰고 그 결과 다시 헌법과 의회정치가 부활하게 되었다. 이후 청년투르크당 내각이 조직되어 동맹국의 편으로 제1차 세계대전에 참전했으나 패했고 그 결과 가혹한 세브르 조약을 맺게 되었다(1920). 이 조약은 오스만 제국의 식민지와 영토를 대부분 할양하는 내용으로 이루어져 있었기 때문에 제국의 독립을 심각하게 위협했다. 케말 파샤는 세브르 조약의 파기를 목표로 민족 독립 전쟁을 일으켜 그리스 점령군을 몰아냈으며, 술탄 제도를 폐지하고 공화제를 선포했다. 그리하여 오스만 제국의 역사는 막을 내리고 1923년 터키 공화국이 성립되었다.

사실적으로 표현된 오리엔트 여성 그림

오리엔탈리즘 회화에서 관능적인 여성 그림은 가장 매혹적인 그림이면서 가장 대중적인 인기를 얻은 그림이었다. 하지만 그 넘치는 관능성과 남성 중심적인 판타지는 시간이 흐를수록 이 장르 전체를 부정적인 시각으로 보게 만들었다. '서구-동양' '남성-여성'으로 나누는 이분법의 문제점을 가장 전형적으로 보여주는 그림으로 인식되었기 때문이다.

그러나 오리엔트 지방을 여행하면서 가능하면 본 그대로, 있는 그대로 여행지의 여성을 그리려 한 화가들도 있었다. 특히 20세기에 가까워질수록 그런 화가는 늘어났다. 그런 화가들의 그림은 그러나 관능적인 판타지를 추구한 화가들의 그림에 밀려 한동안 그 가치를 제대로 평가받지 못했다.

사실 대상을 사실적으로 묘사하는 것은 서양미술의 중요한 전통이다. 하지만 보는 이의 시각이 어떤 선입견이나 편견에 기초해 있을 때 형태는 사실적으로 묘사할지 몰라도 내용적으로는 몰역사적이고 몰가치한 그림이 되기 쉽다. 그런 점에 비춰보면 오늘날의 시각에서도 매우 진실해 보이는 오리엔트 여성 그림은 그만큼 화가의 냉철하고 객관적인 시선이 돋보이는 그림이라 할 수 있다. 이탈리아 화가 루벤스 산토로가 그린 〈아침 산책〉이 그런 그림의 하나다.

세 명의 여인이 정면에 보이는 건물로부터 나와 어디론가 걸어가고 있다. 밝은 아침 햇발과 건조한 날씨가 생생히 느껴진다. 여성들은 모두 차도르를 썼다. 자연히 누가 누구인지 알아볼 수 없다. 마치 다큐멘터리 사진을 보는 듯한 현장감이 있다. 이런 그림으로부터는 그 어떤 관능의 판타지도 느낄 수 없다. 그만큼 대상을 객관화하려는 의지가 분명한 그림이다.

미국 화가 프레더릭 브리지먼의 〈알제리 카빌리 여인의 초상〉은 객관적이고 사실적인 표현도 인상적이지만, 오리엔트 여성을 매우 위엄 있는 존재로 표현한 점이 특히 돋보이는 그림이다. 여인의 또렷한 시선과 굳게 다문 입은 그녀의 내적 강인함을 전해준다. 그 어떤 어려움에도 굴하지 않을 정신이 느껴진다. 이런 그녀의 능력은 그녀의 적극적이고 긍정적인 성격과 건강한 환경, 좋은 교육이 만들어낸 것일 터이다. 볼수록 그 인간적인 탁월함에 빠져들게 하는 그림이다. 이렇듯 어떤 눈으로 보느냐에 따라 대상은 달리 보일 수 있다. 그것은 결국 내가 보고 싶은 것을 보느냐, 있는 그대로를 보느냐의 차이다.

알제리 카빌리 여인의 초상
프레더릭 브리지먼 | 1875 | 유화
72.4×58.4cm | 뉴욕 | 밴스 조던 미술 주식회사

아침 산책
루벤스 산토로 | 유화 | 25×19cm | 개인 소장

전염병·왕들의 처형·일차세계대전

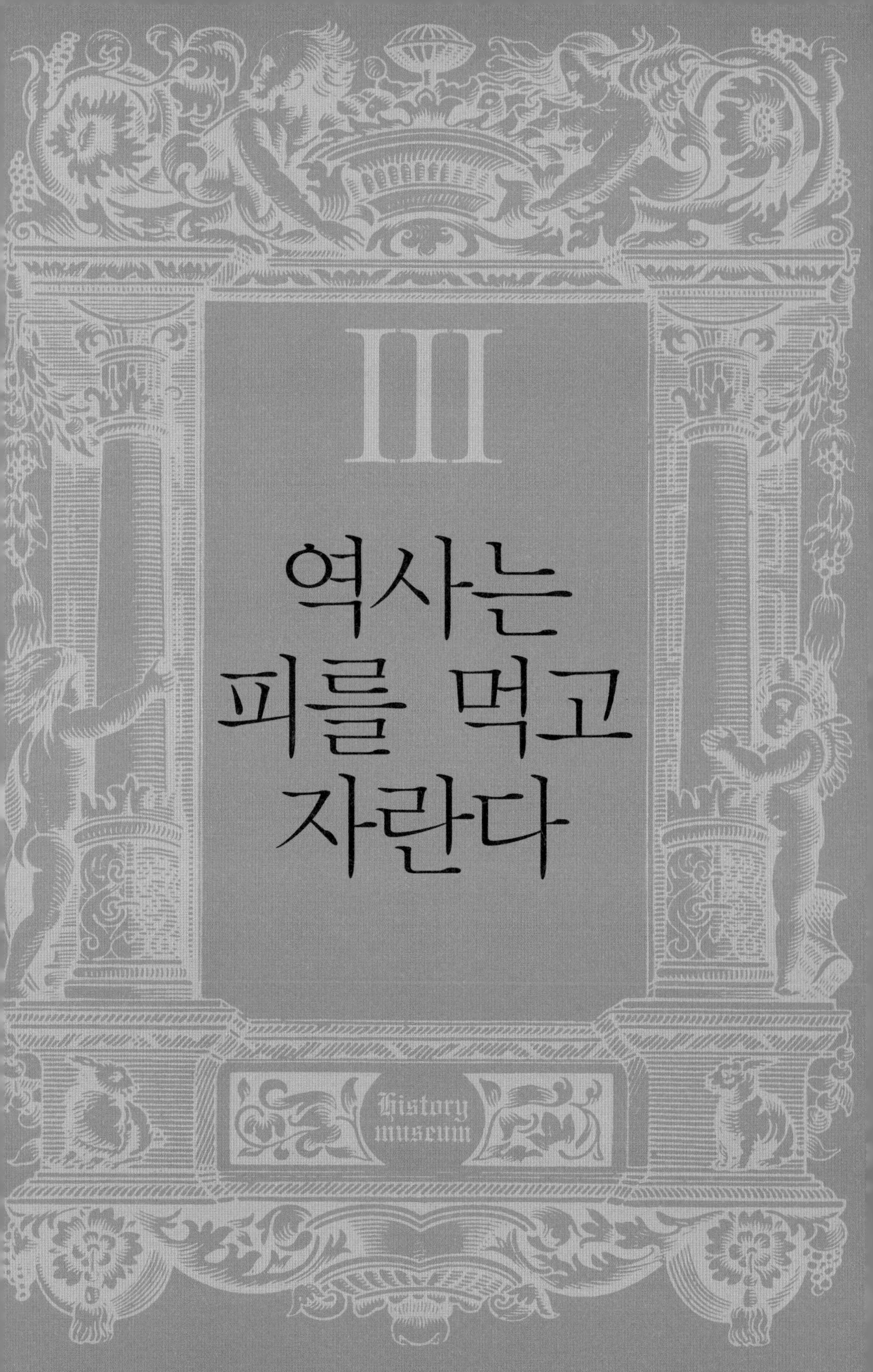

III

역사는 피를 먹고 자란다

전염병,
죽음의 기사
대륙을 정복하다

검은 옷을 입은 해골 형상의 남자가 날개 달린 괴물을 타고 중세의 거리를 날아다닌다. 그가 지나간 곳에서는 사람들이 픽픽 쓰러지거나 혼비백산해 도망치려 한다. 고통을 호소하는 이도 있고, 의식을 잃은 이도 있고, 살길을 찾고자 애쓰는 이도 있다. 하지만 모두에게 주어진 운명은 같다. 오로지 죽음만이 그들을 기다릴 뿐이다.

〈흑사병〉은 19세기 독일 상징주의 화가 아르놀트 뵈클린이 죽기 3년 전에 그린 그림이다. 흑사병에 대한 유럽인의 오랜 공포와 본능적인 거부감이 잘 표현된 그림이다. 흑사병은 남녀노소를 가리지 않는다. 흰옷을 입은 신부와 그 위에 쓰러진 여인의 종말이 이를 잘 보여준다. 오로지 그가 가는 곳에 있었다는 이유 하나만으로 사람들은 죽음

흑사병

아르놀트 뵈클린 | 1898 | 나무에 템페라 | 149.5×104.5cm | 바젤 미술관

바이올린을 연주하는 죽음이 있는 자화상
아르놀트 뵈클린 | 1872 | 유화 | 75×61cm | 베를린 | 국립 고전 미술관

전염병으로 자녀를 잃은 화가의 우울한 내적 정서가 고스란히 드러난다. 그에게 영감을 준 존재는 이처럼 뮤즈가
아니라 죽음이었다. 그의 귀에 가까이 대고 바이올린을 연주하는 죽음의 제스처도 섬뜩하지만, 그 소리에 홀린 듯
멍하니 어딘가를 바라보는 그의 표정도 섬뜩하다. 그의 자녀들뿐 아니라 그 스스로가 죽음의 희생자라고 말하는
듯하다.
작곡가 말러는 이 그림에 영감을 받아 '교향곡 4번, G장조'의 스케르초를 만들었다고 한다. 그림 속 죽음의 느낌을
음악에서 그대로 살리기 위해 말러는 바이올린 솔로이스트로 하여금 바이올린을 부적절하게 튜닝해 연주하도록
했다고 한다.

의 운명을 받아들여야 한다.

뵈클린이 흑사병과 같은 전염병 주제에 관심을 가지게 된 것은 자녀 여럿을 전염병으로 잃은 개인사 때문이다. 뵈클린에게는 모두 14명의 자녀가 있었는데, 이 가운데 8명이 어릴 적 세상을 떴다. 그들 대부분이 흑사병과 콜레라, 티푸스에 걸려 사망했다고 한다. 그런 개인적인 불행과 유럽인들의 뇌리에 오랫동안 박혀온 전염병에 대한 공포가 이런 그림을 낳았다고 하겠다.

전염병은 유럽 문명의 행로를 여러 차례 바꾸어놓았다. 한꺼번에 다중을 쓰러뜨리는 전염병은 공동체에 엄청난 심리적 충격을 준다. 중세 유럽인들이 겪은 흑사병과 비교할 수는 없지만, 근래 신종 플루로 인해 우리 사회가 겪은 불안을 떠올려보면, 과거 전염병이 극심할 때 사람들이 얼마나 큰 충격을 받았을지 짐작해볼 수 있다. 흑사병이 심하게 돈 14세기에는 심지어 당시 유럽 인구의 3분의 1이 제물로 사라지기도 했다. 1348년 평균수명이 25세였던 영국인들은 1376년 평균수명이 17세로 내려갔다. 그 공포스러운 현실 앞에서 대부분의 유럽인들은 지옥의 목구멍까지 들여다본 느낌을 가졌을 것이다. 더이상 과거의 관습과 문화를 그대로 유지해갈 수 없었다.

신이 내린 불쾌하고 공포스런 벌, 죽음

미술의 주제에도 변화가 왔다. 유럽 미술의 중요한 주제 가운데 하나인 죽음이 바로 이 무렵부터 본격적으로 다뤄지기 시작했다. 유럽의 회화와 조각, 건축 등의 분야에서 어느 때보다 활발한, 어느 문명보다 풍성한 죽음의 표현이 나타나게 되었다. 물론 이 무렵 죽음의 공포는 전염병으로부터 온 것만은 아니었다. 기근과 전쟁도 무서운 집단사망의 원인이었다. 그러나 흑사병을 위시한 전염병만큼 사람들의 일상과 심리에 큰 충격을 준 것도 없었다.

유럽 미술의 죽음 주제 가운데 중세 말에 등장한 대표적인 것이 '죽음의 춤danse macabre'이다. '죽음의 춤'은 중세 말 죽음의 보편성에 대한 알레고리로 형성되었다. 당시 기근과 전쟁 탓으로 죽은 사람도 많았지만, 무엇보다 흑사병으로 인해 엄청난 수의 인구가 줄어들었다. 이런 재앙의 경험이 예술가들로 하여금 죽음을 우리의 일상에 존재하는 가장 강력한 힘으로 표현하게 만들었다.

프랑스어로 '당스 마카브르danse macabre'인 죽음의 춤은 이탈리아어로 '단차 마카브라danza macabra', 영어로 '댄스 오브 데스dance of death', 독일어로 '토텐탄츠Totentanz'로 불린다. 마카브르는 일반적으로 예술작품에서 험악하거나 으스스한 분위기를 자아내는 특질을 말하는데, 특히 프랑스에서 '당스 마카브르'라는 용어가 사용되기 시작하면서 그 의미의 중요성이 커졌다. 오늘날 사전적인 의미에서 마카브르는 형용사형으로는 '죽음을 연상시키는' '으스스한'이라는 의미를, 명사형으로는 '음산함' '기괴함'의 뜻을 가지고 있다. '죽음의 춤'은 이렇듯 단순한 죽음의 차원을 넘어 인간이 느낄 수 있는 가장 불쾌하고 공포스러운 느낌을 촉발하는 알레고리인 것이다.

죽음에 대한 유럽 예술가들의 표현은 당연히 '죽음의 춤' 주제가 형성되기 이전부터 있어왔다. 하지만 흑사병 이전에는 죽음이 이 세상과 영적인 세계를 잇는 과정이라는 데 초점이 맞춰졌다면, 흑사병 이후에는 죽음이 죄에 대한 신의 벌이라는 데 초점이 맞춰졌다. 그만큼 죽음의 부정적인 측면이 크게 강조되기 시작한 것이다.

〈죽음의 춤〉 중 6번 교황
한스 홀바인(뤼첼부르거 판각) | 1523~1526 | 목판화

〈죽음의 춤〉 중 24번 수녀
한스 홀바인(뤼첼부르거 판각) | 1523~1526
목판화

〈죽음의 춤〉 중 13번 대공
한스 홀바인(뤼첼부르거 판각) | 1523~1526
목판화

기록으로 전하는 사례 가운데 '죽음의 춤' 주제가 표현된 최초의 미술품은 1424년 제작된, 파리의 '무죄한 어린이들의 순교 교회' 무덤 벽화다. 이런 벽화나 유화 외에 판화도 많이 제작되었다. 주로 책에 들어가는 목판화 형식인데, 기 마르샹의 〈죽음의 춤〉(1486)과 볼게무트의 〈죽음의 춤〉(1493), 홀바인의 〈죽음의 춤〉 시리즈(1523~1526)가 유명하다.

홀바인의 〈죽음의 춤〉 시리즈는 홀바인이 도안을 하고, 판각가 뤼첼부르거가 목판을 제작해 만든 작품이다. 뤼첼부르거가 요절하는 바람에 이 시리즈는 다 만들어지지 못했다. 모두 41개의 작품만이 그의 손으로 완성되었다. 훗날 다른 판각가에 의해 추가 판본들이 만들어져 재편집되었는데, 이 추가 판본들의 도안 모두가 홀바인의 작품이었을 것으로 생각되지는 않는다.

어쨌든 이 시리즈는 홀바인의 개혁자적인 시각을 잘 드러내고 있다. 홀바인은 교회의 타락을 준열하게 비판한 인문학자 에라스뮈스로부터 큰 감화를 받았다. 당시 그의 활동 무대인 바젤은 종교개혁 사상을 전파한 핵심 도시의 하나였다. 그런 까닭에 그의 시리즈는 중세 말의 '죽음의 춤' 알레고리를 종교개혁의 영향을 받아 재가공한 것이라 할 수 있다.

시리즈는 신의 천지창조부터 시작한다. 아담과 이브가 유혹을 받아 낙원에서 쫓겨날 때 죽음이 처음 등장한다. 이후 죽음은 모든 곳, 모든 사람에게 차별 없이 나타나 그들의 삶을 이끄는 인도자가 된다. 누구도 예외일 수 없다. '직업인'으로는 교황이 맨 처음 나온다. 한껏 권위를 드러내며 왕의 대관식을 주재하는 교황 곁으로 죽음이 음흉한 미소를 지으며 나타난다(6번 '교황'). 주교도, 추기경도, 잘 먹어 풍채가 좋은 수도원장도 죽음 앞에서는 그렇게 무력할 수가 없다. 자신의 방에 남몰래 연인을 들여놓고 세레나데를 듣는 수녀 뒤로도 죽음이 나타나 가만히 촛불을 끈다(24

번 '수녀'). 왕후장상도 예외가 아니다. 도움을 호소하는 가난한 모자를 외면한 대공의 어깨를 죽음이 꽉 붙잡는다(13번 '대공'). 물론 범부들의 운명도 죽음이 등장해 그 종장을 가른다. 기존 권위에 대한 비판의식과 죽음에 대한 냉철한 현실 인식이 잘 드러나 있는 작품이다. 당시 독자들이 죽음의 힘에 대해 얼마나 강렬한 인상을 받았을지 충분히 짐작할 수 있다.

죽음 앞에 참회하거나 쾌락에 빠지거나

'죽음의 춤' 주제에서 가장 이채로운 부분은 그 명칭 자체가 시사하듯 죽음에 춤이라는 형식을 동원한 것일 게다. 춤은 즐거움의 상징이 아닌가? 왜 죽음과 춤을 한데 이은 것일까?

이는 당시 사람들의 이중적인 태도와 관련이 있다. 만연한 죽음 앞에서 사람들은 한편으로는 통회하고 참회하자는 종교적 열정을 갖게 되었고, 다른 한편으로는 즐길 수 있을 때 즐기자는 쾌락주의적 열정을 갖게 되었다. 얼핏 서로 대립되어 보이는 두 열정은 그렇게 예술의 알레고리적 표현 속에 서로 삼투되어버렸다. 어쩌면 이런 모순의 결합은 종말을 앞둔 인간이 보일 수 있는 가장 현실적인 태도일지 모른다. 흥미로운 사실은 그 리얼리티가 보는 이들에게는 죽음에 대한 공포를 더욱 강렬하게 환기시키는 작용을 한다는 것이다.

이런 죽음의 춤을 춤이 아니라 거의 퍼레이드 수준으로 표현한 그림이 있다. 유명한 브라질의 삼바 춤이 리우 카니발에서 가장 스펙터클하게 표출되듯이 죽음의 춤 또한 이런 퍼레이드에서 가장 스펙터클하게 표현된다. 16세기 플랑드르의 대가 피터르 브뤼헐의 〈죽음의 승리〉가 죽음의 퍼레이드로 유명한 그림이다. 이 퍼레이드의 참가자는 전 인류다.

그림을 보면, 해골로 이뤄진 죽음의 군대가 인류를 종말의 세계로 매몰차게 몰아세우고 있다. 종말의 입구는 거대한 관의 형태를 띠고 있다. 죽음의 병사들은 칼과 창, 매와 채찍을 동원해 모든 계층의 인간을 가차 없이 죽음으로 몰아세운다. 자비는 찾으려야 찾을 수 없다. 이 무정한 싸움은 무조건 인간의 패배로 끝나게 되어 있다.

칼을 빼들고 저항하는 사람도 있고 끌려가지 않으려고 발버둥치는 사람도 있지만 그 모든 노력이 다 쓸데없다. 원경의 포연이 시사하듯 결말은 이미 정해져 있다. 그림 왼편 하단의 왕도 그 권세가 무용지물이고, 오른편 하단의 젊은 연인도 그간의 사랑에 종지부를 찍어야 한다. 왼편 아래쪽, 말 등에 올라탄 죽음이 모래시계를 드러내 보이며 이제 때가 다 되었음을 경고한다. 죽음은 이처럼 종국적인 평등이다.

흑사병과 같은 전염병은 죽음에 대한 극단적인 공포를 가져왔지만, 동시에 죽음이 모두에게 평등하다는 사실도 일깨워주었다. 전염병 앞에서 쓰러지는 데는 남녀노소나 신분의 차이가 있을 수 없었다. 이는 신분제가 엄격한 당시의 사람들로 하여금 어느 정도 용기를 갖고 비판적인 시선으로 사회 현실을 바라볼 수 있게 해주었다. '죽음의 춤'을 주제로 한 많은 그림이 다양한 계층의 사람을 동원하거나 그들이 어우러져 춤을 추는 형식으로 그려졌다는 사실 자체가 평등에 대한 이들의 진전된 인식을 보여주는 것이다.

전염병의 가공할 위력 앞에서 기적을 기도하다

인류 역사에서 전염병이 큰 재앙이 되기 시작한 것은 농경생활을 시작해 인구가 특정한 장소에 몰리기 시작하면서부

죽음의 승리
피터르 브뤼헐 | 1560년경 | 유화 | 117×162cm | 마드리드 | 프라도 미술관

터다. 도시가 생겨나고 불결한 환경으로 인한 위생상의 약점이 증가하면서 전염병은 큰 위력을 발휘하게 된다. 병원체가 한 숙주에서 다른 숙주로 옮겨다니기 쉬워졌고, 쥐떼와 해충의 타깃이 된 식량과 쓰레기, 배설물이 병원체의 중요한 베이스캠프 역할을 했다.

14세기의 흑사병 외에 유럽의 진로에 영향을 끼친 대표적인 사례 가운데 하나가 기원전 430년경 아테네에서 창궐한 장티푸스다. 4년 만에 아테네의 군인과 민간인 4분의 1 정도가 세상을 떠났다. 병의 독성이 얼마나 강했던지 감염자들이 워낙 빨리 죽는 바람에 병이 더이상 퍼지지 않는 역설적인 결과가 초래되었다. 당시 펠레폰네소스 전쟁을 치르던 아테네의 델로스 동맹은 전력이 크게 약화되어 스파르타의 펠레폰네소스 동맹에 패하고 말았다.

서기 165~180년에 유행한 로마의 안토니우스 역병과 서기 6세기 콘스탄티노플에서 시작해 전 유럽을 강타한 유스티니아누스 역병도 역사적인 초대형 전염병이었다. 천연두로 추정되는 전자는 500만 명의 희생자를 낳았고, 흑사병의 일종인 선페스트로 추정되는 후자는 150년의 세월 동안 유럽 인구를 절반으로 줄여놓았다.

'죽음의 춤'을 낳은 중세 유럽의 흑사병은 선페스트와 폐페스트의 이중창으로 기승을 부렸다. 1150년경 5000만 명 정도였던 유럽 인구는 150년 뒤 7300만 명으로 50퍼센트 가까이 늘어났다. 그러나 계속 불어나던 인구는 흑사병이 유행하면서 불과 50년 뒤인 1350년경 5100만 명으로 급감했다. 다시 50년이 흐른 뒤에는 거기서 10퍼센트가량이 더 줄어 4500만 명으로 위축됐다. 자연히 인심은 흉흉해졌고 사람들의 마음은 강퍅해졌다. 그 충격을, 역사가들은 두 차례에 걸친 세계대전이 20세기 사람들에게 준 충격에 견줄 만한 것이라고 평가하기도 한다. 『아비뇽

교황 열전』의 '클레멘스 6세의 전성기' 편에는 당시의 충격과 공포에 대해 다음과 같이 쓰여 있다.

"주님이 오신 후 1348년, 지상 거의 전역에서 좀처럼 전례를 찾아보기 어려운 엄청난 흑사병이 창궐했다. 정말이지 살아남은 자들이 죽은 자들을 일일이 다 매장하기 어려울 정도였고, 혹은 두려워서 그런 일을 기피할 정도였다. 온 세상의 거의 모든 사람들이 얼마나 공포에 떨었던지, 으레 살이나 겨드랑이 밑에 궤양이나 종기가 생긴 자가 있으면 그 환자를 외면할 뿐 아니라 심지어 그 가족들조차도 그를 포기할 정도였다…… 이리하여 많은 사람들이 무관심 속에서 죽어갔다."

14세기 흑사병의 공포는 화가들로 하여금 질병의 수호성인들에 대해서도 관심을 갖게 했다. 그 대표적인 존재가 바로 성 세바스티아누스다. 당시 성 세바스티아누스 주제는 결코 새로운 주제가 아니었다. 수호성인으로서 성 세바스티아누스에 대한 경모 의식은 4세기부터 있었다. 그러나 그때까지 그리 중요한 경모의 대상이 아니었던 그가 흑사병이 창궐한 14세기 들어서는 가장 중요한 성인의 한 사람이 되었다. 이때부터 유럽 전역에서 헤아릴 수 없이 많은 성 세바스티아누스 그림이 그려졌다. 흥미로운 사실은, 이 변화가 순수한 기독교 신앙보다는 전승되어온 민간신앙과 관련이 깊다는 것이다.

안드레아 만테냐가 그린 〈성 세바스티아누스〉를 보자. 한 남자가 돌기둥에 묶여 있다. 그는 로마 황제 디오클레티아누스의 근위대 장교다. 기독교도 병사 두 사람이 신앙이 발각되어 처형될 위기에 처하자 그들을 위한

성 세바스티아누스

안드레아 만테냐 | 1457~1458
유화 | 68×30cm
빈 미술사 박물관

그림 왼쪽 상단의 구름을 가만히 보면 말을 타고 가는 남자의 모습이 나타난다. 「요한계시록」 6장에 나오는 백마를 탄 이를 묘사한 것이다. 사람을 죽이는 권한을 가진 그는 활을 든 존재로 묘사되었는데, 그게 전염병은 신이 쏜 화살에 맞은 것이라는 민간신앙과 상통한다. 이 모티프를 넣음으로써 화가는 흑사병의 수호성인으로서 성 세바스티아누스의 역할을 강조하고 있다.

변호에 나섰다가 황제의 분노를 샀다. 그 또한 은밀히 기독교를 믿고 있었던 탓이다. 궁살형에 처해진 그는 무려 아홉 발의 화살을 맞았지만 그림에서 보듯 죽지 않고 기적적으로 살아났다. 그러자 황제는 그를 몽둥이로 때려죽이도록 했다. 그렇게 그는 순교자가 되었다.

화살을 맞고도 죽지 않은 성인. 바로 그 사실이 14세기에 그에 대한 숭배 열풍을 몰고 왔다. 중세 유럽의 옛 이교 신앙에 따르면, 흑사병과 같은 전염병은 분노한 신이 쏜 보이지 않는 화살 때문에 생기는 것이었다. 평소에는 기독교 신앙으로 인해 이런 관념이 의식 아래로 가라앉아 있지만 전염병이 휩쓸고 지나갈 때마다 되살아나곤 했는데, 14세기 흑사병의 대유행은 이 관념을 증폭시켰다. 자연히 성 세바스티아누스 숭배 의식도 한껏 고조되었다. 화살을 맞고도 죽지 않은 성인이니 우리가 전염병의 화살을 맞고도 죽지 않게 우리의 방패막이가 되어주십사 염원했던 것이다. 그런 만큼 성 세바스티아누스를 그린 수많은 그림들은 불가항력적인 재앙의 포로가 된 옛 유럽인들의 고통과 절규를 생생히 떠올리게 한다.

죽음 앞에 모두 평등하다

"장미꽃 주위를 돌자. 한 주머니 꽃이 가득. 에취, 에취! 우리 모두 넘어진다."

흑사병이 창궐하던 때 유럽 어린이들이 부르던 동요 가사다. 여기서 장미꽃은 흑사병에 걸린 사람의 몸에 나타나는 흑점을 의미한다고 한다. 모두 넘어진다는 것은 모두 죽는다는 의미이니 어린이 동요치고는 섬뜩하기 이를 데 없다. 그러나 동요나 동화도 결국 삶의 반영이다. 이런 노래는

무덤 파는 이의 죽음

카를로스 슈바베 | 1890년대 | 혼합재료 | 75×55.5cm | 파리 | 오르세 박물관

어릴 적부터 전염병에 대한 경각심을 일깨워 스스로를 지키도록 돕는다. 현실의 어려움을 문화적 각성으로 극복하려 한 노력의 단면이다.

중세 이래 죽음을 주제로 한 유럽 화가들의 그림도 그런 기능을 갖고 있다. 재앙인 질병에 대한 경각심을 일깨울 뿐 아니라, 예측불허인 인생을 어떻게 살아야 하는가, 또 죽음을 어떻게 맞아야 하는가에 대한 각성된 사유를 하게 한다. 본디 예술이 지닌 기능이 그런 것이 아니겠는가.

그런 점에서 독일 화가 카를로스 슈바베의 〈무덤 파는 이의 죽음〉은 죽음을 삶의 나침반으로 삼아온 서양의 전통이 근대에도 오롯이 살아 있음을 잘 보여주는 작품이다.

그림의 배경은 공동묘지다. 눈이 쌓여 온 세상이 하얗게 된 가운데 한 노인이 땅을 파고 있다. 새로운 주검을 누일 준비를 하는 것이다. 오랜 세월 이 일을 해온 노인은 그저 무심히 오늘도 삽을 들었다. 하지만 오늘은 특별한 날이고, 이 자리도 특별한 자리다. 왜냐하면 이 무덤은 오늘 그가 묻힐 곳이기 때문이다. 그의 마지막을 알리려고 죽음의 사자가 무덤가에 내려앉았다. 우아한 자세로 그녀가 말한다.

"노인이여, 수고했소. 이제 이곳에서 영원한 휴식을 취하시오."

그녀의 오른손에 들린 작은 불빛은 노인의 영혼이다. 노인의 영혼이 그녀의 손아귀에 든 이상 그도 이 상황을 어찌할 도리가 없다. 죽은 이들의 뒷바라지를 하며 죽음에 충성해온 노인이지만 그 역시 죽음을 면할 도리가 없는 것이다. 죽음은 이렇듯 모두에게 평등하다. 그리고 그것은 전혀 예고되어 있지 않다. 이런 죽음의 자로 삶을 재는 자가 지혜로운 자라고 이 그림은 말한다.

역사를 흔든 전염병

전염병은 1만 년 전 인류가 농업시대로 진입하면서 본격화되었다. 농업으로 발생한 잉여생산물은 인구의 증가와 집중을 불러왔고 도시가 생기게 되었다. 이는 병원체의 생존에 이상적인 조건이었다. 인간이 몰려 있는 상황은 번식에 유리했다. 전염병은 단순히 인명 피해만 가져온 것이 아니라 역사의 방향을 바꿀 만큼 막강한 영향을 끼쳤다.

고대 그리스 시대에 전염병은 파괴적인 힘을 드러냈다. 기원전 430년 아테네가 이끌던 델로스 동맹과 스파르타가 이끌던 펠로폰네소스 동맹 간의 싸움인 펠로폰네소스 전쟁이 한창이던 시기에 역병이 발생한 것이다. 이로 인해 아테네 군인과 민간인의 4분의 1이 목숨을 잃었다. 전쟁 초기 아테네의 전력은 스파르타보다 우세했으나 역병으로 전력이 약화된 아테네는 결국 패하고 만다. 최근 연구에 따르면 장티푸스일 가능성이 높다고 한다.

대제국 로마의 붕괴에도 전염병은 결정적인 영향을 끼쳤다. 대표적인 전염병은 165~180년에 유행한 안토니우스 역병이다. 시리아에서 로마 군인들이 귀국하면서 퍼진 이 전염병은 천연두로 추측되는데 무려 500만 명이 사망한다. 251~266년에는 성 키프리아누스 역병이 돌아 하루에 로마에서만 5000명이 죽기도 했다. 이처럼 전염병들은 로마 사회를 점차 붕괴시켜나갔고 동서 로마의 분리와 멸망에 영향을 미쳤다. 가장 치명적이었던 것은 541년부터 750년 사이에 유행한 유스티니아누스 역병이었다. 이집트에서 전파된 이 전염병으로 하루에 1만 명이 사망했으며 이후 이탈리아, 에스파냐, 프랑스, 영국 등을 휩쓸어 유럽 인구는 절반으로 줄었다. 이 전염병은 페스트로 추측된다.

가장 악명 높은 전염병은 7500만 명에 달하는 인명 피해를 낸 페스트다. 페스트는 쥐벼룩이 매개하는 전염병으로, 감염되면 구토, 두통, 현기증, 고열 등의 증세가 나타나며 빛을 견딜 수 없게 된다. 페스트는 1347년 킵차크한국(몽골 제국 서방의 영지)의 군대가 크림 반도에서 페스트 환자의 시체를 도시로 보냄으로써 유럽인에게 전파됐다. 농경민이던 유럽인들은 곡물 창고에 살던 쥐들 때문에 빠르게 페스트에 감염된다. 그 결과 불과 6년 사이에 유럽 인구의 3분의 1에 해당하는 2000만~3000만 명이 사망했다.

페스트는 이후에도 18세기까지 유럽을 주기적으로 위협했고 유럽의 상황을 크게 변화시켰다. 페스트로 인구가 줄어들자 귀족들의 부와 권력 또한 줄어들게 되었고 농노들은 영지를 떠나 소작농이나 장인 등으로 변모한다. 또한 페스트를 퇴치하는 데 실패한 교회가 민심을 잃으면서 기독교의 힘도 약화되었다. 이렇듯 페스트는 중세시대의 몰락에 큰 영향을 미쳤다.

성 로코
조반니 바티스타 피토니 | 1727 | 유화
42×32cm | 부다페스트 미술관

　질병, 특히 전염병으로부터 '방패막이'가 되어준 대표적인 수호성인으로는 성 세바스티아누스 말고도 성 로코(생 로슈)와 쌍둥이 형제 성인 코스마스와 다미안이 있다(코스마스와 다미안은 메디치 가문의 수호성인으로도 유명하다). 이들 성인은 함께 그려지는 경우가 적지 않았다. 성모 마리아가 그들과 더불어 그려지기도 했다. 질병으로부터 보호를 바라는 사람들의 간절한 염원이 그렇게 성인들을 한자리에 불러모으곤 했을 것이다.

　성 로코는 생몰년(1293~1327)이 명확히 파악되는 중세 말의 성인이다. 그는 유럽 전역을 돌며 전염병 환자들을 치료하는 데 헌신했다. 그는 자신의 모든 재산을 가난한 사람들에게 나누어주었다. 그 스스로 흑사병 환자가 된 적이 있었는데, 광야에서 고생한 끝에 기적적으로 회복이 되었다. 이렇듯 흑사병을 이긴 존재이기에 후세 사람들이 그를 흑사병 환자들의 수호성인으로 경모하게 되었다. 그러나 성 세바스티아누스처럼 14세기부터가 아니라, 그다음 세기부터 본격적으로 경모되기 시작했다.

　피토니의 그림에 등장하는 성 로코는 순례자의 복장을 하고 하늘을 우러러보고 있다. 오른쪽 하단에 개의 머리가 비치는데, 이 개는 그가 흑사병에 걸려 광야에서 제대로 움직이지도 못할 때 빵덩어리를 물어다주곤 했던 개다. 가난한 순례자의 복장을 한 데다 이렇게 사랑스러운 개까지 함께 있으니 성인이 매우 따뜻하고 인정이 넘쳐 보인다. 그만큼 사람들이 격의 없이 다가가고 싶게 만드는 성인이다.

왕들의 처형,

그들은 왜 심판대에 섰는가?

그림을 통해 보는 군주는 대부분 영광과 권세의 절정에 있다. 최고 권력이 자신을 그린 그림에서 그것 아니면 다른 무엇을 바랄 것인가? 하지만 간혹 절망과 나락에 빠진 군주를 그린 그림도 없지 않다. 그런 그림은 왕이나 궁궐의 요청에 의한 게 아니라 후대 대중의 호기심과 흥미에 부응해 제작된 것이다. 폐위되거나 실각한 군주가 처형되는 장면을 그린 그림이 대표적이다. 왕조시대의 군주는 절대권력이다. 법조차 그들의 손안에 있다고 해도 과언이 아니다. 그런 까닭에 군주를 제거하려는 세력은 법에 호소하기보다는 주로 암살을 기도한다. 하지만 때로 정변이나 혁명이 성공할 경우 무력화된 왕을 법의 이름으로 처단하곤 했다. 흥미롭게도 서양에서는 이런 주제의 그림이 곧잘 그려졌다.

비운의 소녀군주 제인, 2주 만에 스러지다

19세기 프랑스 화가 폴 들라로슈가 그린 〈제인 그레이의 처형〉은 서양회화 가운데 군주의 처형 장면을 가장 인상 깊게 전해주는 걸작이다. 제인 그레이는 불과 2주가 못 되는 짧은 기간 동안 영국 왕위에 올랐던 소녀다. 마치 봄날의 꽃처럼 잠깐 피었다가 사라진 비운의 군주였다.

그녀는 어쩌다가 이런 비극의 주인공이 되었는가? 먼저 그녀가 왕위에 오르게 된 사정에 대해 알아보자. 영국 왕 헨리 8세의 아들인 에드워드 6세는 1553년 15세의 나이로 후사 없이 죽는다. 관례에 따르면 에드워드 사후 왕위 계승권자는 헨리 8세의 맏딸이자 에드워드의 누나인 메리였다. 하지만 에드워드는 죽으면서 왕위를 누나인 메리가 아니라 아버지의 여동생인 메리 튜더의 상속자들에게 넘긴다는 유언을 남겼다. 이는 측근인 노섬벌랜드 공작의 설득에 따른 것으로, 그렇게 하면 메리 튜더의 외손녀인 제인 그레이에게 왕권이 넘어갈 수 있었다. 에드워드의 왕위를 가톨릭교도인 메리가 아니라 신교도인 제인이 계승함으로써 기존의 신교 권력이 변함없이 유지되도록 하려는 노섬벌랜드 공작의 책략이었다(제인은 노섬벌랜드 공작의 며느리였던 까닭에 이렇게 함으로써 공작의 입지는 더욱 강화될 수 있었다). 에드워드는 영국 국교회의 창설자인 아버지 헨리 8세의 유지를 잇고 가톨릭의 복고를 막기 위해 이 제안을 긍정적으로 받아들였다.

하지만 훗날 '피의 메리'라고 불리게 될 메리는 그렇게 호락호락한 여자가 아니었다. 뼛속까지 가톨릭 신자였던 그녀는 동생 에드워드가 전통적인 가톨릭 미사를 금지하자 "미사를 드리지 못할 바에는 차라리 목을 바치겠다"고 말할 만큼 강단과 뱃심이 있었다. 그녀는 에드워드의 서거 소

제인 그레이의 처형
폴 들라로슈 | 1833 | 유화 | 246×297cm | 런던 | 내셔널 갤러리

식을 듣자마자 체포를 피해 황급히 이스트 앵글리아로 피신했다. 거기서 9일 만에 세력을 규합해 개선장군처럼 런던에 입성했고, 메리의 막강한 세를 확인한 의회는 제인이 아니라 메리가 진정한 왕위 계승자라고 선포했다.

마침내 권력을 장악한 메리는 제인과 노섬벌랜드 공작을 체포해 제인은 런던탑에 가두고 공작은 처형했다. 제인에게도 대역죄가 적용되어 사형이 선고됐으나 메리는 그녀의 목숨만은 살려주었다. 그러나 이듬해 1월 신교도들의 반란인 와이엇의 난이 일어나고 거기에 제인의 아버지까지 가담하자 메리는 마침내 제인의 처형을 명령한다. 1554년 2월 12일 제인은 형장의 이슬로 사라졌다.

폴 들라로슈의 그림은 그 마지막 순간을 표현한 작품이다. 흰옷을 입은 제인이 탑 관리관의 부축을 받으며 작은 나무받침대 앞으로 다가간다. 그녀의 목을 올려놓을 형틀이다. 흰 목이 드러나면 옆에 서 있는 집행인이 도끼로 내려칠 것이다. 그러면 머리는 피를 뿌리며 지푸라기 위로 떨어질 것이다. 집행인의 붉은 타이츠가 곧 있을 피의 분출을 예고하고 제인의 옷 색깔인 백색은 그 처참한 운명의 주인공이 순수하고 가련하기 이를 데 없는 소녀임을 확인시킨다.

의연한 제인의 모습과 달리, 왼편의 두 궁녀는 목걸이 등 패물과 겉옷을 받아들고 깊은 슬픔에 잠겨 있다. 그 표정과 제스처가 화면 전체에 깔린 음울한 색조와 단조의 화음을 이룬다. 오래도록 여운이 남는 장면이 아닐 수 없다.

그러나 제인에게는 생을 마감하는 이 순간이 어쩌면 비로소 모든 삶의 고통과 고뇌로부터 해방되는 시간이었을지 모른다. 그녀는 죽음 앞에

서 "나의 불운한 날들을 끝마치게 된 것을 다행으로 여긴다"고 말했다고
한다.

그녀는 열일곱 살의 짧은 생을 사는 동안 많은 고통을 겪었다. 워낙 착
하고 온순했던 그녀는 바로 그 이유로 어릴 때부터 어머니에게 학대를 당
했다. 어머니 프랜시스 브랜던은 잔인하고 오만한 여인으로, 딸이 지나치
게 착하다고 생각해 정기적으로 매질을 했다. 그게 딸을 강하게 키우는
길이라고 믿었다. 아버지도 매정하기는 마찬가지였는데, 정치적 야심으로
정략결혼을 추진해 노섬벌랜드 공작의 아들 길퍼드 더들리와 결혼하게
했다. 이때 독신으로 살고 싶다고 애원하던 그녀를 어머니가 강제로 내쫓
았다.

왕위 계승자로 결정되었을 때도 제인은 그 운명으로부터 벗어나고 싶
어 애를 썼지만, 시아버지와 부모의 권력욕을 끝내 극복할 수 없었다. 사
랑받지 못한 삶을 책을 통해 보상받느라 나이보다 생각이 깊고 지적이었
다는 그녀는, 그 선한 성품과 지성을 뒤로한 채 이렇듯 짧고 한 많은 생애
를 마감했다. 처형 직전 그녀가 암송한 시편 51편에는 그녀의 심정을 반
영하는 다음과 같은 글귀가 나온다.

"하느님, 내 제물은 찢어진 마음뿐, 찢어지고 터진 마음을 당신께서 얕보지
아니하시니"

종교분쟁에 희생된 메리 스튜어트

'피의 메리'가 아닌 스코틀랜드의 여왕 메리
스튜어트(1542~1587)는 자신의 왕국 스코틀랜드가 아니라 영국에서 영

국 여왕 엘리자베스 1세에 의해 처형되었다. 메리 여왕이 엘리자베스 여왕에 의해 죽임을 당한 것은 무엇보다 그녀가 엘리자베스의 왕권에 위협이 되었기 때문이다. 메리의 할머니는 엘리자베스의 아버지인 헨리 8세의 누나였다. 메리 또한 혈통상으로 영국의 왕위 계승권자였던 것이다. 그래서 엘리자베스가 여왕으로 즉위할 때 영국 안팎의 가톨릭 세력은 가톨릭교도인 메리가 적통이라는 주장을 폈다. 이후 엘리자베스는 메리에 대한 경계심을 끝내 풀지 못했다.

메리의 불행은, 프랑스 왕비가 된 그녀가 첫 남편 프랑수아 2세의 이른 사망으로 스코틀랜드로 돌아오면서 시작되었다. 무엇보다 두 번에 이은 재혼이 문제였는데, 이 잘못된 혼인들로 스코틀랜드 군주로서 그녀의 통치력은 파산 상태에 이르렀다. 영국 여왕 엘리자베스에게 도움을 청해 영국으로 망명한 것까지는 좋았으나, 그게 영국 내의 가톨릭 세력들로 하여금 메리를 영국 여왕으로 옹립하려는 음모와 반란을 획책하게 만들었다.

모반 음모가 없더라도 후사가 없는 엘리자베스가 죽으면 왕위는 메리에게 돌아갈 수밖에 없었다. 영국의 신교도 세력에게 이보다 더한 재앙은 없었다. 메리는 오랜 유폐생활 중에도 줄기차게 모반에 연루되었는데, 결국 결정적인 증거가 확보되었다. 그러자 엘리자베스는 그녀를 참수형에 처했다. 1587년 2월 7일 그녀는 그렇게 불귀의 객이 되고 말았다. 메리는 끝내 영국 여왕의 자리에 오르지 못했지만 스코틀랜드의 왕이었던 그녀의 아들 제임스 1세는 엘리자베스 사후 적법하게 영국의 왕위까지 계승했다. 그러나 제임스 1세의 아들 찰스 1세가 청교도혁명의 와중에 처형됨으로써 메리의 불행은 손자 대에 다시 반복되었다.

메리의 유폐와 처형을 주제로 한 그림은 꽤 많이 그려진 편이다. 워낙 화려하고 드라마틱한 삶을 산 데다 비극적인 종말을 맞은 까닭에 역사화의 좋은 소재가 되었다. 니컬러스 힐리어드의 화풍으로 그려진 〈유폐 중인 메리 여왕〉은 차분하고 냉철한 여왕의 표정이 인상적인 작품이다. 화면의 라틴어는 이 그림이 그려질 무렵 메리가 영국에서 10년째 유폐생활을 하고 있음을 전하고 있고, 그녀의 묵주에 매달린 십자가 네 귀퉁이에는 그녀의 가문 스튜어트를 나타내는 'S'자가 새겨져 있다.

시피오네 바누텔리가 그린 〈처형대로 향하는 메리 스튜어트〉에는 권력의 허망함과 인생무상이 잘 표현되어 있다. 망연한 여왕의 표정과 그녀의 옷을 잡으며 흐느끼는 여인들에게 우리는 깊은 동정심을 느끼게 된다.

아벨 드 퓌졸의 〈메리 여왕의 처형〉은 참수대에 머리를 올린 여왕의 모습에 초점을 맞춘 작품이다. 왕관은 벗었고 머리는 풀어헤쳐져 있다. 여왕은 모든 것을 포기한 듯 눈을 감고 손을 모았다. 마치 순교자의 모습을 보는 듯하다. 어쩌면 그녀는 부질없는 욕망의 순교자였을지 모른다.

메리 여왕의 처형
아벨 드 퓌졸 | 19세기 | 유화 | 발렝시엔 미술관

유폐 중인 메리 여왕
니컬러스 힐리어드의 화풍
1610년경(또는 1578년경) | 유화
90.2×79.1cm | 런던 | 국립 초상화 미술관

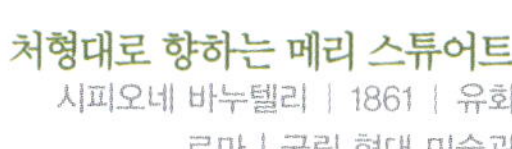

처형대로 향하는 메리 스튜어트
시피오네 바누텔리 | 1861 | 유화
로마 | 국립 현대 미술관

찰스 1세의 관 곁에 서 있는 크롬웰
폴 들라로슈 | 1849 | 유화 | 226×291cm | 상트페테르부르크 | 에르미타슈 박물관

찰스 1세와 크롬웰

폴 들라로슈는 프랑스 사람이면서도 영국 역사에 매우 관심이 많았다. 1820~1830년대 프랑스에서는 우리 식으로 부르자면 이른바 '영류英流'라고 할 만한 영국 바람이 일었는데, 들라로슈는 회화 분야에서 그 선봉에 섰던 화가다. 영국 역사의 비극과 관련한 주제를 그만큼 인상 깊게 표현한 화가도 드물었는데, 〈찰스 1세의 관 곁에 서 있는 크롬웰〉 또한 왕의 처형을 주제로 한 그림이다.

그림에는 오로지 두 사람만이 등장한다. 바로 찰스 1세와 크롬웰이다. 주검이 된 찰스 1세는 관 속에 누워 있다. 크롬웰은 관 뚜껑을 열고 한때 세상을 호령했던 군주의 얼굴을 내려다본다.

흔히 청교도혁명이라 불리는 영국혁명의 지도자 크롬웰은 청교도의 금욕적이고 엄격한 이미지와 호국경護國卿에 올라 펼친 독재 때문에 곧잘 극단적인 인물로 오해되곤 하나, 이는 사실과 다르다. 그는 왕당파가 공격하듯 악인도 아니었고 위선자도 아니었다. 탁월한 조직가와 정치가의 면모를 보여주었으며, 대화와 타협을 중시했다.

1646년 의회군에 의해 찰스 1세가 체포되었을 때 크롬웰은 왕과 의회, 군대 사이에서 합리적인 중재안을 찾느라 애를 썼다. 그는 왕정 폐지에 반대했고, 찰스 1세와 대화를 나누며 자녀들에 대한 왕의 무한한 애정에 깊은 감명을 받았다. 그림 속의 크롬웰은 어쩌면 그때 나눴던 대화들을 떠올리며 불행한 종말을 맞은 군주를 위로하고 있는 듯 보인다. 혹은 왕의 비타협적인 태도를 아쉬워하며 대화를 통한 문제 해결에 좀더 관심을 가져주지 그랬느냐고 책망 아닌 책망을 하고 있는 듯 보인다. 실제로 크롬웰이 찰스의 주검 앞에 홀로 찾아와 이처럼 조의를 표했는지는 확실하지 않다. 전설처럼 전해 내려오는 이야기에 화가의 상상을 덧붙여 표현한 그림이라 하겠다.

체포된 찰스 1세는 크롬웰이 중재의 노력을 기울이고 있는 와중에 탈출했다. 1648년 마침내 내전이 재개되었고, 그 재기의 노력도 헛되이 왕은 다시 항복하지 않을 수 없었다. 대화주의자 크롬웰도 이제는 더이상 왕의 목숨을 지켜줄 수 없었다. 결국 왕은 1649년 1월 30일 형장의 이슬로 사라졌다.

찰스 1세의 패착은 왕권의 절대성을 지나치게 신봉했다는 것이다. 당시 유럽이 절대주의의 흐름 속에 있었고 그의 아버지 제임스 1세 또한 왕권신수설의 강력한 옹호자였다는 점에서 찰스 1세가 왕권 강화에 집착한 것은 일견 자연스런 현상으로 보인다. 하지만 그의 아버지 때부터 왕정에 대한 지나친 신권神權 의식은 의회를 중시하는 영국의 오랜 전통과 마찰을 빚었고, 종교 및 외교, 경제 정책을 놓고도 영국의 신민들 중 가장 강력한 집단인 청교도들과 갈등을 빚었다. 그 상황이 아들 대에 가서도 계속될 뿐 아니라 한층 노골적으로 의회를 무시하고 온갖 편법을 동원하는 양태가 나타나니 분열의 에너지는 갈수록 증폭되었다. 그러던 중 1642년 초 왕이 직접 호위대를 이끌고 하원에 난입해 의회 지도자 다섯 명을 체포하려 한 사건이 발생했다. 더이상 내전을 피하는 일은 불가능해진 것이다.

7년간 계속된 양쪽의 충돌은 애초 군사적 경험이 풍부한 왕당파의 우세로 진행됐으나, 탁월한 지도자 크롬웰이 나서서 의회파의 군사조직을 재편한 1644년부터는 전세가 뒤바뀌었다. 앞에서도 언급했듯 1649년 1월 30일 왕이 처형되었고, 그로부터 7일 뒤인 1649년 2월 6일, 마침내 왕정이 공식적으로 폐지되었다.

처형되던 날 아침 찰스 1세는 세인트제임스 공원에서 애완견과 함께 산책을 했고, 마지막 식사로 빵과 포도주를 제공받았다. 면 셔츠를 하나 더 요구해 두 개를 껴입고 처형대에 섰다고 하는데, 이는 추위에 떨게 되면 죽음에 대한 공포로 떠는 것으로 오인될까봐 그랬다고 한다. 그의 마지막 말은 "부패하기 쉬운 세상으로부터 그 어느 것도 방해할 수 없는, 영원히 부패하지 않을 왕의 나라로 간다"였다고 한다.

절단된 왕의 머리는 군중에게 전시되었다. 반역죄로 죽은 모든 죄수에게 가해지는 수치였다. 하지만 크롬웰은 그 머리를 다시 왕의 몸에 꿰매어 붙이도록 하는 전례 없는 조처를 내렸다. 유족들이 주검에 예를 표할 수 있도록 배려하기 위한 것이었다. 사려 깊은 크롬웰의 성품을 보여주는 일화라 하지 않을 수 없다.

프랑스 혁명의 희생자, 루이 16세

혁명이 왕의 목숨을 앗아간 역사는 140여 년 뒤 프랑스에서도 반복되었다. 널리 알려진 루이 16세의 처형이 그것이다. 자유와 평등, 국민주권, 법 앞의 평등, 사상의 자유, 과세의 평등, 소유권의 신성 등을 천명한 프랑스 혁명은 널리 알려져 있듯 근대 국민국가의 형성과 전개에 절대적인 영향을 미쳤다. 더이상 봉건적인 사회체제와 신분질서가 유효하지 않음을 세계만방에 고했다. 그 영향이 컸던 만큼 혁명 기간 내내 프랑스는 격동과 격변에 휩싸였다. 진영을 막론하고 수많은 풍운아들이 단두대에서 목숨을 잃었고, 루이 16세와 그의 왕비 마리 앙투아네트도 예외는 아니었다.

한 무명의 덴마크 화가가 그린 〈루이 16세의 처형〉은 주제와는 다소 거리가 있어 보이는 소박하고 천진한 필치가 인상적이다. 그러나 그 단순한 붓놀림에도 불구하고 차분한 구성으로 마치 현장 사진을 보는 듯한 핍진감이 돋보인다. 단 위에는 단두대가 놓여 있고 목을 앞으로 뺀 루이 16세가 가만히 엎드려 있다. 루이 16세의 머리 밑으로 보이는 바구니는 떨어진 목을 받을 도구다. 오른편에서 다가오는 먹구름은 역사의 용틀임을 상징하는 듯하다.

전해오는 이야기에 따르면, 루이 16세는 죽음 앞에서 매우 당당했다고 한다. 처형 전날 그는 아내와 자녀들에게 차분히 작별을 고했다. 처형일인 1793년 1월 21일, 1200명으로 구성된 기병대가 아침 8시경 도착해 형장(루이 15세 광장, 지금의 콩코르드 광장)으로 그를 에스코트했고, 왕이 타고 간 마차에는 영국인 사제 헨리 에지워스가 동행했다.

광장에 도착한 왕이 마차에서 내리자 호송병 셋이 그를 둘러싸고 옷을

루이 16세의 처형
덴마크 화가 | 18세기 말 | 유화 | 46.5×58cm | 파리 | 카르나발레 박물관

벗기려 했다. 그러자 왕은 그들을 거칠게 물리치며 스스로 겉옷을 벗고 넥클로스^{neckcloth, 옛 넥타이}를 푼 뒤 셔츠의 목 부위를 걷어 정리했다. 놀라서 물러섰던 호송병들이 다시 다가와 손을 잡으려 하자 왕은 노기 띤 목소리로 물었다.

"무슨 짓인가?"
"묶이셔야 합니다."
"나를 묶는다고? 안 돼. 그걸 허락할 순 없지. 자네들이 명령받은 대로 하게. 하지만 나를 묶을 수는 없네."

그렇게 결박당하지 않은 상태로 단 위로 올라간 루이 16세는 쩌렁쩌렁한 목소리로 마지막 말을 남겼다.

"나는 말도 되지 않는 혐의로 죄 없이 죽는다. 그러나 나의 죽음을 야기한 모든 사람을 용서한다. 그리고 신께 기도한다. 다시는 프랑스에 이렇게 피가 뿌려지지 않기를."

이후 처형은 순식간에 진행됐다. 루이 16세는 천성이 선량하고 성실한 사람이었으나 의지가 약하고 결단력이 부족해 왕이 될 재목은 아니었다고 한다. 하지만 죽을 때만큼은 그 누구 못지않은 당당한 장부였다. 그가 왕위에 있을 때부터 이렇게 당당하고 자신감이 넘쳤다면 얼마나 좋았을까. 하지만 운명이 그를 외면하자 그는 비로소 그런 자질을 드러냈다.

유럽 명문가 출신 멕시코 황제 막시밀리안

인상파의 대부로 불리는 화가 마네도 군주가 처형되는 장면을 그린 적이 있다. 그가 그린 비운의 군주는 멕시코의 황제 막시밀리안이다. 오스트리아의 명문가 합스부르크가 출신인 막시밀리안 대공은 1864년 4월 10일 멕시코의 황제로 즉위했다. 그가 멕시코의 황제가 된 것은 혈연이나 법통 같은 특별한 근거가 있었기 때문은 아니었다. 당시 자유주의 세력과 대립 중이던 멕시코의 보수 세력이 흔들리던 기득권을 공고히 하려고 유럽 명문 왕가의 혈손을 '수입'해 제정帝政을 세우려다보니 발생한 일이었다.

당시 프랑스는 멕시코 북서부 지역의 광산에 눈독을 들여 이 나라에 군대를 진출시켜놓고 있었는데, 막시밀리안이 황제로 가면 자신들의 이익을 관철하고 보호하는 데 유리할 것으로 판단해 그의 집권에 적극 간여했다. 처음에는 내켜하지 않던 막시밀리안도 결국 이런저런 권유를 뿌리치지 못하고 황제의 관을 쓰게 되었다.

비록 수입된 황제지만 막시밀리안은 인디오의 어려운 삶을 보며 나름대로 멕시코인들을 위한 멕시코를 만들기로 결심했다. 멕시코의 토착 귀족 등 보수 세력이 잘 몰랐던 사실은, 막시밀리안이 유럽에 있을 때부터 자유주의적이고 진보적인 가치와 사고에 적잖이 영향을 받았다는 것이었다. 이로 인해 막시밀리안과 그를 옹립한 보수 세력 사이에는 처음부터 갈등이 생기기 시작했다. 그렇다고 멕시코의 자유주의자들이 황제를 호의적으로 본 것은 아니었다. 막시밀리안의 지향이나 태도와 관계없이, 자유주의자들은 군주정 자체를 거부해 결국 황제는 갈수록 고립무원 상태에 빠져들었다. 게다가 자유주의자들의 군대와 싸워주던 프랑스 군대가 본

국과 프로이센 사이의 갈등이 고조되자 유럽으로 돌아가버림으로써 막
시밀리안은 더이상 상황을 통제할 수 없게 되었다.

막시밀리안의 안위가 걱정된 프랑스 황제 나폴레옹 3세는 그에게 유
럽으로 돌아오라고 호소했다. 하지만 막시밀리안은 끝까지 멕시코에 남
아 싸우겠다고 답했다. 목숨을 부지하겠다고 지금까지 자신을 지지해왔
던 추종자들을 버려두고 떠나는 것은 황제답지도, 남자답지도 못한 행동
이라고 생각했던 것이다. 결국 공화파의 손에 붙잡힌 그는 1867년 6월 19
일 총살형에 처해졌다. 공화파의 지도자 후아레스는 막시밀리안이 전제
정이 아니라 입헌군주제를 꾀했던 데다 의리도 있는 지도자라는 점에서
개인적으로 그를 좋아했으나, 외세에 의한 그 어떤 정부도 용납할 수 없
다는 멕시코인들의 단호한 의지를 보여주기 위해 유럽 각국의 탄원에도
불구하고 그의 처형을 밀어붙였다.

마지막 순간, 막시밀리안은 다음과 같이 외쳤다고 한다.

"멕시코인들이여! 나는 오늘 멕시코의 자유와 독립을 위해 죽노라. 내 피가
나의 새 조국의 불명예를 종식할 수 있도록 신께서 도우시기를…… 멕시코
만세!"

마네는 이 사건과 관련한 신문 기사를 읽고 깊은 인상을 받아 〈막시밀
리안의 처형〉을 그렸다. 기본 구성은 고야의 유명한 〈1808년 5월 3일, 마
드리드〉에서 따왔다. 나폴레옹의 에스파냐 민중 학살을 주제로 한 이 그
림의 구성은 나중에 피카소가 〈한국에서의 학살〉에서도 그대로 활용하
게 된다.

그림을 보자. 막시밀리안 황제를 중심으로 그의 두 장군 메히아와 미

막시밀리안의 처형
에두아르 마네 | 1867~1868 | 유화 | 252×305cm | 만하임 시립 미술관

라몬이 화면 왼편에 서 있고, 오른편에는 형을 집행하는 멕시코 군인들이 자리 잡고 있다. 특별한 정서의 개입을 배제하고 차분히 현장을 중계하듯 그린 데서 화가의 냉철한 시선이 느껴진다. 사건을 객관화해 보려는 매우 근대적인 시선이라 하지 않을 수 없다. 이 인상적인 그림은 그러나 한동안 프랑스 내에서 전시가 금지되었다고 한다. 생생한 주제의 표현이 프랑스 황제 나폴레옹 3세의 정치적, 외교적 실패를 자꾸 상기시켰기 때문이다. 막시밀리안의 희생에는 나폴레옹 3세의 책임이 크다는 인식이 프랑스인들 사이에 널리 퍼져 있었던 것이다.

헨리 8세(1491~1547)는 6명의 여인과 결혼했다. 이는 그의 여성 편력뿐 아니라 정치가로서의 면모도 보여준다. 그가 첫 번째 왕비 캐서린과 이혼한 이유는 아들이 없었기 때문이다. 이는 두 번째 왕비 앤 불린과 이혼한 이유와 같다. 캐서린과 앤은 각각 메리(뒤의 '피의 메리')와 엘리자베스(뒤의 엘리자베스 1세)를 낳았는데 헨리 8세는 공주가 왕위를 이었을 때 발생할 정치적 혼란을 걱정했다. 그는 캐서린과의 이혼을 교황이 불허하자 수장령을 내리면서까지 이혼을 강행했다. 이는 국왕을 영국 국교회의 최고 수장으로 규정하는 법령으로, 이로써 영국 국교회는 로마교회로부터 독립하게 되었다.

헨리 8세가 죽자 세 번째 왕비 제인 시모어가 낳은 에드워드 6세가 그 뒤를 이었다. 그가 어린 나이에 결핵으로 죽자 헨리 7세의 증손녀인 제인 그레이(1537~1554)가 왕위에 오른다. 그러나 그녀는 메리에 의해 9일 만에 폐위되어 처형된다. 실질적으로 잉글랜드 최초의 여왕이 된 메리(1516~1558)는 교황과 화해하고 수장령을 폐지했다. 그녀는 신교도를 박해하면서 수많은 이들을 처형했기 때문에 '피의 메리'로 불렸다. 에스파냐의 펠리페 2세와 결혼했으나 자식이 없었고 재임 5년 만에 난소암으로 사망했다. 이후 즉위한 이복여동생 엘리자베스 1세(1533~1603)는 가톨릭과 신교의 갈등을 해결하기 위해 노력하고 중상주의 정책을 추진하여 절대왕정을 완성했다. 그녀는 독신으로 자식이 없었기에 스코틀랜드 왕 제임스 1세(1566~1625)가 그 뒤를 이어 스튜어트 왕조를 열었다. 왕권신수설을 신봉한 그는 국교회를 절대주의의 보루로 삼아 가톨릭과 청교도를 모두 박해했다. 청교도가 많은 의회와 대립하는 일은 제임스 1세의 뒤를 이은 찰스 1세(1600~1649) 때 더욱 빈번했다.

1628년 권리청원(찰스 1세의 전제정치를 견제하고자 의회가 인민의 헌법상 권리를 주장하기 위해 제출한 청원서)이 의회에서 통과되자 찰스 1세는 의회를 해산했다. 왕과 의회의 갈등이 심해져 1642년 의회파와 왕당파 간의 국내전쟁이 일어났고 마침내 1649년 올리버 크롬웰이 이끄는 의회파가 왕당파를 무너뜨리면서 찰스 1세는 처형되고 공화정부가 성립되었다. 이것이 청교도혁명이다. 크롬웰이 죽자 의회는 선왕의 아들 찰스 2세를 불러들여 왕정을 부활했다. 그러나 새 의회와 찰스 2세는 종교 문제로 대립했다. 찰스 2세가 죽고 제임스 2세가 즉위하고 나서 그는 가톨릭과 절대주의 정치를 되살림으로써 의회와 맞섰다. 의회는 1688년 제임스 2세의 딸 메리와 그 남편 윌리엄을 여왕과 왕으로 세웠다. 제임스 2세는 프랑스로 망명했고(당시의 프랑스는 루이 14세의 시대) 이후 '국왕은 의회 내에 존재한다'는 명예혁명이 성립됨으로써 절대군주의 시대는 막을 내렸다.

역사화의 대가 폴 들라로슈

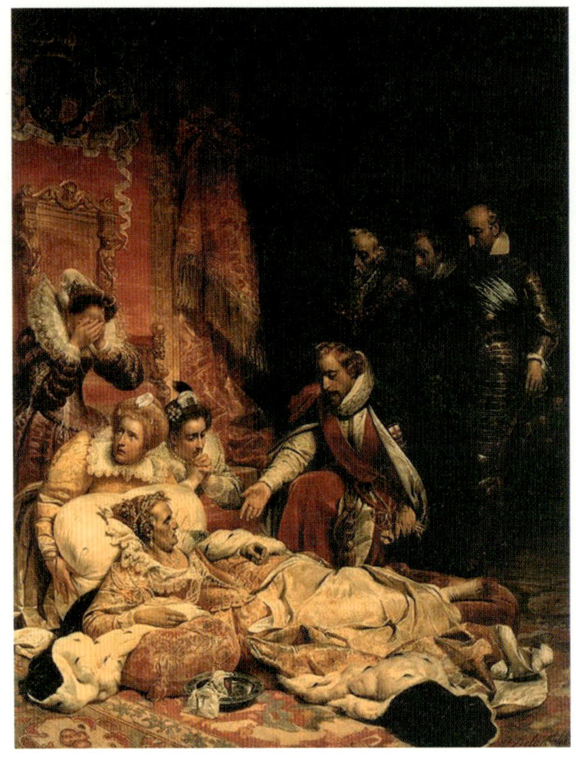

엘리자베스 1세의 죽음
폴 들라로슈 | 유화 | 422×343cm
파리 | 루브르 박물관

폴 들라로슈(1797~1856)는 19세기 최고의 역사화가 가운데 한 사람이다. 그는 프랑스와 영국의 역사를 주된 소재로 삼아 많은 걸작을 남겼다. 흥미로운 것은 권력자의 처형이나 죽음, 몰락을 주제로 한 그림을 많이 그렸다는 사실이다. 〈제인 그레이의 처형〉과 〈찰스 1세의 관 곁에 서 있는 크롬웰〉 외에 〈세인트헬레나의 나폴레옹〉〈법정에 선 마리 앙투아네트〉〈처형장으로 가는 스트래퍼드 백작〉〈심문을 받는 잔 다르크〉〈엘리자베스 1세의 죽음〉 등이 그런 작품이다.

폴 들라로슈의 역사화는 대중으로부터 인기를 많이 끌었는데, 그 바탕에는 깔끔하고 정연한 고전적 양식에 격정적이고 드라마틱한 낭만적 주제를 잘 혼합했기 때문이다. 다만 흥미롭고 인상적인 표현으로 관객의 찬사를 받으려는 욕심이 컸던 나머지 역사적 사실에 대한 고증이 미흡하고 지나친 상상을 동원한 게 흠으로 지적된다. 테오도르 제리코, 페르디낭 들라크루아와 함께 이 무렵 파리 역사화의 3대가로 꼽힌다.

일차세계대전,

바람같이
사라진
한 세대

서양 사람들에게 가장 큰 충격을 준 전쟁은 어느 전쟁일까? 여러 견해가 있을 수 있겠지만, 일반적으로 일차세계대전이 가장 큰 충격을 준 전쟁으로 꼽힌다. 이차세계대전에서 죽은 사람이 훨씬 많고 전쟁의 피해도 더 컸는데, 왜 일차세계대전을 가장 큰 충격을 준 전쟁으로 꼽는 것일까?

사람들이 전쟁으로 인해 받은 심리적 충격이 그 어느 전쟁보다 컸기 때문이다. 이차세계대전이 일어났을 때 일차세계대전을 경험한 사람들은 세계대전의 참혹함에 대해 이미 어느 정도 예상하고 있었다. 하지만 초유의 세계대전인 일차세계대전이 일어났을 때는 사람들은 전례 없는 엄청난 참화에 말 그대로 아연실색했다.

그래서 일차세계대전을 '그레이트 워^{the}

가스 부상병
존 싱어 사전트 | 1918 | 유화 | 231×611cm | 런던 | 제국 전쟁 박물관

Great War'라는 고유명사로 부르게 되었고, 지금까지 이 단어는 일차세계대
전을 지칭하는 용어로 사용되고 있다.

공포와 참혹함으로 점철된 전쟁화들

전쟁의 충격이 워낙 컸던 만큼 일차세계대전
을 그린 그림들도 대체로 어둡고 강렬한 편이다. 영웅들의 투쟁과 희생정

신, 애국심에 초점을 맞췄던 이전의 전쟁화들과 달리 전쟁의 무자비함과 공포, 참혹함이 두드러진다. 이 전쟁 이후 전쟁 영웅과 승전의 환희를 기리는 그림은 최소한 서양미술사의 주류 영역에서는 거의 그려지지 않았다. 일차세계대전은 이렇듯 전쟁화의 방향마저 크게 틀어버렸다.

존 싱어 사전트의 〈가스 부상병〉은 일차세계대전 당시 독가스로 인해 희생된 병사들을 그린 그림이다. 극히 비인도적인 무기인 독가스는 1915년 4월 22일 독일군에 의해 사상 최초로 사용되었다. 전쟁 초기, 영국군은 하루에 3만 5000명의 독가스 사상자가 난 적도 있다. 종전이 될 때까지 독가스로 사망한 양 진영의 전투원 수는 10만 명이 넘었으며, 100만 명 이상의 사람들이 가스 중독의 후유증으로 고생했다.

사전트의 그림은 가스 공격으로 부상당한 병사들이 치료를 받기 위해 이동하는 장면을 그린 것이다. 그림과 수평을 이루는 길을 따라 지금 10명의 부상병이 야전 응급치료소로 이동하고 있다. 그들은 모두 눈에 붕대를 감았고 뒷사람이 앞사람의 어깨에 손을 얹어 열을 유지하고 있다. 맨 앞쪽의 위생병이, 부상병들이 방향을 잃지 않도록 돕고 있다. 뒤에서 네 번째에 위치한 병사가 등을 보인 채 고개를 숙인 것은 가스 중독의 후유증으로 자꾸 구역질이 나기 때문이다. 그림 오른쪽에도 10명의 병사가 무리지어 앞으로 나오는 모습이 보인다. 그들 또한 처치를 받기 위해 치료소로 걸어오고 있다. 사선처럼 뻗은 그림 오른쪽 하단의 줄들이 치료소 텐트의 위치를 말해준다.

화가가 직접 현장을 보고 그린 매우 참담하고 비극적인 장면이지만, 당시 이 그림은 실제 가스 중독이 초래하는 고통과 공포의 수준을 충분히 전달하지 못하고 있다는 비판을 받았다. 그림의 병사들은 독가스 중 겨자가스에 노출된 이들로, 겨자가스에 중독되면 피부는 물집으로 짓물러 터지고 눈에는 엄청난 통증이 오며 폐가 망가져 피거품을 물게 된다. 결국 몸부림치는 그들을 통제하기 위해 침대에 꽁꽁 묶어놓지 않을 수 없었다고 한다. 그에 비하면 사전트의 가스 부상병들은 외견상 상당히 양호한 편이다. 다만 화가는 서쪽으로 뉘엿뉘엿 지는 해를 그려 이 불행한 희생자들의 미래를 부정적으로 암시하고 있다.

독일 화가 오토 딕스는 일차세계대전의 참혹함을 사전트보다 더 처절하게 표현했다. 그의 〈전쟁〉은 일차세계대전의 악몽을 묵시록적인 이미지로 표현한 그림이다. 딕스는 일차세계대전 당시 서부전선에 투입되었다. 플랑드르에서 스위스 국경까지 이어진 서부전선은 3년 반 동안 밀고 밀리는 대치 전선을 형성한 것으로 유명하다. 1916년 베르됭 전투에서만 70만~100만여 명의 사상자를 냄으로써 처절하고도 지루한 학살극의 상징이 되었는데, 이 무대를 에리히 레마르크는 그의 소설 『서부전선 이상 없다』에서 이렇게 묘사했다.

전쟁
오토 딕스 │ 1929~1932 │ 혼합재료 │ 중앙 화면 204×204cm │ 좌우 날개 화면 204×102cm
아래 화면 60×204cm │ 드레스덴 국립 미술관

"우리는 사람이 두개골이 없어도 살아 있는 것을 보았다. 발목이 달아난 병사들이 달리는 것도 보았다. 그들은 동강난 다리로 거꾸러져가며 가까이 있는 포탄 구멍으로 들어갔다. 어느 병사는 근 1킬로미터를 손으로 기며 박살이 난 무릎을 끌고 갔다. 또 응급치료소까지 온 어떤 병사는 움켜쥔 손 밖으로 창자가 삐져나오고 있었다. 우리는 입이 없는 사람, 아래턱이 없는 사람, 얼굴이 없는 사람을 보았다. 또 자기 팔의 동맥을 이빨로 물어 출혈을 막고 있는 병사도 보았다. 해가 뜨고 밤이 오고 유탄이 날고 사람이 죽었다."

딕스는 이 처절한 전쟁의 기억을 교회 제단화 형식으로 표현했다. 교회 제단화는 보통 삼면화三面畫 형태를 띠고 있는데, 예수와 성모 등 중심 주제를 중앙 화면에, 성인 등 보조적인 주제를 양쪽 날개 화면에 표현한다. 딕스는 이 형식에 기초해 중앙 화면에 전투의 참상을, 왼쪽 날개와 오른쪽 날개에 안개 속에서 출정하는 병사들과 부상당한 전우를 부축하는 병사를 그려 넣었다. 이 가운데 전우를 부축하는 병사는 화가 자신의 모습이다. 실제 경험을 있는 그대로 기록한 것이다. 맨 아래쪽의 부속 화면에는 시체처럼 잠들어 있는 익명의 병사들을 그려 넣었다.

이 부속 화면을 제단화에서는 프레델라라고 부르는데, 중심 주제와 연결되는 보충적인 주제를 그려 넣는 곳이다. 가장 일반적인 사례로는, 이를테면 중앙 화면에 예수 그리스도가 십자가에 달려 죽는 장면을 그렸다면, 프레델라에는 예수가 관 속에 누워 있는 장면을 묘사한다. 이런 제단화의 특징을 잘 아는 서양의 관객들은 잠들어 있는 병사로부터 죽어 관에 누운 예수 그리스도를 떠올리지 않을 수 없을 것이다.

전투의 참상을 그린 중앙 화면을 보면 폐허화된 참호에서 한 병사가 가스마스크를 쓰고 현장을 둘러보고 있다. 여기저기 시체가 나뒹군다. 찢

카인과 아벨

로비스 코린트 | 1917 | 유화 | 150×114cm | 뒤셀도르프 미술관

일차세계대전 중에 그려진 이 그림은 당시 유럽의 자화상이라 할 만하다. 피 묻은 손으로 돌을 든 카인과 무참히 뭉개진 아벨, 그리고 그 위로 쏟아지듯 날아오는 까마귀떼. 신의 저주를 두려워하기에 앞서 형제를 향한 자신의 저주에 더 몰입해 있는 인간. 일차세계대전에서 그 뜨거운 불길을 목도한 화가는 격렬한 사선의 붓질로 화면을 뒤덮어버렸다. 코린트 특유의 두꺼운 붓질이 이 같은 격렬함을 더욱 부채질한다. 찐득찐득한 물감 위로 미끄러지는 터치는 당시 심연 속으로 무수히 빨려들어간 유럽의 영혼들을 상기시킨다.

기고 망가져 끔찍하다. 가장 인상적인 주검은 폭발로 휘어진 철골에 날아가 박힌 시체다. 타다 말아 반쯤 해골이 된 시체는 마치 십자가에 달린 예수처럼 처연하게 세상을 굽어본다. 결국 이 주검은 한 시대가 못 박은 예수 그리스도다. 전쟁으로부터 그 어떤 명분과 정당성도 찾지 못한 화가의 절규가 처연히 들려오는 그림이다.

총알받이로 전락한 잃어버린 세대

널리 알려져 있듯 일차세계대전은 1914년 7월 28일 오스트리아가 세르비아에 선전포고를 함으로써 시작됐다. 그 발단은 6월 28일 보스니아-헤르체고비나의 수도 사라예보에서 발생한 오스트리아-헝가리 제국의 제위 계승자 프란츠 페르디난트와 소피아 부부의 암살이었다. 암살자가 세르비아인이었다. 그러나 보다 근본적인 원인은 프랑스, 영국, 러시아의 삼국협상 체제와 독일, 오스트리아, 이탈리아의 삼국동맹 체제 사이의 첨예한 갈등과 대립에 있었다. 주요 식민제국과 식민지 경쟁에 뒤늦게 참가한 신흥제국 사이의 알력과 갈등이 언젠가는 폭발할 화약처럼 안으로 내연하고 있었던 것이다.

유럽 대륙의 거의 전역과 중·근동까지 확대되어 치러진 이 4년 3개월간의 전쟁에서 유럽 대륙의 사망자 수는 모두 800만 명에 달했다. 700만 명이 영구 장애를 안고 살아가게 되었고 그 두 배가 넘는 숫자가 중상을 당했다. 프랑스는 징병 연령의 남자 가운데 20퍼센트를 잃었다. 1914년에 입대한 25세 미만의 옥스퍼드와 케임브리지 대학생 가운데 4분의 1이 전장에서 돌아오지 못했다. 이렇게 일차세계대전은 '잃어버린 세대Lost Generation'라는 유명한 표현을 탄생시켰다. 이 표현은 애초에 일차세계대전

직후 서구 문명에 환멸을 느낀 젊은 지식인들을 지칭하는 용어로 쓰였지만, 실제로 한 세대가 수적으로 이처럼 크게 위축되었던 것이다. "싸움터에 나가지 않는, 나이 먹은 사람들이 전쟁을 쉽게 결정해서 젊은이들을 죽게 만든다"며 "전장에는 40대 이상의 사람만 가라"고 외쳤던 찰리 채플린의 항변을 이로써 이해할 수 있다.

대부분의 전쟁이 그렇듯 일차세계대전 역시 개전 초 사람들을 일종의 집단 최면 상태에 빠뜨렸다. 최초의 본격적인 세계대전으로서 이 전쟁이 초래할 엄청난 비극을 제대로 인식한 사람은 거의 없었다. 전쟁이 시작되자, 신속하게 적을 제압해 최소한의 인명 손실로 승리를 거둘 것이라는 각국 정부의 호언은 금세 빈말임이 드러났다.

무엇보다 독가스를 비롯해 장거리포, 기관총, 수류탄, 전차, 전투기, 폭격기, 잠수함 등 이전에는 볼 수 없었던 무기들이 사용되어 사상자의 수가 예상보다 크게 늘어났다. 이런 가공할 무기들에 비하면 군인들의 용기나 용맹성은 예전만큼 큰 힘을 발휘하지 못했다. 과거와 같은 기동전은 불가능했고, 대학살을 부르는 진지전이 고착화되었다. 벌레가 들끓는 진흙 투성이의 참호 속에서 더위와 추위 등 온갖 악조건을 견디던 병사들은 끝내 자신들이 '총알받이' 외에 아무것도 아님을 깨달으며 큰 절망에 빠졌다. 지휘관이 돌격을 외치자 함성 대신 "메~!" 하는 양 울음소리를 내며 앞으로 돌진했다는 프랑스 군인들의 일화는, 자신들이 도살장에 끌려온 양들과 뭐가 다르냐는 항의와 다름없었다.

프랑스 화가 마르셀 그로메르 또한 이런 절망감을 누구보다 절실히 경험했다. 서부전선에 배치된 그는 솜 전투에서 큰 부상을 입었는데, 4개월

전쟁
마르셀 그로메르 | 1925 | 유화 | 130×97cm | 파리 | 시립 현대 미술관

간 치러진 이 전투에서 영국-프랑스 연합군 사상자가 61만 5000명, 독일
군 사상자가 65만 명에 이르렀으니 이 전투가 얼마나 치열한 싸움이었는
지를 알 수 있다.

종전 뒤 그로메르는 〈전쟁〉이라는 그림을 그렸다. 이 그림에 등장하는
군인들은 외부의 힘에 의해 조종되는 꼭두각시 인형처럼 보인다. 그들은
감정도 없고 아무런 말도 없다. 오로지 철갑 같은 헬멧과 군복에 싸여 자
동인형처럼 주어진 전투를 반복할 뿐이다. 그러다가 큰 타격을 입으면 부
서진 인형처럼 버려질 것이다. 전쟁이 인간을 얼마나 황폐하게 만드는지
를 조용하면서도 무거운 표정으로 보여주는 작품이다.

총알 아가씨에서 시작된 여성의 권리 신장

일차세계대전은 1918년 11월 11일 독일의 항
복으로 끝났다. 엄청난 사상자가 발생하는 등 전쟁 자체가 준 충격도 컸
지만, 이후의 후유증도 만만치 않았다. 독일 제국을 비롯해 오스트리아-
헝가리 제국, 오스만 제국, 러시아 제국 등 네 개의 제국이 역사의 뒤안길
로 사라졌다. 전쟁 끝물에 퍼지기 시작해 최소한 2500만 명 이상의 희생
자를 낸 것으로 추산되는 스페인 독감은 전쟁으로 위생체계가 무너진 상
태에서 번져 그 위력이 대단했다.

경제적 후유증도 만만치 않았다. 전쟁은 엄청난 액수의 돈을 블랙홀처
럼 빨아들였다. 이런 상황에서 감당하기 어려운 배상금을 요구받게 된 패
전국들은 처지가 매우 궁색했다. 얼마 안 가 유럽의 경제 재건은 한계에
부닥쳤고 치솟기만 하는 실업률과 인플레이션은 대륙의 미래에 암운을
던졌다. 다만 전쟁이 총력전으로 치러진 까닭에 전쟁 중에 인력난을 해소

하고자 여성들을 대규모로 후방의 공장에 채용한 것은 여성에게 노동시장의 문을 열어준 긍정적인 변화였다. 특히 '총알 아가씨'로 불리며 군수공장에서 일한 여성들은 지위 변화의 상징이 되어 여성들의 정치 사회적 권리 향상에 크게 기여했다. 1918년 영국에서, 그리고 1920년 미국에서 여성에게 참정권이 부여된 것은 이 같은 시대의 흐름이 반영된 결과였다.

리하르트 치글러의 〈젊은 미망인〉은 변환기에 놓인 당시 여성들의 모습을 인상적으로 표현한 작품이다. 그림 속의 여인은 전쟁으로 남편을 잃었다. 그가 상중에 있다는 것은 검은 베일과 숄, 스타킹으로 알 수 있다. 십자가 목걸이도 애도의 정서를 전해준다. 하지만 그뿐이다. 여인은 과감히 옷을 벗어버렸다. 그러고는 그 벌거벗은 몸을 거울에 비춰 바라보고 있다. 기존의 도덕과 관습은 여성의 욕망을 억누르라고 하고 새로운 사회 질서는 여성에게도 남성처럼 욕망을 추구할 자유가 있다고 말한다. 그녀가 어떤 길을 택할 것인가는 짐작하기 어렵지 않다. 검은 숄을 쥔 손이 가슴께에 가 있고, 그로 인해 가슴이 볼록하게 들려 있다. 거울 속에 비친 여인의 몸은 거울 밖의 몸보다 더 붉게 타오른다. 남편을 잃은 슬픔 속에서도 그녀는 그렇게 삶을 향한 열정과 욕망을 느끼고 있다. 그것을 지키고 실현해줄 사람은 이제 온전히 자기 자신뿐이다. 남편이라는 보호막이 사라졌지만, 가부장 문화의 벽도 포성과 함께 허물어져내렸다. 젊은 미망인이 할 일은 이제 옷을 갈아입고 당당히 거리로 나서는 것이다.

여성을 이렇듯 능동적인 욕망의 주체로 표현한다는 것은 이전의 그림들에서는 창부에게나 한정된 것이었다. 하지만 이 그림이 보여주듯 이제는 보통 여성, 그것도 전쟁으로 남편을 잃은 여성이 이렇듯 욕망의 주체로 표현되기에 이르렀다. 일차세계대전이 유럽의 가치관에 얼마나 큰 변

젊은 미망인
리하르트 치글러 | 1925 | 유화 | 102×61cm | 개인 소장

화를 불러왔는지를 잘 보여주는 그림이다.

아들을 잃은 어머니들의 반전운동

일차세계대전의 엄청난 참화는 당연히 전쟁에 대한 환멸을 불러왔다. 평화에 대한 뜨거운 열망을 낳았다. 무엇보다 자신이 낳은 자식을 전쟁터에서 잃어버린 여성들이 전쟁을 극도로 혐오했다. 앨리스 해밀턴, 제인 애덤스 같은 여성 평화주의자들의 반전反戰 운동은 생명의 잉태자로서 당대의 반생명적 기류에 대한 본능적인 저항의식에서 비롯된 것이었다. 독일의 유명한 여성화가 케테 콜비츠 역시 한 사람의 어머니로서 일차세계대전을 거치며 강고한 반전 평화주의자가 되었다.

콜비츠의 〈전쟁은 이제 그만!〉은 세계에서 가장 유명한 반전 그림의 하나다. 한 젊은이가 오른손을 높이 들어 전쟁에 대한 항의의 제스처를 취하고 있다. 단색 석판화인 데다가 세부 묘사도 거의 없어 단순한 드로잉처럼 보인다. 하지만 그 단순함에 기대 반전 메시지가 더할 나위 없이 명료하게 전해진다. 어떤 이유나 명분으로도 전쟁은 결코 용납될 수 없다는 단호한 결의가 돋보인다. 조금이라도 주저하거나 재고할 틈을 주지 않는 그림이다.

이 그림을 그린 콜비츠는 일차세계대전에서 사랑하는 둘째 아들 페터를 잃었다. 그 슬픔과 한이 그림에 고스란히 배어 있다. 모든 전쟁은 애국심을 자극한다. 당시 영국이나 프랑스, 미국의 입장에서 독일은 전범국가에 불과했으나, 독일의 젊은이들이 보기에 독일은 적대세력들에 의해 부당하게 포위된 억울한 피해자였다. 그들의 입장에서 이 포위망은 반드시

전쟁은 이제 그만!
케테 콜비츠 | 1924 | 석판화 | 94×70cm | 베를린 | 케테 콜비츠 미술관

지원병들
케테 콜비츠 | 1922~1923 | 목판화 | 35×49cm | 베를린 | 케테 콜비츠 미술관

분쇄되어야 했다. 일차세계대전의 중요한 성격 가운데 하나가 선전전이었던 데서 알 수 있듯, 각국 정부는 국민의 애국심을 고취하고 전의를 북돋기 위해 최선을 다했다. 적은 지극히 부정적으로 그려져야 했고 아군은 가능한 한 긍정적으로 인식되어야 했다. 콜비츠의 아들 페터는 독일이 자행한 선전전의 불쌍한 희생양이었다.

콜비츠 부부는 애국심에 들뜬 아들의 지원을 극구 말렸으나 페터는 말을 듣지 않았다. 충고도 하고 애원도 해보았지만 아들은 끝내 전선으로 떠났다. 그리고 그렇게 입대한 지 불과 20일 만에 싸늘한 주검이 되어 집으로 돌아왔다. 그때 콜비츠가 느낀 슬픔과 분노, 자책감은 이루 말로 다할 수 없었다. 그래서 이 그림을 비롯해 해골이 젊은이들을 이끌어 죽음의 전장으로 내모는 〈지원병들〉 등 여러 점의 반전 그림을 그렸다.

하지만 전쟁의 참화는 그의 불행을 거기에서 그치게 하지 않았다. 콜비츠의 큰손자가 이차세계대전 때 징집되어 전장에서 또 죽음을 맞은 것이다. 그 손자의 이름을 죽은 둘째 아들의 이름을 따라 페터로 지었는데, 이렇듯 페터의 불행은 대를 이어 계속되었다. 이 연속된 불행 앞에서 평화주의자 콜비츠는 "세상에 퍼져 있는 증오에 몸서리가 쳐진다"고 크게 한탄했다고 한다.

| 제1차 세계대전 |

제1차 세계대전은 영국·프랑스·러시아 등의 연합국과 독일·오스트리아의 동맹국이 중심이 되어 일어난 전쟁으로, 그 배경에는 제국주의 열강들의 치열한 경쟁이 있었다. 이 전쟁은 1914년 7월 28일 오스트리아가 세르비아에 선전포고를 함으로써 시작되었다가 1918년 11월 11일 독일이 항복함으로써 끝이 났다.

19세기 말에 독일은 식민지를 확보하기 위해 제국주의적 진출을 시도했고 유럽과 아프리카의 각지에서 영국·프랑스·러시아와 충돌했다. 1880년대부터 시작된 영국의 3C정책은 카이로·케이프타운·캘커타(지금의 콜카타)를 연결하여 아프리카와 인도양의 확보를 목적으로 했는데 이는 독일의 3B정책, 즉 베를린·비잔티움·바그다드를 연결하여 소아시아와 중동 지역을 얻고자 한 정책과 충돌하게 된 것이다. 이후 독일이 영국을 더욱 위협하게 되자 영국은 독일을 고립시키기 위해 동맹체제를 정비했다.

1914년 6월 28일 오스트리아의 황태자 부부가 한 세르비아 청년에게 권총으로 암살된다. 당시 오스트리아는 세르비아가 자신의 영토로 편입시키려고 했던 보스니아를 차지하여 세르비아와 적대적인 관계에 놓여 있었다. 이 암살 사건은 오스트리아에 불만을 품은 세르비아의 민족주의적 비밀결사에 의해 벌어진 것이었다. 이는 전쟁을 벌이기 위한 명분을 찾던 제국주의 국가들에게 일종의 신호탄이 되었다. 오스트리아는 세르비아에, 독일은 러시아에, 영국과 프랑스는 독일과 오스트리아에 각각 선전포고를 함으로써 제1차 세계대전이 시작된 것이다. 제1차 세계대전은 막대한 인명과 재정의 피해를 가져와 유럽을 후퇴시켰고 세계의 주도권을 미국에 넘겨주는 계기가 되었다.

제1차 세계대전 후 세계 자본주의는 위기에 봉착하게 된다. 1929~1933년 세계 대공황은 특히 자본주의의 기초가 약했던 독일·이탈리아·일본 등에 악영향을 끼쳤다.

| 제2차 세계대전 |

제1차 세계대전 이후의 경제 위기에 대처하면서 이탈리아에서는 파시즘이, 독일에서는 나치즘이 대두되었다. 독일은 폴란드 영토를 요구했으나 영국과 프랑스가 폴란드와 상호원조 조약을 체결했고, 독일은 소련과 불가침 조약을 맺어 폴란드를 침공하기에 이른다. 이를 계기로 영국과 프랑스는 독일을 상대로 선전포고를 하게 되고 이것이 제2

차 세계대전으로 확대되었다.

전쟁은 독일·이탈리아·일본의 추축국 진영과 영국·프랑스·미국·소련·중국 등의 연합국 진영을 중심으로 진행되었다. 독일은 폴란드 서부를 점령했고 프랑스를 침공하여 파리를 함락했다. 영국이 처칠 총리를 중심으로 독일군을 저지함으로써 전쟁이 장기화되자 독일은 방향을 바꾸어 발칸 반도를 차지하고 아프리카로 진출했다. 유럽 대부분을 장악한 독일은 소련을 공격했으나 소련은 영국과 손을 잡아 저항했고, 미국까지 영국을 지원함으로써 전쟁은 혼란에 빠졌다.

1941년 일본이 인도차이나를 점령하자 미국은 일본을 고립시켰고 일본은 진주만을 공격함으로써 태평양전쟁이 시작되었다. 그러나 미국은 일본을 크게 격파했고, 소련은 스탈린그라드 공방전에서, 영미 연합국은 아프리카에서 각각 독일군을 물리쳤다. 연합국이 이탈리아에 상륙함으로써 파시스트 정권은 무너졌고 이탈리아는 항복했다. 1944년 연합국은 노르망디 상륙작전으로 파리를 해방시키고 1945년 베를린을 함락함으로써 독일을 항복시켰다. 그리고 미국이 원자폭탄을 투하하여 일본의 항복을 받음으로써 마침내 제2차 세계대전은 끝이 났다.

| 종전 이후의 세계 질서 |

종전 이후 세계 질서는 완전히 재편된다. 1945년 전승국인 연합국 진영을 중심으로 국제연합이 세워졌으며, 1944년 체결된 브레턴우즈 협정으로 달러가 세계의 기축 통화가 되어 미국은 세계 경제의 중심이 된다. 소련군이 주둔한 동유럽과 북한에 공산주의 정권이 들어섰고 중국에서도 중국공산당이 승리하면서 세계는 미국과 서유럽의 자본주의 진영과 소련, 동유럽, 중국의 공산주의 진영으로 나뉘어 이른바 냉전체제에 돌입하게 되었다.

〈인질〉 연작 중 인질의 머리 7
장 포트리에 | 1944 | 혼합재료 | 개인 소장

이차세계대전도 일차세계대전 못지않게 다양한 전쟁 그림을 낳았다. 장 포트리에의 〈인질〉 연작은 그중 가장 유명한 작품의 하나다. 이 작품은 화가의 레지스탕스 활동과 밀접한 관련이 있다. 전쟁 중에 포트리에는 레지스탕스의 비밀문서를 전달하는 전령으로 활동했다고 한다. 그러다 이를 눈치챈 게슈타포의 추적을 받게 되어 파리 교외의 한 병원으로 숨어들었다. 사람들에게 들키지 않기 위해 병원 탑에서 은둔생활을 한 그에게 가장 큰 고역은 빈번히 동지들의 죽음을 떠올려야 하는 것이었다고 한다.

포트리에가 숨어든 병원 인근에는 독일군의 처형장이 있었다. 독일군은 시시때때로 포로들을 이곳으로 끌고 와 처형을 했다. 숲에 가려져 처형장을 직접 볼 수는 없었지만, 간혹 병원 앞을 지나는 독일군의 차량 행렬은 그의 마음을 섬뜩하게 했다. 뒤이어 숲에서 나는 총소리를 듣게 되면 심장이 산산이 부서지는 것 같았다. 이때 그는 이 고통스러운 경험을 언젠가 작품으로 남기자고 결심했다.

그의 〈인질〉에서는 아무런 구체적인 형상이 보이지 않는다. 썩어가는 인간의 살, 혹은 학대당한 육체의 흔적 같은 게 화면 중심을 차지하고 있다. 석고나 종이 같은 재료를 동원해 폭력의 흔적을 촉각적으로 강조했다. 인류 역사상 가장 잔혹했던 전쟁과 그 희생자에 대한 한 서린 애가가 아닐 수 없다.

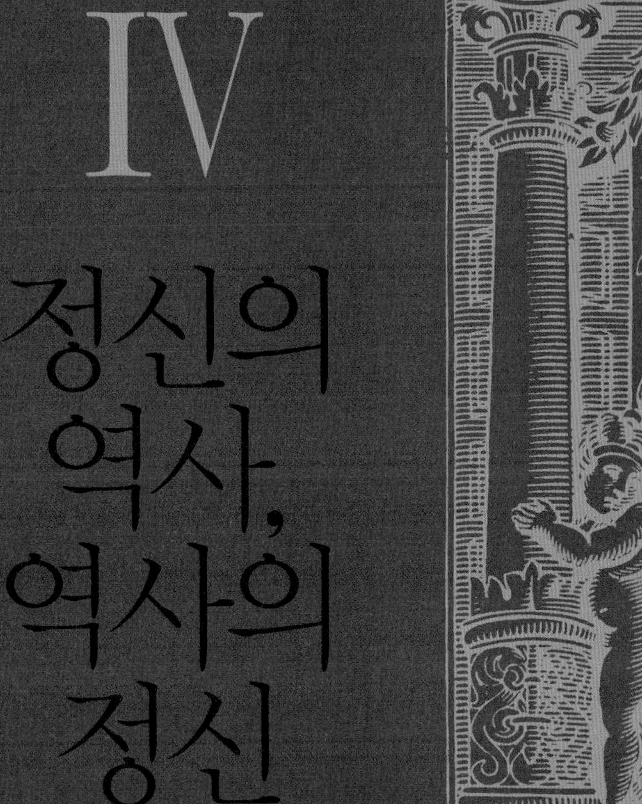

IV
정신의
역사,
역사의
정신

History
museum

카리스마,
사도 바울에서
J. F. 케네디까지

대중의 마음을 사로잡고 그들로부터 자발적인 지지를 이끌어내는 힘을 카리스마라고 한다. 카리스마가 있는 지도자는 공동체에 강한 영향력을 행사한다. 확고한 추종자들이 있고 그들을 마음으로부터 지배하기 때문이다. 그러나 카리스마의 원뜻은 이런 지배 능력과는 거리가 멀었다. 원시 기독교에서 하느님의 은사恩賜를 일컬을 때 이 말을 썼다. 지성사 연구의 권위자 존 포츠 박사의 『카리스마의 역사』에 그 내용이 잘 서술되어 있다.

서양의 미술가들은 애초의 개념으로든 지금의 개념으로든 카리스마를 적극적으로 표현해왔다. 그런 까닭에 그림에 나타난 카리스마의 이미지를 훑다보면 그 관념의 변화를 또렷이 포착할 수 있다. 카리스마를 그린

그림들을 소개하는 이 꼭지는 그런 점에서 '카리스마의 역사'에 대한 회화
사적 리뷰라고 할 수 있다.

초대 교회 사도들에서 시작된 카리스마

카리스마라는 그리스어가 처음 문자화되어
나타난 것은 서기 50~62년 사이의 일이다. 교회에 보내는 편지에서 사도
바울은 카리스마를 은사라는 뜻으로 사용했다. 기독교에서 은사란 하느
님이 값없이 주시는 은혜로운 선물이다. 카리스마charisma 의 어원이 된 카
리스charis 가 은혜나 호의를 뜻한다는 점에서 이는 자연스러운 의미 전개
라 할 수 있다.

바울이 카리스마라는 용어를 처음 쓴 서신은 「고린도전서」다. 바울은
카리스마라는 용어를 고린도 교회에 내재한 신자들 사이의 갈등을 해소
하기 위해 썼다. 고린도 교회에는 자신들이 초자연적인 능력을 지녀 다른
신자들보다 영적으로 우월하다고 생각하는 이들이 있었다. 가뜩이나 신
자 사이의 신분 격차와 교육 격차가 커 세속적인 갈등이 내연해 있던 당
시, 영적인 불화마저 겪게 되면 교회는 큰 위기에 처할 수 있었다. 바울은
신자들의 화합을 도모하기 위해 적극적으로 카리스마의 개념과 의미를
밝혔다.

바울은 일단 개인에게 주어진 초자연적이고 영적인 능력의 실재를 인
정했다. 자신들이 영적으로 남다르다고 주장하는 사람들의 목소리를 배
척하지 않았다. 오히려 그들이 주장하는 바를 분류하고 정리해주었다.

"성령께서는 각 사람에게 각각 다른 은총의 선물을 주셨는데 그것은 공동

이익을 위한 것입니다. 어떤 사람은 성령에게서 지혜의 말씀을 받았고 어떤 사람은 같은 성령에게서 지식의 말씀을 받았으며 어떤 사람은 같은 성령에게서 믿음을 받았고 어떤 사람은 같은 성령에게서 병 고치는 능력을 선물로 받았습니다. 어떤 사람은 기적을 행하는 능력을, 어떤 사람은 하느님의 말씀을 받아서 전하는 직책을, 어떤 사람은 어느 것이 성령의 활동인지를 가려내는 힘을, 어떤 사람은 여러 가지 이상한 언어를 말하는 능력을, 어떤 사람은 그 이상한 언어를 해석하는 힘을 받았습니다. 이 모든 것은 같은 성령께서 하시는 일입니다. 성령께서는 이렇게 당신이 원하시는 대로 각 사람에게 각각 다른 은총의 선물을 나누어주십니다." 「고린도전서」(12:7~11)

사실 이런 종류의 영적 능력은 당시 기독교뿐 아니라 지중해 일대의 다른 종교들에서도 빈번히 나타나던 것이었다. 무아지경에 빠져 영적 능력을 표출하는 것은 근본적으로 샤머니즘적인 원류를 갖고 있다. 고린도(코린토스) 교회의 일부 신자들은 기독교 이전의 과거와 연결되는 이런 능력을 요란하게 과시함으로써 스스로를 구별하고 특권화하려 했다.

이에 바울은 이 능력을 카리스마라는 말로 범주화함과 동시에 그 의미를 '신이 주신 은혜로운 선물'로 못 박음으로써 개인의 특출함이 아니라 '신의 은총'으로 이런 능력을 갖게 되었음을 역설했다. 카리스마는 다양하나 그것을 발생시키는 성령은 하나이고, 그것이 전적으로 은총, 곧 신의 뜻에 의한 것이라면, 신자들 사이의 영적 능력을 비교하고 따지는 것은 어리석고 구차한 일이 될 수밖에 없었다. 몸의 지체 사이의 우열을 따질 수 없는 것과 마찬가지라는 논리였다.

이런 논리에 더해 바울은 모든 카리스마 가운데 가장 본질적이고 기본적인 카리스마를 구원이라고 선포함으로써 다른 카리스마를 이 은사에 귀속시켜버렸다. 죄로 인해 죽을 수밖에 없는 죄인들에게 영생을 선물해주었는데 이보다 더 큰 은사가 어디 있겠느냐는 것이다.

> "죄의 대가는 죽음이지만 하느님께서 거저 주시는 선물은 우리 주 그리스도 예수와 함께 사는 영원한 생명입니다."「로마서」(6:23)

이로써 카리스마는 개인의 능력이나 우월함과는 전혀 관계가 없는 것이 되어버렸다. 카리스마는 공동체를 강화하여 교회를 세우는 일에 쓰도록 하느님께서 필요에 따라 나눠주신 선물이므로 은사를 받은 사람들은 각자 받은 은사대로 최선을 다해 교회를 섬기면 된다. 예언이나 말씀 선포, 치유 등 목회와 관련된 은사를 받았다고 특별한 권위와 대접을 요구할 수 없다. 게다가 하느님은 가장 소중한 구원의 은사를 모든 믿는 이에게 값없이 주셨다. 결국 카리스마는 신비를 간직한 능력이지만, 그것은 결코 지위나 리더십을 위한 게 아니라 구원의 역사와 공동체를 위한 것이라는 얘기다.

그것은 기적을 일으키는 신의 은총

이런 초대 교회의 카리스마는 오순절에 모인 예수의 제자들에게 성령이 임하는 모습으로 많이 그려졌다. 엘 그레코의 〈오순절〉은 그 가운데서도 널리 알려진 작품이다. 세로로 긴 그림의 상단 중앙에 성모 마리아가 있고 제자들이 그 주위에 둘러 있다. 맨 꼭대기에 그려진 비둘기는 성령을 의미하며 각자의 머리 위에 촛불처럼 타오르는 것은 성령의 불길이다. 이 장면을 묘사한 성경 구절은 이렇다.

오순절
엘 그레코 | 1596~1600
유화 | 275×127cm
마드리드 | 프라도 미술관

"마침내 오순절이 되어 신도들이 모두 한 곳에 모여 있었는데 갑자기 하늘에서 세찬 바람이 부는 듯한 소리가 들려오더니 그들이 앉아 있던 온 집안을 가득 채웠다. 그러자 혀 같은 것들이 나타나 불길처럼 갈라지며 각 사람 위에 내렸다. 그들의 마음은 성령으로 가득 차서 성령이 시키시는 대로 여러 가지 외국어로 말을 하기 시작하였다."「사도행전」(2:1~4)

불길처럼 임한 성령. 그 성령의 카리스마를 받아 방언을 하게 된 제자들이 하늘을 우러르며 놀라는 모습이 엘 그레코 그림의 주제다. 사람의 몸을 길게 그릴 뿐 아니라 뒤틀린 듯 왜곡해 그리는 엘 그레코의 스타일이 불길의 이미지를 더욱 강조하고 있다.

마사초의 〈그림자로 병든 이를 치료하는 성 베드로〉 또한 예수의 제자에게 임한 카리스마를 그린 그림이다. 「사도행전」 5장 12~16절 내용을 소재로 했다.

"그 무렵 사도들은 백성들 앞에서 많은 기적과 놀라운 일들을 베풀었다. 모든 신도는 한 덩어리가 되어 솔로몬 행각에 모여 있었다. 그러나 다른 사람들은 신도들의 모임에 끼어들 생각을 감히 하지 못하였다. 그러면서도 백성들은 그들을 칭찬하였으며 주를 믿는 남녀의 수효는 날로 늘어났다. 사람들은 심지어 병자들을 길거리에 메고 나가 들것이나 요에 눕혀놓고 베드로가 지나갈 때 행여나 그 그림자만이라도 그 몇 사람에게 스쳐갔으면 하였다. 예루살렘 근방에 있는 여러 동네에서도 많은 사람들이 병자들과 악령이 들려 고생하는 사람들을 데리고 몰려왔는데 그들의 병도 모두 고쳐졌다."

이렇듯 그 그림자만 스쳐도 병이 낫게 되리라 사람들이 믿을 정도로 초

그림자로 병든 이를 치료하는 성 베드로

마사초 | 1427~1428 | 프레스코 | 232×162cm | 로마 | 산타마리아 델 카르미네

대 교회의 사도들은 카리스마가 충만했다. 마사초의 그림에 그려진 사도는 제목이 지시하는 대로 베드로다. 앞을 보고 성큼성큼 걷는 그의 뒤를 다른 한 사도가 따르고 있다. 붉은 천을 걸친 모습이 사도 요한처럼 보인다. 그들 곁으로 앉았거나 서 있는 사람들은 환자들과 그들의 보호자들이다. 특히 맨 앞에 있는 이는 다리가 말라 아예 일어날 수가 없는 중증 장애인이다. 베드로의 그림자가 그를 향하고 있으니 이제 곧 그에게 기적이 베풀어질 것이다. 걷지 못하던 사람도 걷게 하는 능력, 그것이 바로 초대 교회가 생각한 카리스마다.

그러나 이 기독교적인 카리스마 관념은 교회가 유럽 문명에 안착하고 제도화되기 시작하는 서기 3세기 이후 급속히 약해진다. 바울의 카리스마 관념은 기본적으로 개인의 특권을 부인하고 평등주의적 가치를 요구하는 것이어서 헬레니즘 사회의 계층적 위계질서를 위협하는 측면이 있었다. 제도화된 교회의 입장에서는 이런 급진적 가치와 이상주의가 교권을 약화시킬 수 있는 까닭에 이를 적극적으로 통제할 필요를 느꼈다. 이후 교회는 경전과 종교 규약, 전례, 성직자 조직, 리더십을 카리스마, 곧 은사보다 더 중요한 공동체 활동의 중심으로 삼게 된다.

막스 베버, 사회과학적 개념으로 부활시키다

오랜 세월, 교회에서도 더이상 사용되지 않고 심지어 사라진 듯 보였던 카리스마라는 용어(물론 그 개념 자체가 사라진 것은 아니었지만)가 오늘날 일상에서 빈번히 오르내리는 단어가 된 것은 전적으로 독일의 사회과학자 막스 베버 덕이다. 막스 베버는 카리스마라는 용어를 종교의 울타리를 벗어나 사회과학 분야에서 재활용했을 뿐 아니라 개념 자체를 재창조했다. 베버가 재창조한 카리스마의 개념은 고대의 기독교적 의미와는 거리가 먼, 철저히 세속적으로 변형된 것이었다.

베버의 카리스마 개념은 그의 사후 출간된 『경제와 사회』에 잘 나타나 있다. 이 책에서 베버는 세 가지 형태의 지배에 대해 언급했는데, 그 가운데 하나가 카리스마적 지배다. 베버는 정당한 지배의 유형을 세 가지로 분류했다. 합법적 지배와 전통적 지배, 카리스마적 지배가 그것이다. 합법적 지배는 '법제화된 법칙'의 합법성에 따라 지배하는 것이고, 전통적 지배는 전통이 허락한 지위에 따라 지배하는 것이다. 카리스마적 지배는 추종자의 자발적 복종에 따라 지배하는 것으로, 카리스마를 지닌 지도자의 영웅적 행위나 모범적인 특징이 이를 가능하게 한다. 베버가 이처럼 지배의 정당성을 설명하는 용어로 카리스마를 사용하게 됨에 따라 이후 카리스마는 '은총의 선물'보다는 '뛰어난 지도자의 능력'이라는 의미로 전용되게 된다. 이와 관련해 막스 베버에 대해 비평을 쓴 사회학자 앨버트 샐러먼은 카리스마를 이렇게 규정했다.

"사회학적 범주로서의 카리스마는 가치판단이 아니라 특별한 업적 때문에 지도자로 보이는 자질을 의미하는데, 그것은 그의 추종자들 앞에서 증거에 의해 정당화되어야 한다."

은총에 의지해 공동체의 가치를 부각하려던 바울의 의도는 지워지고 지도자 개인의 능력과 자질, 이에 따른 개인의 지배력을 강조하는 것으로 의미의 축이 완전히 옮겨간 것이다.

비록 베버의 정의가 20세기의 산물이라 하더라도 지배력으로서 카리스마의 이미지는 화가들에 의해 이전부터 화포를 수놓았다. 베버가 적절한 용어로 적확하게 표현했을 뿐이지 사람들은 예부터 특정인에 대해 그 같은 인식이나 느낌을 갖고 있었다. 이를 대표하는 그림이 자크 루이 다비드의 〈알프스를 넘는 나폴레옹〉 등 여러 나폴레옹의 초상들이다. 또 알렉산드로스 대왕을 표현한 고대의 조각들에서도 우리는 강력한 카리스마를 느낄 수 있다. 누구나 인정하듯 나폴레옹이나 알렉산드로스는 위대한 성취와 지배력으로 자신들의 카리스마를 증명한 사람들이다.

이처럼 개인의 지배력에 입각해 의미가 재구성되다보니 카리스마는 때로 독재자나 선동가, 사이비 종교 지도자와 관련되어 거론되기도 한다. 이들의 카리스마는 당연히 민주주의와 긴장관계를 형성하게 된다. 이들은 포퓰리즘에 능한 경우가 많기 때문에 곧잘 카리스마가 있는 지도자로 꼽히지만 그들의 통치 동안 민주주의는 곧잘 불안정해지는 양상을 보였다. 이와 관련해 전기작가 데이비드 바넷은 역사상 가장 카리스마가 있는 정치인으로 히틀러를 꼽았다.

제3제국 시절 그려진 히틀러의 초상에는 특유의 카리스마가 잘 표현되어 있다. 하인리히 크니르의 〈히틀러의 초상〉에서 우리는 고집스럽고 냉혹한 한 남자의 얼굴을 본다. 카리스마가 넘치는 지도자답게 그는 '위세 초상'의 포즈를 취하고 있다. 위세 초상의 주인공은 항상 서 있는 자세로 당당하게 그려지는데, 관객의 시점보다 높게 포치되는 것이 원칙이다. 관객은 불가피하게 그를 우러러보지 않을 수 없다. 그렇게 부각된 히틀러는 지금 악다문 입과 이글거리는 눈으로 주위를 압도한다. 그가 입을 열기만 하면 사람들의 혼을 빼놓는 탁월한 웅변이 쏟아지고 그가 팔을 흔들어대면 군중이 열광할 것만 같다. 그 불같은 에너지가 분출되기 바로 전, 불가사의한 아우라에 싸여 있는 히틀러를 묘사한 그림이다.

히틀러의 초상
하인리히 크니르 | 1937 | 유화 | 127×76cm | 런던 | 제국 전쟁 박물관

베버는 히틀러가 집권하기 전에 세상을 떠났다. 그러므로 그의 카리스마 이론과 히틀러는 아무런 관련이 없다. 그럼에도 1940~1950년대 여러 학자들이 히틀러의 부상에 카리스마적 리더십 이론이 도움을 주었다며 베버를 비판했다. 이 같은 비판은 사회학과 정치이론의 개념으로서 카리스마에 대한 반대로 이어지기도 했다. 그러나 그렇다고 카리스마의 개념이 전면적으로 부정될 수는 없었다. 이는 그 개념을 빼고는 달리 설명하기 어려운 현상이 분명히 존재해왔기 때문이다. 결국 베버의 카리스마는 1970년대 들어 사회학, 정치학, 심리학 등의 학문에서 중요한 개념으로 확고히 자리 잡게 된다. 나아가 학문 분야뿐 아니라 일상의 대화에서도 분명하고도 단단한 위치를 점하게 된다.

케네디, 카리스마를 대중화하다

학문의 테두리 안에 있던 베버의 카리스마 개념이 본격적으로 대중화되기 시작한 것은 1960년대부터다. 그 확산의 계기가 된 것은 존 F. 케네디 미국 대통령의 부상이었다. 케네디는 단순히 정치 지도자로서의 능력뿐 아니라 개인적인 매력으로도 사람들을 사로잡았다. 그런 그의 자질은 당시 정치부 기자들을 포함해 미디어 종사자들의 뜨거운 주목을 받았다. 언론에서 그 특질을 가리켜 곧잘 카리스마라고 언급했다. 이후 사람들은 카리스마라는 말을 입에 올릴 때마다 일종의 기준 혹은 표준으로 케네디를 떠올리게 되었다.

케네디를 통해 나타나기 시작한 카리스마 개념의 대중적 확산은 결국 이 개념에 대한 베버의 정의에 작은 변화를 가져왔다. '리더의 예외적인 재능이나 권위, 힘'을 의미했던 이 용어가 '특정 정치인에게서 나타나는

레트로액티브 I
로버트 라우셴버그 | 1964 | 유화 | 213×152cm | 코네티컷 | 워즈워스 아테네움 미술관

개인적인 매력이나 자질'을 의미하는 것으로 탈바꿈한 것이다.

미국의 현대미술가 로버트 라우셴버그가 제작한 〈레트로액티브 I〉은 바로 개인적인 매력으로 충만한 케네디의 카리스마를 그린 그림이다. 라우셴버그가 이 작품을 시작할 때 케네디는 아직 살아 있었다. 그러나 작품 제작 중인 1963년 11월 22일 케네디가 암살되었다. 그 소식에 충격을 받아 그림을 접으려던 화가는 얼마 후 마음을 다잡고 작품을 새롭게 제작했다.

라우셴버그가 사용한 사진 속의 케네디는 손가락으로 무언가를 가리키며 적극적으로 자신의 입장을 밝히고 있다. 그 손은 화면 왼편에 한 번 더 강조되어 표현됐다. 오른쪽 붉은 사진 속의 이미지는 다중노출로 걸어가는 사람의 연속동작을 포착한 것이다. 그것은 이탈리아 르네상스 시대의 화가 마사초의 〈실낙원〉을 연상시킨다. 그렇게 이어볼 경우 케네디는 신의 위치에서 불의를 행한 자를 추방하는 존재처럼 보인다. 화면 왼쪽 상단의 낙하산을 탄 우주인의 모습은 자연스레 천사의 이미지를 떠올리게 한다. 텔레비전을 통해 유명해진 최초의 미국 대통령은 그렇게 미디어의 후광에 실려 강렬한 카리스마를 발산하고 있다.

텔레비전은 케네디가 개인적인 매력으로 사람들을 사로잡는 데 분명 큰 몫을 했다. 텔레비전은 카리스마의 대중화에 지대한 영향을 끼쳤다. 사실 텔레비전은 지도자의 힘이나 권위보다는 매력이나 개성을 전파하는 데 더 장점이 있다. 그래서 텔레비전의 영향력이 커질수록 사람들은 권력보다는 매력에 기초한 카리스마에 더 열광하는 모습을 보인다. 이는 정치 지도자뿐 아니라 연예인이나 스포츠 스타 같은 사람도 카리스마를 가진 존재로 인식되게 만들었다. 그래서 인류학자 찰스 린돔은 이렇게 썼다.

무하마드 알리

앤디 워홀 │ 1978 │ 실크 스크린 │ 101.6×76.2cm │ 피츠버그 │ 앤디 워홀 미술관

"카리스마는 화려한 영화 스타나 흥분시키는 스포츠 영웅, 케네디와 비슷한 정치인들에게 쏟아지는 숭배, 즉 특별한 전문적 지식을 지닌 사람에 대한 단순한 존경 수준을 넘어서는 찬사까지 의미하게 되었다."

베버는 오로지 정치 지도자만을 염두에 두고 카리스마라는 말을 썼지만, 매스미디어의 발달은 그 개념과 대상을 이렇듯 확대해놓았다.

대중의 우상으로부터 카리스마를 포착한 대표적인 그림 하나를 보자. 앤디 워홀이 그린 〈무하마드 알리〉다. "나비처럼 날아서 벌처럼 쏜다"고 외쳤던 복서 무하마드 알리. 권투잡지 『링 매거진』이 1987년 그를 영원한 헤비급 1위로 선정한 데서 알 수 있듯 그는 자타가 공인하는 최고의 세계 챔피언이다. 그는 단순히 운동에만 능했던 게 아니라 강한 신념과 공격적인 언어, 차별과 억압에 대한 부단한 도전으로 당대 최고의 아이콘이 되었다.

워홀은 알리의 짙은 살색을 강조하고 찬란한 후광 같은 노란색을 바탕에 깖으로써 그를 성인의 반열에 올려놓았다. 모든 사람이 공감하는 알리의 카리스마를 단순하지만 명료한 표현으로 생생히 드러낸 것이다.

지금까지 서술했듯 카리스마는 오랜 풍상을 겪으며 그 의미가 크게 변했다. 현대의 개념 역시 시간의 흐름에 따라 미묘한 변화를 보여주고 있다. 하지만 그 연원이 종교에 있는 데서 알 수 있듯 카리스마는 여전히 신비로운 힘으로 여겨진다. 변함없이 존재하는 그 신비, 그것이 카리스마라는 단어가 우리에게 매력적인 가장 큰 이유일 것이다. 카리스마가 앞으로 또 어떤 뉘앙스를 띠며 어떻게 변해갈까? 궁금하지 않을 수 없다. 제아무리 현대적이고 이성적인 사회도 신비에 대한 기대는 쉽게 포기하지 못한다.

고대 조각의 카리스마

막스 베버의 카리스마 개념이 등장하기 전에도 예술가들은 그 기운이 물씬 묻어나는 작품을 만들었다. 고대 그리스의 예술가들 역시 예외가 아니다. 신과 영웅의 드라마가 웅장하게 펼쳐진 무대이기에 그리스는 매우 다채롭고 풍성한 카리스마의 표정을 남겼다. 신 중의 신 제우스, 이성과 문명의 상징인 아폴로, 천하를 호령한 헤라클레스, 트로이 전쟁의 영웅 아킬레우스 등 헤아릴 수 없는 별들이 제각각 카리스마를 뽐냈다.

제우스(혹은 포세이돈)의 카리스마를 잘 표현한 〈아르테미시온의 제우스(혹은 포세이돈)〉는 당당한 자세가 인상적인 청동조각이다. 이 작품의 주인공이 제우스인지 포세이돈인지에 대해서는 지금껏 의견이 분분하다. 아르테미시온 곳에서 발견되어 한때 바다의 신 포세이돈으로 여겨졌지만, 그 옛날 화물을 나르던 배가 난파해 바다에서 건진 것인 만큼 포세이돈이 아니라 얼마든지 다른 신일 수도 있다.

문제는 오른손에 무엇을 들고 있었느냐 하는 것인데, 손에 들린 무기가 삼지창이면 포세이돈, 번개면 제우스가 된다. 다만 삼지창은 던지는 게 아니라 내리꽂는 데 쓰는 것이라는 점, 그리고 조각의 자세가 삼지창을 던지는 자세라면 작품 정면에서 볼 때 창이 신의 얼굴을 가리고 지나갈 것이라는 점에서 조각이 삼지창을 들고 있지는 않았을 것으로 추정된다. 그렇게 본다면 이 조각상은 제우스가 된다.

신들의 군주 제우스든, 바다의 폭군 포세이돈이든 카리스마가 넘치기는 마찬가지다. 최고 지배자로서의 위세와 권위, 기운이 작품 구석구석 역연하다. 정중동의 에너지랄까, 응축된 힘이 강렬한 에너지를 주위로 장중하게 퍼뜨린다.

아르테미시온의 제우스(또는 포세이돈)
칼라미스 또는 오나타스 등으로 추정됨 | 기원전 460~450년경 | 브론즈, 높이 209cm | 아테네 국립 고고학 박물관

　　권위적인 제우스에 비해 아폴로는 대체로 날렵
하고 우아한 청년으로 묘사되곤 했다. 하지만 올
림포스의 2인자이자 최고의 궁사로서, 또 지성과
예술의 대변자로서 그 역시 남다른 카리스마를 갖
고 있다. 작품에서 매우 매력적인 존재로 표현되
곤 했다는 점에서 그의 카리스마는 케네디 대통
령의 카리스마를 닮았다 하겠다.

　　〈벨베데레의 아폴로〉에서 우리가 보는 것
도 그 매력적인 카리스마다. 적을 활
로 쏘아 무너뜨리고 쓰러진 적을
바라보며 당당하게 걸어나오는 아
폴론. 당당함 못지않게 우아함이 돋보
인다. 카리스마도 주체에 따라 그 색깔이
얼마든지 다양해질 수 있음을 선명히 느끼
게 하는 작품이다.

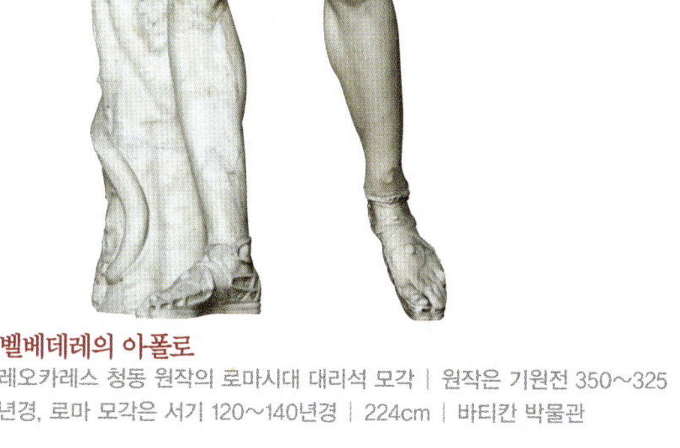

벨베데레의 아폴로
레오카레스 청동 원작의 로마시대 대리석 모각 ┃ 원작은 기원전 350〜325
년경, 로마 모각은 서기 120〜140년경 ┃ 224cm ┃ 바티칸 박물관

종교개혁,
프로테스탄트 윤리로 자본주의 정신을 그리다

1517년 10월 31일, 비텐베르크 성城 교회 정문에 면죄부 판매에 항의하는 95개조 논제를 내걺으로써 마르틴 루터는 저 유명한 종교개혁의 닻을 올렸다. 종교개혁은 유럽의 통일성에 종말을 가져왔다. 더이상 유럽은 가톨릭교회의 보편 신앙에 의지한 통일적인 문화공동체가 아니었다. 종교의 분열은 의식과 가치, 문화예술 측면에서도 분열을 가져왔다.

특히 프로테스탄트가 뿌리내린 북유럽 지역에서 빠른 속도로 문화와 예술의 풍경이 변해갔다. 오늘날 우리에게 친숙한 풍경화, 정물화, 실내화 등의 회화 장르는 프로테스탄트화한 북유럽 지역의 화가들이 주도해 독립된 장르로 뿌리를 내렸다. 그런 까닭에 이 무렵 이들 장르의 회화에는 막스 베버가

그로테 케르크의 실내
피터르 산레담 | 1636~1637 | 유화 | 59.5×81.7cm | 런던 | 내셔널 갤러리

말한 프로테스탄트 윤리와 그 윤리가 견인한 자본주의의 정신이 오롯이
배어 있다.

프로테스탄트, 전통 교회미술을 소멸시키다

마르틴 루터를 비롯한 당시의 종교개혁가들
은 종파를 막론하고 전통적인 교회미술에 매우 적대적이었다. 교회를 장
식한 성서 주제의 그림과 조각들, 교회의 성인을 형상화한 미술작품들은
대부분 우상숭배의 요소가 있다고 보았다. 츠빙글리와 칼뱅은 단호하게
이 모든 이미지를 교회에서 추방했다. 루터 역시 교회미술에 대해 부정적
이었으나 창작된 작품이 단순한 상징에 불과함을 신자들이 인식할 수 있
도록 할 경우에 한해 일부 허용했다.

"루터주의가 지배하는 곳에서 문예는 소멸한다"고 외친 에라스뮈스의
말이 분명 지나친 표현이기는 하나, 당시 사람들이 가장 빈번히 예술을
체험하던 곳이 교회였다는 점을 생각하면 이런 '파괴'가 사람들에게 얼마
나 큰 문화적 충격을 주었을지 짐작해볼 수 있다. 이제 커다란 제단화와
벽화, 각종 예배용 그림, 다종다양한 성상 조각과 스테인드글라스는 더이
상 프로테스탄트 지역의 교회에서 찾아보기 어렵게 되었다. 그 변화의 표
정을 생생히 전해주는 그림이 피터르 산레담의 〈그로테 케르크의 실내〉
다.

그로테 케르크^{Grote Kerk, 영어로는 Great Church}는 네덜란드 하를럼의 중심부에
위치한 교회로, 지역색이 가미된 고딕 양식의 건축물이다. 14세기 말 성
가대석을 중심으로 건립되기 시작해 1500년 무렵까지 건축이 계속되었
으니 무려 100년이 넘게 지어진 교회다. 애초 가톨릭 성당으로 지어졌으

나 이 일대가 프로테스탄트화하면서 자연스레 프로테스탄트 교회로 거듭
났다. 그 과정에서 1566년부터 몇 차례 교회를 장식한 성화와 성상에 대
한 공격이 발생해 결국 기존의 미술품 대부분이 제거되고 말았다. 산레담
의 작품은 그렇게 '백지상태'가 된 교회 내부를 그린 그림이다.

이 작품에서 우리가 맨 먼저 주목하게 되는 것은 바로 교회 내부의 흰
색이다. 성화와 성상이 다 제거되어 전면적으로 부각된 교회 내부의 흰
색. 마치 깨끗하게 소독된 병원의 모습을 보는 것 같다. 이곳에서는 조금
의 사심도 일탈도 용납이 되지 않을 것 같다.

물론 교회 안에 장식이 아예 없는 것은 아니다. 교회 기둥 몇 곳에 마
름모꼴의 패널이 설치되어 있는 것을 볼 수 있다. 그러나 이 패널들은 성
화나 성상이 아니다. 교인들 가문의 문장이거나 교인의 장례식 때 사용한
의식용 패널이다. 이렇듯 과거의 화려한 미술작품이 전혀 보이지 않으니
교회는 그만큼 내밀한 기도와 명상에 깊이 잠긴 듯 보인다. 비어 있어 오
히려 더 강렬하게 느껴지는 그런 공간이 된 것이다.

교회에서 성화와 성상이 사라졌다는 것은 당시 화가들의 입장에서는
큰 재앙이 아닐 수 없었다. 중세 이래 교회는 왕실, 귀족과 더불어 가장
중요한 패트런(예술 애호가)이었다. 그런데 종교개혁이 일어난 곳에서는 그
중요한 후원자가 대부분 사라져버렸다. 화가들은 달리 살길을 모색해야
했다. 그러나 그 대안은 그리 어렵지 않게 마련되었다.

네덜란드의 경우가 가장 대표적인데, 무역과 상업이 빠른 속도로 발달
하고 부유한 시민계층이 부상해 새로운 수요층이 형성된 것이다. 당시 종
교개혁이 일어난 곳 대부분은 그렇지 않은 곳보다 경제적으로 더 발전해
있었다. 그만큼 미술에 투자할 만한 부가 더 확보되어 있었다는 얘기인

데, 교회와 귀족 등 극소수에게 부가 집중된 가톨릭 지역과 달리 광범위한 시민계층이 그 부를 행사하게 되어 무엇보다 취미의 변화에 큰 진폭을 가져왔다.

이들 시민계층은 우상숭배의 요소가 있다고 지적된 종교화보다는 자신들의 합리적 태도와 현실주의적 추구에 맞는 작고 세속적인 그림들을 선호했다. 세속성이란 다름 아닌 그들이 경험하고 있는 '지금, 여기의 삶'이 생생히 드러나 있는 것이었다. 정물화와 풍경화, 실내화 등의 세속적인 장르는 그렇게 해서 서양회화 사상 처음으로 주요 장르로 부상했다.

부를 긍정하는 세속적 금욕주의 프로테스탄트

이렇듯 세속적인 스타일의 그림을 선호했다 해서 이를 종교적인 가치와의 전적인 결별로 오해해서는 곤란하다. 프로테스탄트 지역의 시민들이 추구한 세속성은 표면적인 세속성이었다. 소재를 비롯해 스타일상으로 눈에 보이는 것이 세속적이라는 것이지, 그림에 담겨 있는 내용이나 정신적인 태도까지 세속적인 것은 아니었다. 내용적인 면에서는 오히려 금욕적이거나 신앙적인 지향이 뚜렷했다. 엄밀한 의미에서 이는 성聖과 속俗의 결합이었다. 이런 추구는 어쩌면 막스 베버가 언급한 '세속적 금욕주의'를 그대로 담고 있는 것이었다.

막스 베버는 그의 『프로테스탄트 윤리와 자본주의 정신』에서 전통적인 가톨릭의 금욕주의와 프로테스탄트의 세속적 금욕주의를 비교한 바 있다. 기독교는 전통적으로 노동과 근면을 강조해온 종교다. 가톨릭의 수도원은 이런 원리를 금욕주의로 표상했다. 하지만 수도원의 금욕주의는 현세를 떠난, 세속적 윤리의 극복을 목표로 삼은 금욕주의였다. 자연히

수도원 밖으로 확산될 수 없었고, 가톨릭 신자라 하더라도 수도승이 아닌 한 이 원리의 구속을 받지 않았다.

그러나 프로테스탄트의 금욕주의는 신자 모두가 세속에서, 그러니까 일상에서 실천하는 금욕주의의 형태로 발전했다. 금욕주의적 태도가 바뀐 게 아니라 금욕주의의 공유 대상이 특별한 소수에서 일반 대중으로 확산된 것이다. 이렇게 금욕주의가 보편적인 생활 원리가 되어버렸다. 이 것이 자기 규율과 책임, 근면, 성실로 틀지어진 근대적 노동윤리를 탄생시 켰다. "엄격한 시민적 관점과 원칙을 갖고, 냉정한 인생의 학교에서 자라 나 신중하고도 과감하게, 특히 공정하고 성실하게 일에 몰두하는 사람들" 을 낳은 것이다. 업종과 직업에 관계없이 프로테스탄트 지역의 시민들은 근대적 노동윤리에 빠른 속도로 적응해갔고 이는 자본주의 정신의 뿌리 가 되었다.

전통적인 수도원의 금욕주의는 노동과 근면을 강조하면서도 부를 경 계했다. 그러나 프로테스탄트의 세속적 금욕주의는 노동과 근면을 통해 얻은 부를 부정적으로 보지 않았다. 단지 부로 인해 파생할 수 있는 위험 을 경계했을 뿐이다. 부지런히 노동하며 부를 추구하는 것은 도덕적으로 허용될 뿐 아니라, 원리적으로 해석하자면 신에 의해 명령된 것이었다.

그런 까닭에 정직하고 부지런하게 일해 부를 쌓고 그 부를 윤리적으로 잘 관리할 줄 아는 부자는 누구보다 확신을 갖고 신의 은총과 구원을 기 대할 수 있었다. "낙타가 바늘귀를 통과하는 것이 부자가 천국에 가는 것 보다 쉽다"는 성경 말씀은 부자건 빈자건 유한한 삶의 날 동안 정직하고 근면하게 일하지 않으면 천국에 이르기 어렵다는 '합리적 의식'으로 대체 되었다.

프로테스탄트 윤리적 메시지, 바니타스

이런 세속적 금욕주의가 잘 나타나 있는 이 시대의 대표적인 그림이 바니타스Vanitas 정물화다. 다른 주제나 장르의 그림들에서도 유사하게 나타나는 금욕주의의 특질이 이 정물화에서 가장 뚜렷하게 나타난다. 바니타스 정물화란 도대체 어떤 그림일까? 얀 트렉의 〈바니타스 정물〉을 통해 알아보자. 이 그림은 대표적인 17세기 바니타스 걸작의 하나다. 그림에는 갖가지 사물이 그려져 있다. 드로잉, 악보, 담뱃대, 조가비와 갈대, 피리, 비올, 투구, 칠기상자, 라인산産 돌병, 비단 천, 희곡집 등이 보인다. 특이하게도 해골이 자리를 함께했다.

겉보기에 그림에 등장하는 사물 중 어떤 것도 분명한 종교의 색채를 띤 것은 없다. 예수나 마리아, 성인들을 그린 것도 아니고 성경 이야기를 그린 것도 아니다. 그러나 그림의 주제는 프로테스탄트 윤리와 매우 밀접한 관련이 있다.

그림의 사물들에는 모두 상징적인 의미가 담겨 있다. 불이 꺼진 담뱃대는 인생이 연기와 같이 사라지는 것임을 나타낸다. 아이들이 비누거품 놀이를 할 때 쓰는 조가비와 갈대도 찰나와 같은 인생을 상징한다. 드로잉과 악기, 희곡 등의 예술은 모두 우리 인생에 즐거움을 가져다주는 것이다. 그러나 그렇다 해서 그것들이 우리에게 영원한 생명을 주는 것은 아니다. 투구와 같은 무기로도 죽음을 막을 수 없다. 값비싼 비단 천과 칠기상자 같은 재물로도 죽음을 막을 수 없다. 이 그림의 중심 소재로, 시들어버린 짚을 면류관처럼 쓰고 있는 해골은 인간의 운명이 얼마나 비극적인 것인가를 웅변적으로 드러낸다. 이 찰나의 유한한 생을 앞에 두고 인간은 무엇을 해야 할까? 바로 신이 주신 소명, 곧 주어진 일에 더욱 충실함으로

기사의 꿈
안토니오 데 페레다 | 17세기 | 유화 | 152×217cm | 마드리드 | 산페르난도 왕립 미술 아카데미

인물과 정물이 뒤섞여 있는 그림이다. 그러나 인물과 정물은 서로 다른 차원에 있다. 정물은 의자에 기대 잠자고 있는 기사의 꿈을 나타내는 상징물이다. 손으로 턱을 괴고 잠이 들어 있는 기사는 지금 인생의 허무함에 대한 꿈을 꾸고 있다. 바니타스 정물이 그 사실을 명료히 드러낸다. 해골이 두 개나 등장하는 데서 그 무상함의 크기를 알 수 있다. 기사와 바니타스 정물 사이에 천사가 배너를 들고 있는데, 이 배너에 그림의 주제가 잘 설명되어 있다. 라틴어로 쓰인 글귀는 영웅적인 공적에 따른 명성조차 꿈결처럼 산산이 흩어질 것이라고 말하고 있다. 가톨릭권인 에스파냐 화가의 그림이지만, 네덜란드의 바니타스 정물화가 네덜란드를 지배했던 에스파냐에까지 영향을 미친 것을 볼 수 있다.

써 촌음을 아껴 살아야 한다. 그런 자만이 구원을 받을 것이다. 바니타스 정물화는 바로 이 메시지를 전하기 위해 그려진 그림이다.

바니타스라는 말은 라틴어로 허영, 헛됨, 무상함을 뜻한다. 성경 「전도서」에 나오는 "헛되고 헛되다 세상만사 헛되다Vanitas vanitatum, et omnia vanitas"는 말씀을 그림으로 풀어 표현한 것이 바로 바니타스 정물화인 것이다.

그러므로 17세기 네덜란드 사람들은 어떻게 해골을 그린 '끔찍한' 그림을 집에 걸어둘 수 있었을까 의아해할 필요가 없다. 이런 그림이 집에 걸려 있는 사람이라면 그의 집에 제아무리 값비싼 재물과 보화가 쌓여 있어도 그는 분명 부의 잠재적 위험에 대해 잘 알고 있고 인생의 덧없음에 대해서도 잘 알고 있는 사람일 것이다. 주어진 일에 충실하고 근면한 사람일 것이다. 실제로 그러했든 그렇지 않았든 바니타스 정물화의 소유자는 그 그림에 의지해 자신을 그런 존재로 선전할 수 있었다.

프로테스탄트 일상의 풍경, 네덜란드 풍속화

상징으로 프로테스탄트의 윤리적 메시지를 전하는 바니타스 정물화도 흥미롭지만, 일상의 평범한 풍경으로 유사한 메시지를 전하는 네덜란드 풍속화도 재미있다. 특히 부녀자가 자주 등장할 수밖에 없는 실내화에서 소소한 일상에 스며든 윤리의 풍경을 볼 수 있다.

피터르 더 호흐가 그린 〈어머니의 손길〉은 자녀 양육의 중요성에 대해 말하는 그림이다. 그림의 배경은 부유한 시민의 내실이다. 문이 열려 있고 바깥 풍경이 보이는 것으로 보아 누군가 곧 밖으로 나갈 모양이다. 화면 왼편에서 몸단장을 하는 젊은 여인이 이 외출의 주인공인 것 같다. 아이

어머니의 손길
피터르 더 호흐 | 1673 | 유화 | 74×63cm | 모스크바 | 푸시킨 미술관

도 함께 외출하려는지 의자에 앉은 여인이 아이의 머리를 매만지고 있다. 얼핏 보아 산책을 나서려는 왼편의 여인이 이 집안의 안주인 같고 아이의 차림새를 챙기는 여인이 그녀의 하녀 같다. 하지만 사실은 정반대다. 아이를 매만지는 여인이 이 집안의 안주인이다. 하녀는 지금 자기 차림새를 꾸미기에 여념이 없다.

이는 이 무렵 네덜란드 여성들이 어떤 윤리적 의식 속에서 살았나를 웅변적으로 보여주는 장면이다. 제아무리 부유하고 집안에 하인, 하녀들이 많다 하더라도 네덜란드의 안주인들은 자녀를 스스로 보살피고 교육해야 했다. 자녀 양육은 절대 하녀에게 맡겨서는 안 되는 일이었다. 자녀를 양육한다는 것은 단순히 물리적으로 뒷바라지하는 차원을 넘어 정신과 영혼까지 올곧게 키우는 일이다. 네덜란드 사람들에게 이는 안주인만이 행할 수 있는 고귀한 노동이었다. 그래서 야코프 카츠 같은 네덜란드 시인은 "자식을 낳은 여성은 단지 반만 어머니일 뿐이며, 자식을 양육한 여성만이 완전한 어머니다"라고 말했다.

이런 윤리의식에 따라 부지런히 자녀를 양육하고 가정을 돌보았던 네덜란드 여성의 모습은 얀 스테인의 그림에도 잘 표현되어 있다. 〈사치를 조심하라〉가 그 대표적인 그림이다. 그림을 보자.

매우 어수선해 보이는 집 안에서 한 여인이 졸고 있다. 그림 왼쪽에 값비싼 모피 외투를 걸친 여인이 그 주인공이다. 여인이 졸고 있는 사이에 내실은 온통 아수라장이 되어버렸다. 그런데도 여인은 여전히 깨어날 줄 모른다. 식탁 위의 음식은 개가 먹어치우고 식탁 앞의 아기는 값비싼 목걸이를 갖고 놀고 있다. 식탁 뒤쪽에서는 아이들이 찬장에서 유리그릇을 꺼내거나 곰방대를 물고 어른 흉내를 낸다. 화면 오른쪽 상단에서는 원숭이

사치를 조심하라
얀 스테인 | 1663 | 유화 | 105×145cm | 빈 미술사 박물관

가 시계를 갖고 장난을 쳐 시간이 뒤죽박죽이 되어버렸다. 손님으로 온 사람들은 서서 성경을 읽으며 바른 삶에 대해 말하지만, 손님 어깨에 앉은 오리가 꽥꽥거리며 말씀을 방해한다. 그림 앞쪽의 바깥주인은 낮인데도 일할 생각은 하지 않고 하녀와 야릇한 놀이를 즐기고 있다. 바닥에 어지럽게 떨어져 있는 물건들과 꿀꿀거리며 나타난 오른쪽 돼지까지 집 안은 지금 모든 게 뒤죽박죽이다. 아무리 부유해도 이렇게 흥청망청 지낸다면 금세 곤경에 처할 수밖에 없다.

이에 대한 경계로 화가는 화면 오른쪽 아래에 석판을 그려 넣고 거기에 네덜란드 속담 하나를 적어 놓았다. '풍족할 때 조심하라.' 이 속담과 대구를 이루는 게 화면 중앙 상단의, 칼과 목발이 들어 있는 바구니다. 칼과 목발은 징벌의 상징이다. 집 안이 이렇게 엉망진창인데 계속 졸고 게으름을 피운다면 후환을 면치 못하리라는 경고인 것이다.

윤리의 상실과 도덕적 해이를 경계하라

이 그림처럼 여성을 주인공으로 삼아 근면한 삶에 대한 호소를 해오는 경우를 보노라면, 성주그룹의 김성주 회장이 어느 강연에서 한 발언이 떠오른다.

"우리나라 상류층의 딸, 며느리들이 아침부터 고급호텔 식당에 모여 노닥거리는 것을 자주 본다. 자녀들은 과외를 시켜놓고 자기는 밖으로 나와서 어디서 쇼핑할지, 어디서 맛있는 것을 먹을지, 어디서 놀지만 생각하는 것을 보면 가슴을 치게 된다. 그런 여성들 밑에서 자란 아이들이 무엇을 하겠느냐. 대학 나오고 유학까지 하며 공부한 여자가 사회 탓을 하면서 집에 있으

산이 있는 풍경

야코프 판 라위스달 | 1655~1660 | 유화 | 모스크바 | 푸시킨 미술관

이 시기의 네덜란드 화가들은 평범한 자연 풍경에서도 윤리적 시선을 거두지 않았다. 특히 라위스달은 짙푸른 나무와 함께 죽어가는 나무나 말라비틀어진 나무를 함께 그리곤 했는데, 이를 통해 생명의 역동성과 함께 죽음의 불가피성에 대해 이야기했다. 이처럼 삶의 유한성을 강조한 것은 근면과 성실의 가치를 고양하기 위한 것이다.

려고 하는 사회는 미래가 없다. 서구 여성은 우리나라 여성보다 10배는 더 일하고 있다."

김 회장의 말처럼 서구의 여성이 우리나라 여성보다 10배는 더 일을 한다면 그 근면성의 뿌리는 이들 그림이 보여주는 금욕적 프로테스탄티즘과 근대적 노동윤리에 닿아 있다고 말할 수 있겠다. 그런 점에서 보면, 자본주의의 합리성은 근래의 금융위기가 반면교사로 깨우쳐주듯 단순히 '보이지 않는 손'이 만들어내는 필연적인 효과라기보다는 경제 주체들의 끝없는 윤리적 성찰과 반성, 실천에 의해 일정한 수준으로 획득되는 것이라고 할 수 있다. 막스 베버의 시각에 방점을 두고 보자면, 근대 서구 자본주의가 합리성을 띨 수 있었던 것은 결국 금욕적 프로테스탄티즘이라는 막강한 윤리적 동력이 존재했기 때문인 것이다.

자본주의든 그 무엇이든 윤리의 힘을 상실한 체제는 도덕적 해이를 불러오고 그 체제 속에서 사는 사람들의 삶을 불안정하게 만든다. 종교개혁 이후 네덜란드를 비롯한 프로테스탄트권의 미술이 전하고자 한 핵심 메시지가 바로 이런 윤리의 상실과 도덕적 해이에 대한 경고였다. 윤리와 삶을 일치시키고 그에 의지해 노동과 사회를 합리화하려는 시대에 미술은 이런 내용과 표현으로 적극적인 응답을 했던 것이다.

한눈에 읽는 유럽의 종교개혁

종교개혁은 16세기 전반 유럽의 가톨릭 내부에서 일어난 변혁운동이다. 이를 통해 로마 가톨릭교회의 일원적 지배가 무너지고 프로테스탄티즘이라고 일컫는 여러 파가 나타나게 되었으며 로마교황청으로부터 독립된 근대국가가 탄생하게 되었다. 가톨릭은 지방분권적인 봉건제와 긴밀한 관련을 맺으면서 중세 유럽을 지배하고 있었는데 14세기 무렵 봉건제도가 점차 약화됨에 따라 종교개혁 이념이 대두되었다. 주교계층이 중심이 되어 교회 통치체제를 교황 절대주의에서 일종의 입헌군주제 형태로 바꾸려는 흐름이 나타났으며 종교개혁의 선구자 위클리프와 후스에 의해 개혁운동이 일어났다. 또한 영혼과 신의 직접적 교류를 추구하는 신비주의적인 흐름이 나타났으며 르네상스의 인문주의와 결합한 그리스도교 철학이 등장하여 종교개혁에 큰 영향을 미쳤다.

| 독일의 루터파 |

아우구스티누스회의 수도사 마르틴 루터가 1517년 10월 31일에 발표한 「95개조 논제」가 종교개혁의 신호탄이 되었다. 그는 교황청 재정 마련의 수단이 되었던 면죄부(면벌부) 판매를 비판하는 데 그치지 않고 오로지 믿음에 의해서만 구원받을 수 있다는 근본적인 주장을 폈다. 이는 독일 인문주의자들로부터 강력한 지지를 받았으며 민중에게까지 확산되었다. 그러나 이것이 민중의 사회적 투쟁으로 발전하자 종교개혁을 이념에만 한정했던 루터는 후퇴하게 되었다.

루터가 독일에서 일으킨 종교개혁은 여러 지역으로 확산되어 프랑스와 스위스에도 영향을 주었다. 프랑스의 종교개혁은 인문주의자였던 르페브르 데타플에 의해 시작된다. 르페브르는 성서에 대한 무지가 그릇된 믿음을 가져온다고 보아 성서를 번역하여 권위를 높이려고 했다. 루터의 영향을 받기 전부터 르페브르는 성서에 따른 개혁적인 생각을 품고 있었다. 이러한 상황에서 프랑스에 루터의 개혁사상이 전파되자 소르본대학 신학부를 중심으로 뜨거운 반응이 일어났다. 결국 1521년 소르본 측은 루터와 르페브르의 저서가 이단임을 선언했고 개혁운동을 탄압했다. 1525년 르페브르와 그가 속했던 그룹이 탄압을 받고 해산되자 지도자들은 각지로 흩어졌다. 이중 하나였던 파렐은 스위스의 제네바로 가서 개혁운동을 일으켰는데 이는 칼뱅에게 계승되었다.

| 스위스의 칼뱅파 |

칼뱅은 학생 시절 프랑스에서 프로테스탄트의 가르침을 접했으나 종교적 박해 때문에 파리를 떠나 스위스에 정착했다. 그는 제네바에서 종교개혁을 이끌었는데 그에게는 무엇보다 신도들의 공동체로서 교회의 자율성이 중요했다. 따라서 그는 루터파가 유지하던 주교제도를 폐지하여 새로운 교회를 건설하고자 했다. 박해를 피해 다른 지역으로부터 제네바로 도피한 종교개혁가들은 칼뱅주의를 받아들여 고국에 다시 이를 전파했다. 칼뱅주의는 프랑스로 퍼져나갔고 위그노파(프랑스의 칼뱅주의 프로테스탄트 교인을 일컫는 이름)는 심한 박해를 당했다. 네덜란드에서 칼뱅주의자들은 네덜란드 개혁교회를 세웠고 스코틀랜드에서는 칼뱅주의 노선을 따르는 장로교회가 설립되었다. 이처럼 종교개혁은 루터에 의해 시작되었으나 이후 발전 과정에서는 칼뱅이 더 큰 영향을 미쳤다.

| 영국의 수장령 |

영국은 헨리 8세 때 캐서린과의 이혼 문제를 계기로 가톨릭교회와 단절하고 독자적인 길을 걷게 되었다. 헨리 8세는 국왕을 교회의 최고 관리자로 규정하는 수장령을 발표(1534)하여 교회를 로마 교황의 세력으로부터 독립시켰다. 에드워드 6세는 칼뱅주의에 입각한 개혁을 실시했으나 메리 여왕은 가톨릭교회에 대한 복귀정책을 취하여 청교도들에게 박해를 가한다. 엘리자베스 1세는 나라를 안정시켰으나 중도적 방향을 취하였기에 청교도들은 이에 불만을 품었고 스코틀랜드의 제임스 1세가 후계자로 즉위하자 이들은 더 많은 개혁을 원했으나 제임스 1세에게 오히려 탄압을 받음으로써 그 기대는 좌절되었다. 개혁에 대한 기대는 스코틀랜드와 잉글랜드의 전쟁으로 이어졌으며 마침내 1649년 찰스 1세의 처형을 정점으로 하는 청교도혁명에 이르게 되었다.

기독교와 성상 파괴

십계명의 제2계명은 '우상을 섬기지 말라'이다. 기독교 안에서 이 계명을 글자 그대로 해석한 집단은 곧잘 성상 파괴 문제를 야기했다. 기독교 역사상 가장 유명한 성상 파괴 운동은 8~9세기에 있었던 비잔틴의 성상 파괴 운동이다.

레오 3세에 의해 시작된 이 운동은 그의 아들 콘스탄티누스 5세 때 더욱 불타올랐다. 그러나 콘스탄티누스 6세 시절 니케아공의회가 열려 성상 공경은 우상숭배가 아니라고 선포한 뒤 9세기 들어 성상 파괴 운동은 완전히 잦아들었다. 어차피 제자리로 돌아갈 이슈였으나, 문제는 이 과정에서 안타깝게도 수많은 비잔틴 미술품이 파괴되었다는 것이다. 문화 파괴는 항상 인간성 파괴와 연결된다는 점에서 슬픈 사건이 아닐 수 없었다. 이제 8세기 이전의 비잔틴 미술을 알려면 이탈리아, 팔레스타인 등 비잔틴 밖에 산재해 살아남은 유물을 보는 수밖에 없다.

이런 미술품 파괴 운동은 종교개혁 때에도 발생했다. 종교개혁 당시 츠빙글리와 칼뱅, 카를슈타트 등의 개혁가들은 십계명을 근거로 신자들에게 교회에서 모든 종교적 도상을 제거할 것을 촉구했다. 이에 따라 개인적으로 혹은 폭동의 형태로 성상을 파괴하는 형태가 유럽 각지에서 나타났다. 하지만 대부분의 프로테스탄트 지역에서는 공권력이 교회에서 성상을 질서정연하게 제거함으로써 사회적 혼란과 무질서를 예방했다.

당시 성상 파괴 폭동에 휩싸인 유럽의 도시와 지역들로는 취리히, 코펜하겐, 뮌스터, 제네바, 아우크스부르크, 라로셸, 루앙, 네덜란드와 플랑드르 일대, 스코틀랜드 등이 있다. 라로셸의 경우 1560년, 1562년 두 차례에 걸쳐 성상 파괴 폭동이 있었다. 1562년의 폭동은 '바시의 학살' 사건(프랑스 위그노 전쟁의 직접적인 계기가 된 프로테스탄트 학살 사건)이 발단이 된 것으로, 학살에 분노한 프로테스탄트 신자들이 교회들을 습격해 성상을 파괴하고 13명의 가톨릭 사제들을 살해한 폭동이다. 라로셸의 폭동이 남긴 상처는, 지금도 성상 조각이 떨어져나간 채 서 있는 생소뵈르 교회 같은 유적에서 생생히 확인할 수 있다.

1562년 리옹의 교회를 약탈하는 칼뱅의 추종자들(부분)
앙투안 카롱 | 16세기 후반 | 유화 | 리옹 | 가다뉴 박물관

외부 조형물이 떨어져나간 채 서 있는
라로셸의 생소뵈르 교회

그리스의 지성,

화포 위로
나들이한
철학자들과 시인들

계단 한구석에 커다란 항아리가 놓여 있다. 그 안에 노인이 앉아 있다. 지나가던 여인들이 짓궂은 농담이라도 던지려는 듯 장난스럽게 들여다본다. 이 밝고 화창한 날, 세상을 등지고 고집스럽게 옹기 안에 들어앉은 노인. 왠지 답답하고 측은해 보인다. 대낮에 뭐가 그리 어둡다는 건지 등불까지 켜 곁에 두고 있다. 사람들에게 괴짜라고, 미친 노인이라고 손가락질도 많이 당했을 것 같다.

노인의 이름은 디오게네스. 흔히 견유학파의 원조로 일컬어지는 기원전 4세기 그리스의 철학자다. 저잣거리의 놀림거리가 된 이 노인에 대해 알렉산드로스 대왕은 그러나 이런 말을 남겼다고 한다.

"내가 대왕이 아니었더라면 디오게네스가

디오게네스

존 윌리엄 워터하우스 ｜ 1882 ｜ 유화 ｜ 시드니 ｜ 뉴사우스웨일스 미술관

되기를 바랐을 것이다."

충격적인 말이 아닐 수 없다. 남부러울 것이 없던 알렉산드로스가 이 거지 노인을 왜 그렇게 부러워했을까?

그와 관련해서는 이런 일화가 있다. 어느 날 알렉산드로스가 디오게네스의 명성을 듣고 찾아와 "소원이 있으면 말해보라"고 했다. 그러자 디오게네스는 "당신 그림자가 햇빛을 가리고 있으니 그림자를 치워주는 것으로 족하다"고 답했다. 욕심을 부릴수록 충족은 어려워져 결핍감이 심해지고, 적게 구할수록 충족이 쉬워져 만족감도 커진다. 이것이 디오게네스의 생각이었다. 그의 철학에 누구보다 공감한 사람이 바로 대제국을 건설한 알렉산드로스였다는 사실은 오로지 부만을 위해 줄달음질치는 오늘의 우리에게도 많은 것을 시사해준다.

서양 철학의 중심, 고대 그리스 철학

널리 알려져 있듯 서양 문명은 고대 그리스 문명에 많은 것을 빚졌다. 무엇보다 사상과 문화 면에서 절대적인 영향을 받았다. 특히 고대 그리스의 철학은 이후의 서양 철학을 오로지 "그리스인들이 내린 결론이 타당한지의 여부를 둘러싼 논쟁"으로 보이게 할 정도였다.(E. M. 번즈)

당연히 서양 역사화의 중요한 역할 가운데 하나가 고대 그리스의 철인과 예술가들을 그리는 것이었다. 물론 그림은 하나의 장면으로 모든 것을 설명해야 하니 그들의 복잡한 철학과 정신세계를 일일이 다 보여줄 수 없다. 그래서 화가들이 관심을 가지고 표현한 것은 추상적인 지식세계가 아

소크라테스의 죽음
자크 루이 다비드 | 1787 | 유화 | 129.5×196.2cm | 뉴욕 | 메트로폴리탄 미술관

니라, 그들의 남다른 인간성이나 통찰력을 보여주는 에피소드를 그리는
것이었다. 19세기 영국 화가 존 윌리엄 워터하우스가 그린 〈디오게네스〉
는 그 전통을 잘 보여주는 그림이다. 고대의 흥미로운 에피소드가 생생하
게 표현된 이런 작품을 보며 서양인들은 그리스 철학자들의 통찰과 지성
을 되새기며 현명하고 지혜롭게 사는 길에 대해 생각하고 또 생각했다.

고대 그리스의 철인을 묘사한 서양화 가운데 가장 유명한 그림을 꼽으

라면, 그것은 아마도 19세기 프랑스 화가 자크 루이 다비드가 그린 〈소크라테스의 죽음〉일 것이다. 대상이 된 철학자가 워낙 유명한 사람이기도 하지만, 그의 극적인 최후가 다비드 특유의 박진감 넘치는 필치로 강렬하게 표현되어 눈길을 끈다. 조형적인 측면에서 보면, 분명한 명암 대비와 조각적인 인물 묘사, 연극 무대 같은 공간 구성 등 신고전주의 미술의 특징이 교과서적으로 살아 있다.

소크라테스는 아테네의 젊은이들이 타락하도록 부추기고 신에 대한 불경을 조장했다는 죄목으로 법정에서 사형을 언도받았다. 자신의 신념을 포기하면 살 수도 있었지만, 그는 끝내 신념을 지켜 죽음을 택했다. 화가는 그렇게 당당하게 최후를 맞은 이 위대한 철인의 모습을 그렸다.

그림에서 침상에 앉아 한 손으로 하늘을 가리키고 다른 손으로 독배를 잡으려는 이가 바로 소크라테스다. 그는 흔들림이 없어 보인다. 강한 의지와 내적 평화를 드러내며 영혼의 불멸에 대해 이야기한다. 주위에는 슬픔과 좌절에 빠진 제자들과 노예들의 모습이 보인다. 침상 끝에 묵묵히 앉아 있는 노인은 플라톤이다. 소크라테스의 제자인 그는 소크라테스가 죽을 때 이렇게 나이가 든 모습이 아니었지만, 서양 철학의 또 다른 위대한 뿌리인 그를 너무 젊게 그릴 수 없어 중후한 이미지로 표현했다.

소크라테스의 무릎에 손을 얹고 있는 이는 크리톤이다. 그는 소크라테스의 부유한 친구로, 소크라테스에게 탈옥을 권했으나 끝내 그를 설득하지 못했다. 존경과 아쉬움이 교차하는 눈길로 소크라테스를 바라보고 있다. 저 공간 뒤편 계단으로 나가는 이들 가운데는 소크라테스의 아내 크산티페도 있다. 비극적인 장면을 보고 충격으로 쓰러질까봐 지인들에 의해 내보내지고 있는 것이다.

후대에 그림으로 다시 태어나는 그리스의 철학자들

〈소크라테스의 죽음〉은 프랑스 대혁명이 발발하기 2년 전, 그러니까 1787년에 그려진 그림이다. 다비드가 다가올 혁명의 파고를 느끼며 그 격랑 속에서 지켜야 할 신념의 문제에 대해 이야기하고자 만든 작품이다. 당시의 관객들은 이 작품을 보며 좌절된 개혁 시도들과 왕에게 도전한 명사회名士會의 해산, 감옥에 갇힌 정치범들과 망명객들을 떠올렸다. 제아무리 권력이 무섭고 억압이 두렵다 해도 굴종의 삶을 받아들인다는 것은 스스로의 존엄을 배반하는 것이다. 소크라테스가 자신의 신념을 지키기 위해 죽음을 마다하지 않았듯, 프랑스 시민들이 부당한 권력과 체제의 억압에 목숨을 다해 저항해주기를 바라는 마음을 화가는 이 그림에 담았다. 오늘의 우리에게도 이 그림은 정의와 신념의 상징으로 큰 울림을 주며 다가온다.

이처럼 한 사람의 현인과 그의 특정 에피소드에 초점을 맞춘 작품이 있는가 하면, 그리스의 철인들을 두루 아울러 그려 그리스 철학의 위대성을 총체적으로 찬양한 그림도 있다. 르네상스 시대의 천재 라파엘로가 그린 〈아테네 학당〉이 대표적이다. 이 벽화는 바티칸 박물관의 라파엘로의 방에 〈성사 논쟁〉〈파르나소스〉 등의 벽화와 함께 설치되어 있다.

그림을 꼼꼼히 살펴보면, 배경의 건축물과 사람들의 위치, 자세 등이 모두 하나의 소실점을 향해 집중되어 있는 것을 느낄 수 있다. 아치 아래에 있는 중앙의 두 인물 사이에 소실점이 있고, 그 점을 향해 건축물의 경사선이나 바닥의 무늬, 사람들의 자세가 모이는 형국이다. 이로 인해 사람이 많이 그려졌어도 집중감과 통일성이 돋보인다.

그림 속의 주요 인물들을 하나하나 살펴보자. 소실점이 몰리는 중앙에

아테네 학당
라파엘로 | 1511 | 프레스코 | 밑변 820cm | 바티칸 박물관

① 플라톤
② 아리스토텔레스
③ 소크라테스
④ 제논
⑤ 에피쿠로스
⑥ 피타고라스
⑦ 헤라클레이토스
⑧ 디오게네스
⑨ 유클리드
⑩ 데모크리토스
⑪ 라파엘로

위치한 두 인물은 플라톤과 아리스토텔레스다. 붉은 천을 걸친 왼쪽의 플라톤은 손으로 위를 가리켜 자신의 이데아론을 설파하고 있다. 옆구리에 끼고 있는 책은 그의 대화편 『티마이오스』다. 플라톤의 얼굴은 다빈치의 얼굴에서 따왔다. 푸른 옷을 입은 아리스토텔레스는 오른손으로 땅바닥을 가리키며 현실과 인간에 대해 논하고 있다. 허벅지에 받치고 있는 책은 그가 쓴 『윤리학』이다. 두 사람의 관심사의 차이를 인상적인 방식으로 표현했다.

플라톤 왼편으로 네댓 사람 떨어진 곳에 소크라테스가 있다. 다비드의 그림에서처럼 머리가 벗어져 있으나, 옷은 쑥색이다. 자신의 주장을 일방적으로 강요하기보다는 대화를 유도해 상대가 스스로 진리를 깨닫도록 한 철학자답게 지금 주위 사람들과 열심히 대화를 나누고 있다.

그림 맨 왼쪽, 웃통을 벗고 헐레벌떡 뛰어오는 남자 아래에는 스토아학파의 창시자 제논이 있다. 일찍부터 소질의 조기 계발이 중요하다고 주장해온 까닭에 라파엘로는 그가 어린아이를 안고 있는 모습으로 그렸다. 그 곁에서 판을 읽고 있는 이는 쾌락주의자 에피쿠로스다. 그는 "살아 있을 때는 죽음이 없고 죽었을 때는 우리가 존재하지 않는다. 그러므로 죽음의 공포를 버려라"라고 말한 것으로 유명하다.

그로부터 살짝 빗각으로 아래 쭈그려 앉은 이는 피타고라스 정리로 유명한 피타고라스다. 만물의 근원을 수로 보았기에 지금 열심히 무언가를 계산하고 있다. 피타고라스로부터 오른쪽으로 조금 더 가면 상자에 팔을 괴고 무언가를 끼적이는 사람이 보인다. "만물은 흐른다"고 설파한 헤라클레이토스다. 화가는 미켈란젤로의 얼굴을 따서 그의 얼굴을 그렸다. 선배에 대한 경의의 표시다. 그 오른쪽으로 조금 떨어져 계단에 비스듬히 앉아 있는 노인은 워터하우스의 그림에서 본 바 있는 디오게네스다. 자유로운 그의 자세에서 그의 인생관을 엿볼 수 있다.

이제는 그림 오른쪽으로 시선을 돌려보자. 몸을 수그린 채 컴퍼스로 무언가를 측정하는 사람이 보인다. 플라톤의 수학을 기초로 그 이전의 기하학을 집대성한 유클리드다. 그 위쪽 오른편에 녹색 옷을 입고 지팡이를 쥔 노인이 보인다. 낙천적인 기질 때문에 '웃는 철학자'라는 별명을 얻은 데모크리토스다. 고대 원자론을 확립해 유물론의 출발점을 제공한 이다. 다시 아래로 내려와 오른쪽 가장자리로 눈길을 돌리면 관객을 바라보는 한 젊은이가 보인다. 이 그림을 그린 라파엘로다. 비록 고대의 현인은 아니지만, 자신도 아테네의 위대한 지성과 상상력을 물려받은 존재라는 자부심을 이렇게 자화상을 그려 넣어 표현했다.

그리스의 문인들 또한 화폭 위에

서양 화가들은 그리스 철학자들도 많이 그렸지만, 그리스의 문인들과 예술가들도 적지 않게 그렸다. 이들 역시 서양 정신의 기초를 놓은 위인들로, 후대 예술가들의 뜨거운 찬양을 받지 않을 수 없었다. 이들 문인과 예술가를 그린 그림들은 서양 관객들로 하여금 유럽의 가장 오래된 고전들이 어떻게 창조되었는지 풍부한 환상과 짙은 향수 속에서 바라보게 해주었다.

『일리아드』와 『오디세이』를 쓴 호메로스는 흔히 유럽 최초의 시인이자 최대의 시인이라고 일컬어진다. 그러나 그의 실재에 대해서는 알려진 게 별로 없다. 『일리아드』와 『오디세이』가 과연 같은 사람의 작품인지, 또 호메로스가 실제로 존재하긴 했던 것인지에 대한 논란은 예전부터 있어왔다. 그의 작품에 서술된 내용만큼이나 그에 대한 사실 또한 지금껏 전설

호메로스와 그의 안내자

윌리앙 아돌프 부그로 | 1874 | 유화 | 208.9×142.9cm | 밀워키 미술관

에 싸여 있다.

그런 사실 여부와 관계없이 호메로스의 두 시편은 고대 그리스 교육의 핵심적인 기초이자 그리스 정신의 바이블로 기능했다. 도덕이나 행위의 문제를 해결할 때 그리스인들이 가장 중요한 전거로 삼은 게 『일리아드』와 『오디세이』였다. 그리스 도시국가들이 그토록 끊임없이 서로 경쟁하고 분열하고 증오하면서도 끝내 '우리는 하나'라는 인식을 가질 수 있었던 것도 호메로스의 경전 덕이었다. 그 위대한 통합력은 이후 모든 서양 문인들이 자신들의 영감과 정체성의 원천으로 호메로스를 꼽게 만들었다.

전해오는 바에 따르면, 호메로스는 앞을 보지 못하는 음유시인이었다고 한다. 고대 그리스인들은 시각장애인이 비장애인보다 뛰어난 기억력을 가지고 있다고 생각했다. 음유시인은 대부분 남다른 기억력을 자랑하는 사람이었으므로, 호메로스를 시각장애인으로 본 것은 그의 탁월한 기억력에 대한 칭송의 표현이었다고 할 수 있다.

19세기 프랑스 화가 부그로의 〈호메로스와 그의 안내자〉에서 우리는 시각장애인으로 그려진 호메로스의 모습을 볼 수 있다. 그의 눈이 되어준 소년의 손을 잡고 그는 천천히 걸음을 옮기고 있다. 그런 호메로스를 향해 개 한 마리가 사납게 짖어댄다. 길잡이 소년이 왼손에 돌을 들고 개를 향해 잔뜩 경계의 시선을 보내는 데서 그가 지금 얼마나 긴장해 있는지 알 수 있다. 뒤쪽으로는 호메로스 일행을 향해 조롱을 퍼붓는 젊은이들과 급히 뛰어오는 또 다른 개들이 보인다. 개들과 젊은이들, 소년 모두 감정의 동요를 보이고 있으나 오로지 호메로스만이 마음의 평정을 유지하고 있다. 이렇듯 속세의 격정으로부터 초연할 수 있는 그 능력이 역사의 심장을 꿰뚫는 혜안을 그에게 가져다주지 않았을까. 시인을 향한 화가의 마르지 않는 칭송이 절절히 느껴지는 그림이다.

여성시인 사포 또한 서양 화가들이 즐겨 그린 그리스 시인이다. 레스보스 섬 미틸레네 태생으로 명망 있는 귀족 집안 출신이었던 그녀는, 생애의 대부분을 자신의 고향에서 시를 지으며 지냈다. 사포는 아르킬로쿠스와 알카이우스를 제외하면 고대 그리스 시인 중 독자로 하여금 사적인 친밀감을 느끼게 하는 데 가장 능했던 시인으로 꼽힌다. 그의 시어詩語는 문학적이라기보다는 세속적이었고, 시구는 간결하고 직접적이면서 회화적이었다. 자신의 사적인 환희와 고통을 비판적으로 내려다보는 차분함이 엿보이지만, 그 차분한 전개 속에서도 원초적인 감정의 힘을 결코 잃지 않는 탁월한 재능을 지녔다는 평가를 받았다. 방대한 작품을 쓴 것으로 추정되나, 완전한 형태로 지금까지 전해지는 시는 극소수에 불과하다. 모두 합해서 700여 행에 이르는 인용이나 단편이 남아 있다.

영국에서 활동한 네덜란드 화가 앨머 태디마는 〈사포와 알카이우스〉에서 사포를 아주 지적이고 우아한 여인으로 표현했다. 그림을 보면, 지중해의 푸른 물결과 소나무가 시원한 배경을 이루는 가운데 당대 최고의 시인인 사포와 알카이우스가 서로 시를 교환하고 있다. 이 주제는 화가의 상상에서 나온 게 아니라 역사적 기록에 근거한 것이다. 사포의 주위에는 아리땁고 순수해 보이는 소녀들이 앉아 있는데, 이는 사포가 레즈비언이었다는 전설을 뒷받침하기 위한 것이다. 장독대 위에 턱을 괸 사포는 알카이우스의 시가 얼마나 감동적인지 깊이 매료된 표정으로 바라보고 있다. 클리스모스라고 하는 고대 그리스 의자에 앉아 있는 알카이우스는 수금, 엄밀히 말해 키타라를 연주하고 있다. 그 악기에는 음악의 신인 아폴로와 아르테미스가 조각되어 있어 그의 시가 가히 음악의 신을 감동시킬 만한 것임을 나타내고 있다. 물론 알카이우스의 낭독이 끝나면

사포와 알카이우스
앨머 태디마 | 1881 | 유화 | 66×122cm | 볼티모어 | 월터스 아트 갤러리

ΦΑΙΑΝΤΟΡΙΑ
ΜΙΛΕΤΙΑ
ΑΠΟΛΛΩΝΟΣ
ΚΝΙΔΟΣ

사포의 전설적인 노래가 저 지중해의 푸른 물을 더욱 찬란하게 빛나게 할 것이다. 시의 위대함과 아름다움이 부드러운 노래처럼 퍼져나가는 그림이다.

이렇듯 서양 화가들은 오랜 세월 그리스의 지성과 예술혼을 반복적으로 형상화하며 자신들의 예술이 그 위대한 가치를 얼마나 충실히 드러내고 있는지 늘 성찰했다. 그들은 고대의 지성과 예술혼이 보여준 최고의 경지에 이르고 싶어 했다. 떠올리고 떠올려도 여전히 그리운 추억과 향수처럼 그리스의 정신과 예술혼은 그렇게 서양 예술의 깊고도 방대한 뿌리가 되어주었다.

| 고대철학, 그리스 중심 |

그리스 철학은 기원전 5세기에 아테네를 중심으로 발달했다. 소피스트들은 지식의 상대성을 주장하다가 후기에 이르러 주관주의에 빠져 궤변론자로 전락했다. 이후 인간의 목적적 행위와 최고선의 중요성을 주장한 소크라테스와 플라톤이 출현했다. 소크라테스는 참된 앎을 얻을 수 있는 방법을 귀납법에서 찾고, 문답법을 통해 진리에 도달할 수 있다고 보았다. 그의 제자인 플라톤은 이데아론을 통해 객관적 관념론을 주장했다. 그는 인간의 영혼은 이데아계에 있던 것으로 이데아를 상기함으로써 진정한 인식에 도달할 수 있다고 보았다.

아리스토텔레스는 유물론적 경향을 띠는 형이상학적 철학을 펼쳤다. 그는 플라톤의 이데아론을 비판하면서 독자적인 입장을 취했지만 플라톤의 관념론에서 완전히 벗어나지는 못했다. 그리스는 북방 마케도니아에 의해 정복된 후 로마의 지배를 받게 되는데(기원전 2세기) 이 시기에는 각각 쾌락주의와 금욕주의로 대표되는 에피쿠로스학파와 스토아학파가 등장했다.

| 중세철학, 신학의 시녀 |

중세시대에는 철학이 기독교 신학의 기초를 마련하기 위한 역할만을 했기 때문에 이른바 신학의 시녀에 불과했다. 그러나 이 시기를 벗어나 근대로 접어들면서 철학은 기독교의 독단적 진리나 권위에 의존하지 않고 자신의 힘으로 얻은 앎만을 유일한 진리로 여기는 경향을 갖게 된다. 근대철학은 프랑스와 독일 등 유럽 대륙에서 발전한 합리론과 영국에서 발전한 경험론으로 나누어 살펴볼 수 있다.

| 근대철학, 합리론과 경험론 |

합리론은 이성만을 통해 진리를 탐구하려는 경향을 띤다. 근대 합리론의 대표적인 인물인 데카르트는 "나는 생각한다. 그러므로 나는 존재한다Cogito, ergo sum"를 철학의 제1원리로 삼고 철학의 토대를 마련하고자 했다. 경험론은 경험을 통해 확실한 지식에 이르고자 하는 철학으로 합리론이 연역적 방법을 중요시한 것과 달리 후천적 경험과 귀납적 방법을 중요시한다. 경험론의 선구자인 베이컨은 "아는 것이 힘이다"라는 말을 통해 학문의 목적은 사회를 이롭게 하는 데 있다고 주장했다.

　이렇게 양 극단에 선 철학인 합리론과 경험론은 칸트에 의해 종합될 수 있었다. 칸트는 선험적 비판철학을 통해 인간의 인식 능력의 한계와 가능성을 분명하게 밝혔다. 그의 비판철학은 피히테와 셸링을 거쳐 헤겔에 이르러 완성되는 독일 관념론을 낳았다. 헤겔은 칸트 철학을 계승하는 한편 18세기의 합리주의적 계몽사상의 한계를 통찰했다. 모든 사물이 정·반·합을 통해 발전해나간다고 본 변증법은 그의 논리학과 철학의 핵심을 이룬다.

현대철학, 다양성의 확대

　현대철학은 19세기부터 오늘날에 이르는 여러 갈래의 철학을 지칭한다. 이 시기의 철학은 대체로 헤겔의 철학에 대한 반발의 양상을 띠고 있으며, 변증법적 생철학·실존철학·현상학과 해석학, 실용주의·분석철학, 비판이론 등이 대표적이다. 제1·2차 세계대전 및 자본주의의 급격한 발전에 따른 폐해는 인간존재에 대한 불안을 가중시키고 현대사회에 부조리를 안겨주었다. 현대철학은 이러한 문제를 극복하기 위해 이전의 철학과는 전혀 다른 사유를 펼치게 되었다. 이로써 현대철학은 유럽 중심에서 벗어나 각 지역의 특성에 따라 전개되었고, 이 과정에서 서로 영향을 주고받았기 때문에 하나의 경향으로 정리될 수 없는 매우 다양한 특징을 갖게 되었다.

페이디아스와 파르테논 프리즈
앨머 태디마 | 1868 | 유화 | 72×110.5cm | 버밍엄 미술관

페이디아스Pheidias는 고대 그리스가 낳은 천재 조각가다. 기원전 5세기가 그의 활동 무대인데, 이 시기는 그리스 미술이 가장 이상적이고 모범적인 성취를 이룬 시기다. 그 중심에 페이디아스가 있었다. 특히 신상 제작에 뛰어나 칭송이 자자했는데, 올림피아의 제우스 신상은 고대 7대 불가사의의 하나로 꼽힐 정도였다. 기원전 447~기원전 438년 경에는 아크로폴리스의 파르테논 신전 장식조각 작업도 진두지휘했다. 이는 오늘날 현존하는 인류의 가장 위대한 문화유산 가운데 하나로 꼽힌다. 망실되지 않고 남은 조각의 상당수가 현재 런던의 영국박물관에 소장되어 있다.

앨머 태디마가 이 그림을 그리게 된 계기는, 1862년 처음으로 영국박물관을 방문해 파르테논 조각상들을 보고 크게 감명을 받았기 때문이다. 페이디아스가 얼마나 위대한 능력을 지닌 예술가였는지 절감한 그는, 페이디아스를 찬양하는 그림을 꼭 한 번은 그려보겠다고 결심했고, 마침내 이 작품으로 자신의 오마주를 표현했다.

작품에서 페이디아스는 당대 최고 예술가답게 당당한 태도로 아테네의 지도자 페리클레스 일행에게 프리즈 조각을 둘러보게 하고 있다. 프리즈 조각은 건물을 둘러 표현된 띠 모양의 장식부조를 말한다. 파르테논의 프리즈는 건물 상단의 네 면을 다 둘러 조성되었다. 총길이가 무려 163미터에 이르며, 판아테나이아 축제 행렬이 작품의 주제다.

오늘날에는 고대 그리스의 조각가들이 조각에 채색을 했다는 게 분명한 사실로 인정되고 있으나(세월이 많이 흘러 색채가 날아가버렸을 뿐이다), 당시에는 이에 대한 갑론을박이 심했다. 고대의 조각이 하얀 대리석 조각이 아니라는 주장은 당시 많은 이들에게 문화적 충격으로 다가왔다. 하지만 앨머 태디마는 유물에 대한 꼼꼼한 관찰 끝에 채색의 흔적을 발견하고는 이렇게 자신의 신념대로 프리즈 조각에 채색해 표현했다. 그 역시 페이디아스 못지않은 당대 최고의 예술가임을 이런 뛰어난 관찰과 통찰로 보여주고 있는 것이다.

세네카의 죽음
자크 루이 다비드 | 1773 | 유화 | 123×160cm | 파리 | 프티 팔레 미술관

    고대 그리스뿐 아니라 고대 로마의 지성들과 예술혼들도 서양 미술가들의 역사화에 분주히 그려졌다. 그러나 그 빈도수는 상대적으로 적어 보인다. 이는 고대의 철학과 예술의 원류가 그리스이고, 그 위대한 창조자들 또한 대부분 그리스인들이었기 때문일 것이다. 로마의 철학은 그리스의 철학 전통을 이은 것이었고, 로마의 예술 또한 상당 부분 그리스의 성취에 빚지고 있었다. 그런 까닭에 고대의 지성과 예술혼을 그릴 때 아무래도 화가들의 붓길이 그리스 쪽으로 먼저 흐르는 것은 어쩔 수 없었다. 그러나 뛰어난 로

마의 위인들 또한 풍부한 매력으로 화가들의 흥미를 끌었다. 세네카 같은 철학자나 베르길리우스 같은 시인이 그 대표적인 사례다.

세네카는 죽음 장면이 많이 그려졌다. 다비드의 〈세네카의 죽음〉은 이 주제를 아주 드라마틱하게 표현한 작품이다. 이 스토아학파의 대가는 네로 황제에 의해 자결을 명받았다. 네로는 세네카의 제자이기도 했는데, 자신을 향한 암살 기도가 드러나자 광분한 나머지 피비린내 나는 복수 끝에 죄상이 드러나지 않은 자신의 스승마저 처형하는 잔인함을 보였다. 그 발단이야 어떠했든 세네카는 스토아 철학자답게 담담하고 용감하게

단테의 배
페르디낭 들라크루아 | 1822 | 유화 | 189×246cm | 파리 | 루브르 박물관

죽음을 맞았다.

그는 과다출혈로 죽으려고 발목 등지의 정맥을 끊었으나, 노령으로 인해 생각만큼 피가 빨리 흘러나오지 않았다. 고통만 심해졌다. 그러자 소크라테스의 죽음을 떠올리며 독배를 가져오라고 해 이를 마셨다. 그래도 죽음은 금세 오지 않았다. 마침내 그는 혈액순환을 원활히 해줄 따뜻한 물이 든 욕조에 들어갔고, 거기서 최후를 맞았다.

다비드는 그 죽음의 순간을 대칭적인 화면 구성으로 극화했다. 왼편에서는 세네카가 주위 사람들의 부축을 받으며 종말을 맞고 있고, 오른편에서는 그의 아내 파울리나가 그런 남편을 바라보며 애통해하고 있다. 전하는 바에 따르면, 남편에게 자결 명령이 떨어지자 아내 또한 자결을 시도했다고 한다. 하지만 병사들이 급히 제지해 그녀의 시도는 무위로 끝났다. 시대의 비극을 배경으로 한 부부의 사랑과 고통이 볼수록 '짠하게' 다가온다.

베르길리우스는 로마의 시성이자 전 유럽의 시성으로 칭송받는 시인이다. 풍부한 교양과 완벽한 기교로 로마 건국 서사시 「아이네이스」와 「농경시」를 썼다. 그의 뛰어난 문학적 재능은 후대의 시인들에게 영원한 흠모의 대상이었는데, 단테는 『신곡』에서 그를 자신을 위한 지옥의 안내자로 등장시켰다.

들라크루아의 〈단테의 배〉는 바로 그 영감을 시각화한 그림이다. 그림 왼쪽에 빨간 모자를 쓴 이가 단테이고, 머리에 월계관을 두르고 갈색 천을 뒤집어쓴 이가 베르길리우스다. 두 사람은 지금 『신곡』에 나오는 아홉 개의 지옥 가운데 다섯 번째 지옥을 향해 가는 중이다. 그들이 건너는 아케론 강은 저주받은 망자들이 던져지는 강으로, 망자들은 영영 죽지 않고 고통을 받으며 떠다닌다. 망자들이 배에 들러붙자 단테가 놀란다. 그러자 베르길리우스가 그의 손을 잡아끌며 그를 안심시킨다. 시적 영감이라는 게 얼마나 대단한 환상인가를 잘 보여주는 작품이다. 예나 지금이나 상상의 지평은 끝이 없다.

다비드의 역사화,
시대를 초월해 당대를 기록하다

서양 역사화의 가장 중요한 주제는 고대 그리스 로마의 영웅들과 그들의 행적이다. 역사화의 창작 목적이 보편적인 가치와 교훈, 덕을 알리고 고양하는 데 있었으므로 고대의 영웅들과 그들의 행적만큼 유용한 주제는 없었다.

널리 알려져 있듯 유럽에서 고대 그리스와 로마에 대한 관심이 크게 고조된 것은 르네상스 때부터다. 역사화의 시작도 이 무렵부터였다. 르네상스의 지식인들은 고대를 그 어느 시대보다 찬란한 황금시대로 인식했다. 기독교의 교리와 성인들의 이야기로 가득했던 서양미술은 이후 그리스 로마 문명의 가르침과 그 영웅들의 이야기로 풍성해졌다. 물론 그 이후의 역사와 당대의 역사도 서양 역사화의 중요한 주제가 되었지만, 19세기에 이르기까지 그리스 로마 주제만큼 중요한 주제는 없었다.

로마의 전설을 빌려 루소를 지지하다

이런 고대 주제의 걸작을 많이 그려 유명해진 화가의 한 사람이 19세기 프랑스 화가 자크 루이 다비드(1748~1825)다. 그는 오랜 세월 고대 그리스 로마가 낳은 다양한 영웅들을 그렸는데, 특히 프랑스 혁명을 전후해 그린 그림들이 성가가 높다. 이들 고대 주제의 걸작에는 격동기를 거치며 획득한 작가의 변혁 의지와 그 바탕이 되어준 계몽주의의 영향이 선명히 나타나 있다. 고대를 그렸지만 단순히 예찬하는 데 그치지 않고 이를 통해 자기 시대를 재해석해보려 한 게 특히 눈길을 끈다. 그래서 다비드의 고대 그림을 보노라면 당대의 프랑스 사회가 시나브로 떠오른다.

자크 루이 다비드의 〈호라티우스 형제의 맹세〉는 로마의 건국 일화를 소재로 한 그림이다. 출처는 고대 로마의 역사가인 티투스 리비우스의 『로마 건국사』다. 역사책에 쓰여 있지만, 역사적 사실이라기보다는 전설에 가깝다. 기원전 7세기, 아직 작은 도시국가였던 로마는 이웃한 알바롱가와 분쟁을 벌였다. 두 라틴 도시는 큰 희생 없이 분쟁을 마무리짓고 싶었다. 그래서 양쪽에서 대표 세 사람씩 내보내 결투를 벌이게 한 후 그 결과에 무조건 승복하기로 했다. 로마를 대표해서는 호라티우스 가의 삼형제가 나섰다. 알바롱가를 대표해서는 쿠리아티우스 가의 삼형제가 나섰다.

결투 초반에는 알바롱가 쪽이 우세했다. 호라티우스 삼형제 가운데 둘이 금세 쓰러져버린 것이다. 마지막 남은 호라티우스 가의 푸블리우스

호라티우스 형제의 맹세
자크 루이 다비드 | 1784 | 유화 | 330×425cm | 파리 | 루브르 박물관

는 도망가는 체하다 뒤쫓아오는 쿠리아티우스 삼형제를 차례로 쓰러뜨렸다. 쿠리아티우스 삼형제가 부상을 입어 한 몸으로 뒤쫓아오지 못하자 이를 역이용한 것이었다. 이렇게 해서 승리는 훗날 제국이 될 위대한 도시 로마에 돌아갔다.

다비드는 이 이야기를 그리며 호라티우스 삼형제가 조국을 위해 목숨을 바치기로 맹세하는 장면에 초점을 맞췄다. 싸우는 장면이나 승리의 영광을 나누는 장면도 눈길을 끌 만했지만, 조국을 위해 죽음도 두려워하지 않고 분연히 일어선 모습만큼 멋진 것은 없다고 생각했기 때문이다. 다비드는 이 장면을 리비우스의 서술과 관계없이 상상에 의지해 구성했다. 그렇게 해서 칼을 향해 손을 내뻗는 단호한 표정의 아들들과 피의 제단에 그들을 바침에도 일말의 주저함이나 망설임을 보이지 않는 아버지가 그려졌다.

이 결연한 장면 오른쪽으로 슬퍼하는 여인들의 모습이 보인다. 그들 가운데 하나는 쿠리아티우스 가에서 호라티우스 가로 시집온 사비나이고, 다른 하나는 쿠리아티우스 가의 아들 한 사람과 약혼한 호라티우스 가의 카밀라다. 누가 이기든 사랑하는 사람을 잃게 된 여인들은 그저 슬퍼하고 있다. 두 집안의 싸움이 끝나고 푸블리우스 한 사람만 살아왔을 때 카밀라는 자신의 약혼자가 죽은 사실을 알고는 대성통곡했다. 이에 분개한 푸블리우스는 누이를 그 자리에서 죽여버렸다. 그 행위로 졸지에 살인자가 되어 사형의 위기에 처했으나, 아버지가 동포들의 애국심에 호소해 그를 구했다.

이 그림은 프랑스 대혁명이 일어나기 5년 전에 제작된 작품이지만, 혁명의 기운이 벌써 시나브로 느껴진다. 그림은 말한다. 사사로운 이해관계나 정리情理 보다 중요한 것은 공동체의 이상과 덕을 지키는 일이다. 이는 죽음을 무릅쓰고라도 선양해야 하는 고귀한 가치이며, 이를 위해 자신을 헌신하는 것만큼 자랑스러운 일은 없다. 그렇게 화가는 관객에게 자발적으로 공동체의 덕을 위해 헌신할 것을 요구한다.

물론 그림이 요구하는 것처럼 사람들이 자발적으로 공동체를 위해 희생하려면, 그들이 스스로를 주권자로 의식해야 한다. 또 사회는 주권자인 그들의 자유로운 계약으로 성립된 이성적인 공동체여야 한다. 그림에서 아들들이 아버지에게 손을 뻗는 것은 그들 각자 자유의지에 따른 것이지 그 누구의 강요에 의한 것이 아님을 의미한다. 바로 이 장면이 루소의 사회계약론을 떠올리게 한다. 사회계약론의 요체는, 개인 각자가 이기적인 입장을 떠나 일반의지에 기초해 공동의 이익을 위해 계약을 맺는 것이다. 루소의 사회계약론이 프랑스 혁명의 정신적 자양분으로 기능했다는 사실을 감안한다면, 이 그림에서 프랑스 혁명의 전조를 감지하는 게 그리 어려운 일은 아니다.

이 작품이 구체제에서 국왕 루이 16세의 주문을 받아 그려진 것인 까닭에, 보기에 따라서는 국왕에 대해 충성을 다짐하는 장면으로 해석될 수도 있다. 그림이 발표되었을 때 보수적인 평자들은 그렇게 생각했다. 그러나 다비드가 당시 계몽주의의 영향을 강하게 받고 있었고, 곧 일어날 혁명의 골수 지지자였다는 사실을 상기한다면, 다비드의 메시지가 어디에 있었는지는 짐작하기 어렵지 않다.

로마의 역사를 빌려 혁명을 지지하다

로마의 역사를 빌려 공동체의 선과 애국심에 호소한 다비드의 또 다른 걸작으로 〈브루투스에게 아들들의 주검을 날라 오는 형리들〉이 있다. 이 작품은 혁명의 이상인 자유와 평등, 그리고 공화정의 가치에 대해 더욱 분명한 입장을 드러낸 그림이다.

화면에서 제일 먼저 눈에 들어오는 것은 슬퍼하는 여인들이다. 절규와

브루투스에게 아들들의 주검을 날라 오는 형리들
자크 루이 다비드 | 1789 | 유화 | 323×422cm | 파리 | 루브르 박물관

절망의 표정이 역력하다. 이들이 우리의 눈을 사로잡는 것은 그들에게만 밝은 빛이 집중적으로 내리쬐고 있기 때문이다. 그들을 향했던 시선이 왼편으로 꺾여 흐르고 나서야 우리는 비로소 창백한 남자의 발을 보게 된다. 그 발의 주인은 누워 있다. 그리고 그 누운 몸은 들것에 실려 있다. 이제 우리는 그림 속의 여인들이 왜 절규하는지 알 수 있다. 가족의 주검을 맞아 주체할 수 없는 슬픔과 고통을 드러내고 있는 것이다.

그런데 이 그림의 진정한 주인공은 지금 빛 가운데 있지 않다. 죽은 이가 실려나가는 풍경 앞쪽으로 뒤늦게 눈에 들어오는 어두운 인물이 바로 그림의 핵심 인물이다. 그의 발에 살며시 떨어지는 빛이 없었다면 그의 존재는 그림자에 묻혀 더 오랫동안 드러나지 않았을지도 모른다. 그림자 속의 남자는 미동도 하지 않은 채 자신의 끝없는 응시에 시간을 묶어두고 있다.

그는 브루투스다. 카이사르(시저)를 살해한 암살자 브루투스가 아니라 기원전 6세기 말 포악한 에트루리아인 왕 타르퀴니우스를 내쫓고 로마 공화국을 건설한 루키우스 유니우스 브루투스다(그 또한 실재한 인물인지 아닌지에 대해 논란이 있다). 다비드는 그를 지금 어두운 그림자 속에 고뇌하는 인물로 그려놓았다. 그의 고뇌는 그의 아들들이 신생 공화국을 배신한 데서 비롯됐다. 역설적이게도 타르퀴니우스 복위 음모에 아들 둘이 가담했다. 아들 하나는 적극적으로 음모에 가담했고, 다른 아들 하나는 형제의 음모를 알고도 고발하지 않았다. 브루투스는 집정관으로서 두 아들에게 사형을 언도했다. 조국을 배반한 두 아들에게 죽음을 내린 아버지. 공의를 위해 가족을 저버린 그가 지금 어둠 속에서 아득히 흩어져버리려는 의식을 힘겹게 다잡고 있다. 그는 공동체의 자유를 지키기 위해 자신의 가장 소중한 피붙이들을 희생시킨 것이다.

다비드가 이 그림을 완성한 해인 1789년은 혁명이 일어난 해다(그림에 착수한 것은 그 두어 해 전이다). 그림은 당시 프랑스의 국전이라 할 살롱전에 출품되었는데, 살롱전이 개막하기 직전 프랑스 혁명이 터져버렸다. 그런 까닭에 국민의회가 결성되고 바스티유 감옥이 습격을 받아 나라가 어수선한 상황에서 살롱전이 열리게 되었다. 왕정은 민중을 선동할 그림이 전시되어서는 곤란하다고 생각했기 때문에 출품작들을 하나하나 검열했다. 그 결과 〈브루투스에게 아들들의 주검을 날라오는 형리들〉이 출품을 금지 당했다. 왕정을 폐하고 공화정을 세운 고대의 영웅을 주제로 한 그림이니 시국 상황과 맞물려 당국에서는 도저히 설치를 용인할 수 없었다.

다비드의 또 다른 작품인 화학자 라부아지에의 초상도 퇴짜를 맞았다. 라부아지에가 급진파인 자코뱅당의 일원이라는 이유였다. 이 사실이 신문에 보도되자 사람들이 들고일어났다. 항의가 얼마나 거세었는지 결국 당국이 한발 물러서야 했다. 만일에 대비해 미술학도들이 나서서 보호하는 가운데, 작품은 구름처럼 몰려오는 관람객을 맞았다고 한다.

급진적 사상가, 사랑과 평화를 그리다

자크 루이 다비드는 파리의 넉넉한 중산층 집안에서 태어났다. 그가 아홉 살 때 사업을 하던 아버지가 세상을 떠났으나, 부유한 삼촌들 덕에 좋은 교육을 받을 수 있었다. 하지만 그는 제도에 대한 거부감이 강했고 성격이 불같았다. 그는 혁명 초기부터 혁명의 적극적인 지지자로 활약했다. 공포정치의 대명사 로베스피에르의 가까운 친구가 되었고, 자코뱅당의 일원으로 활동했다. 국민공회의 의원으로 선출되

자화상

자크 루이 다비드 | 1794 | 유화 | 파리 | 루브르 박물관

다비드가 감옥에 갇혀 있을 때 그린 자화상이다. 어렵고 심란한 시기였을 텐데도 화가의 모습은 당당하기 그지없다. 특히 곧고 날카로운 시선이 인상적이다. 혁명에 두려움 없이 뛰어든 열정의 인간다운 모습이다. 물론 이 시선은 혁명가의 시선에 남다른 관찰력과 통찰력을 지녔던 거장 예술가의 시선을 포함하고 있다. 그가 남긴 예술은 그의 눈이 얼마나 대단한 눈이었는지를 잘 말해준다.

다비드가 갇힌 곳은 파리 그레넬 가에 있는 오텔 데 페르메의 구치소였다. 제자가 화구와 거울을 넣어주어 이 자화상을 그릴 수 있었다. 격변과 혼란 속에서 자신의 진정한 자아와 정체성이 무엇인지 탐구하고자 하는 화가의 의지가 읽힌다.

어 루이 16세의 처형에 한 표를 던지기까지 했다. 왕당파였던 아내는 화가 남편의 이런 정치적 급진성에 놀라 그와 이혼하고 말았다. 혁명을 향한 그의 열정이 가정의 붕괴로 이어지고 만 것이다.

이런 개인사적인 불행에도 불구하고 보안위원회 위원으로 공포정치의 전개에 직접 뛰어든 다비드는, 결국 그 급진성만큼이나 굴곡 많은 인생을 살아야 했다. 나는 새도 떨어뜨린다던 독재자 로베스피에르가 부르주아 공화파의 반격으로 처형되자 그 또한 붙잡혀 옥살이를 해야 했다. 목숨을 부지한 것만도 다행일 정도로 당시 그의 처지는 암울했다.

그러나 이런 역경이 그에게는 삶의 의미에 대해 깊이 사유해볼 수 있는 좋은 기회가 되었다. 그 계기 가운데 하나가 아내의 면회였다. 비록 헤어졌지만 아내는 감옥의 그가 걱정이 되어 그를 찾아왔다. 그 뒤 아내가 전력을 다해 애써준 덕분에 마침내 그는 석방될 수 있었다. 그런 아내에게 고마움을 느낀 다비드는 그녀에 대한 변함없는 자신의 사랑을 고백했고, 두 사람은 1796년 재결합했다.

아내를 통해 사랑과 화해의 힘을 뼈저리게 느낀 다비드가 이를 주제로 제작한 작품이 〈사비니의 여인들〉이다. 감옥에 있을 때 면회 온 아내를 보고 아이디어를 얻은 이 작품은, 아내에게 바치는 아름다운 헌사라고 할 수 있다. 다비드는 이 작품을 통해 더이상 갈등과 증오로 피를 흘리지 말자고 동포들에게 간절히 호소했다.

이 그림 역시 로마 건국사를 소재로 하고 있으나, 앞의 두 그림보다 이른 시기의 일화를 다룬 것이다. 사비니 사람들은 테베레 강 동쪽에 살던 이탈리아의 한 부족이었다. 어느 날 로마를 건국한 로물루스가 이들을 연회에 초대했는데, 우호 증진이 아니라 젊은 사비니 여인들을 강탈하려

사비니의 여인들
자크 루이 다비드 | 1799 | 유화 | 385×522cm | 파리 | 루브르 박물관

는 목적으로 그리했다. 당시 로마에는 여자가 턱없이 부족했다.

잔치에 갔다가 졸지에 젊은 여인들을 빼앗긴 사비니의 남자들은 몇 년을 절치부심, 군사를 일으켜 로마로 쳐들어왔다. 로마인들과 사비니인들 사이에 대격전이 벌어지게 되었다. 이렇게 일촉즉발의 전투 상황이 펼쳐지자, 갑자기 헤르실리아라는 여인을 필두로 납치됐던 사비니의 여인들이 이들 사이에 끼어들었다. 그들은 그새 로마인들의 아이를 낳았고, 그 아이들을 전장에 데리고 왔다.

여인들은 전쟁으로 헛된 피를 흘리지 말자고 절규했다. 로마인의 피와 사비니인의 피가 함께 흐르는 아이들을 들어 보이며 전쟁을 중지하자고 호소했다. 이렇게 온몸을 내던진 여인들의 중재로 싸움은 일단락되었다. 양측은 평화협정을 맺고 합병을 했다. 사비니의 왕인 타티우스와 로마의 왕인 로물루스가 공동 집권 체제를 이뤄 함께 번영을 꾀하기로 했다. 관용과 화해에 바탕을 둔 평화의 시대를 열어가게 된 것이다.

그림에서 검과 방패를 쥔 왼편의 남자가 사비니의 왕 타티우스다. 로마의 지도자 로물루스는 오른쪽에서 방패와 창을 들고 타티우스와 대적하려 한다. 그의 방패에는 늑대와 두 아기가 부조로 표현되어 있다. 로물루스와 그의 쌍둥이 형제 레무스가 늑대의 젖을 먹고 자랐다는 설화를 반영한 것이다. 두 사람 사이에 뛰어든 하얀 옷의 여인은 타티우스의 딸이자 이제는 로물루스의 부인이 된 헤르실리아다. 평화를 위해 과감히 나선 이 순결한 여인이 화가의 아내를 상징함은 물론이다. 아내를 향한 깊은 신뢰와 사랑을 다비드는 그렇게 표현했다. 프랑스가 오래도록 평화롭기를 바란 화가의 간절한 염원이 생생히 느껴지는 그림이다.

최고의 예술천재, 격동의 시대를 파도 타다

다비드는 죽을 때까지 굴곡 많은 삶을 살았다. 그의 시대가 계속 격동 속에 있었기에 그의 삶은 끝까지 평탄할 수 없었다. 나폴레옹이 득세하자 그에게 새로운 기회가 왔다. 그의 재능을 높이 산 나폴레옹이 황제가 되면서 그를 황제의 궁정화가로 임명했다. 그렇게 다시 프랑스의 최고 문화 권력이 되었다. 세속적인 측면에서 보면 영광의 절정이었다. 하지만 황제의 몰락과 함께 또 한 번 궁지로 내몰렸고, 부

마라의 죽음

자크 루이 다비드 | 1791 | 유화 | 165×128cm | 브뤼셀 | 벨기에 왕립 미술관

당대의 역사적 사건을 소재로 한 다비드의 그림이다. 다비드는 고대 주제의 역사화도 많이 그렸지만, 당대 주제의 역사화도 적잖이 그렸다. 그림의 주인공 마라는 프랑스 대혁명 당시 자코뱅당의 주요 지도자 가운데 한 사람이었다. 피부가 좋지 않았던 그는 욕조에서 업무를 볼 때가 많았는데, 업무 중에 지롱드당 지지자 샤를로트 코르데에게 암살당했다. 로베스피에르 공포정치의 도화선이 되었던 이 사건을 다비드는 쓸쓸하고도 비장한 붓으로 표현했다. 영웅은 죽었지만 혁명의 역사는 계속될 것임을 선언하는 그림이다.

헥토르의 죽음을 슬퍼하는 안드로마케

자크 루이 다비드 | 1783 | 유화 | 172×123cm | 파리 | 에콜 데 보자르

영웅 헥토르는 트로이 전쟁에서 영웅 아킬레우스의 맞수 노릇을 했다. 그러나 이제는 주검이 되어 침대에 누워 있다. 그의 투구와 칼은 바닥에 내려져 있고, 그의 머리에는 월계관이 씌워져 있다. 사랑하는 남편을 잃고 처연한 표정을 짓는 안드로마케가 측은하기 그지없다. 하지만 그녀는 이 비통하고 괴로운 순간에도 품위를 잃지 않고 있다. 남편의 스러짐과 함께 나라의 몰락이 다가왔지만, 자신에게 닥친 모든 불행을 의연하게 감내하고 있다. 다비드가 초점을 맞춘 부분이 바로 이 부분이다. 잔인한 운명 앞에서도 존엄을 지킬 줄 아는 고귀한 여인. 그 의미를 강조하기 위해 다비드는 빛을 안드로마케에게만 또렷이 비추고 있다. 이런 작품을 보노라면 당대의 관객들이 왜 다비드의 역사화를 '삶에 대한 철학 강의'라 불렀는지 이해할 수 있다.

르봉 왕가의 복귀와 더불어 처벌을 기다리는 신세가 되었다. 루이 16세의 처형에 한 표를 던졌고, 그의 아들 루이 17세의 죽음에도 기여한 까닭에 새로 옥좌에 오른 루이 18세(루이 16세의 동생)가 그를 가만히 놔둘 것 같지 않았다.

하지만 루이 18세는 프랑스가 낳은 당대 최고의 예술적 천재를 벌하고 싶어 하지 않았다. 그의 아까운 재능을 그렇게 낭비하고 싶어 하지 않았다. 그래서 그를 사면해주었을 뿐 아니라, 그에게 궁정화가의 자리까지 제안했다. 하지만 다비드는 그 제의를 받아들이지 않았다. 그래도 한때 왕정 타파에 앞장섰던 사람으로 복고된 왕정을 위해 봉사한다는 것이 껄끄러웠을 것이고, 더이상 격동의 중심에 서고 싶지도 않았을 것이다. 그가 최종적으로 택한 것은 브뤼셀 망명이었다. 그곳에서 조용히 후학들을 지도하던 그는 1825년 세상을 떠났다. 대작 역사화를 주로 그려온 화가로서 생의 말년을 그렇게 조용히 역사의 교훈을 되새기며 살다 간 것이다.

민투르나이의 마리우스
장 제르맹 드루에 | 1786 | 유화 | 271×365cm | 파리 | 루브르 박물관

다비드는 신고전주의 화가인 까닭에 그림의 구성이 엄격하고 정연하다. 거기에 숭고한 주제의 역사를 펼쳐놓으니 장엄하고 웅혼한 느낌이 든다. 이런 신고전주의 역사화는 부패한 앙시앵레짐을 넘어 공화정의 새로운 질서를 원하는 시민들에게 매우 감동적으로 다가왔다. 이 같은 그림을 배우기 위해 다비드에게 많은 제자들이 몰린 것은 지극히 당연한 일이었다. 그 가운데 그의 스타일과 주제의식을 그대로 이은 제자의 한 사람이 장 제르맹 드루에다.

드루에의 〈민투르나이의 마리우스〉를 보면, 다비드가 그린 것이 아닐까 착각할 정도로 다비드의 형식과 주제를 그대로 흡수한 그림이다. 〈호라티우스 형제의 맹세〉를 보는 것 같은 긴장된 드라마의 모습을 연출한다.

고대 로마의 장군이자 정치가인 마리우스는 강인한 정신력의 소유자였다. 농민 출신으로 군 지휘관과 집정관을 두루 거쳤으니 입지전적인 출세를 한 사람이었다. 마리우스에게는 숙명적인 정적이 하나 있었는데, 한때 동지였던 술라가 바로 그 사람이었다. 술라가 권력을 장악하자 위험을 느낀 마리우스는 박해를 피해 민투르나이의 한 농가로 숨어들었다. 어떻게 알았는지 술라가 보낸 암살자가 그곳까지 찾아왔다. 암살자는 쥐도 새도 모르게 그를 죽이려고 어둠을 틈타 몰래 다가갔다. 그렇게 다가가던 암살자는 흠칫 놀라 뒷걸음질을 쳤다. 어둠 속에서 마리우스가 자신을 똑바로 쏘아보는 것을 발견했기 때문이다.

그림은 바로 그 순간을 단순하면서도 강렬한 대위법적 구성으로 포착했다. 자기를 죽이려는 사람 앞에서 담대하게 가슴을 드러낸 마리우스. 오히려 무기를 든 암살자가 두려워서 망토로 눈을 가리고 있다. 그는 결국 암살에 실패했다. 강인한 정신이 불의한 계획을 이긴 것이다.

이 그림을 그린 드루에에 대한 재미있는 일화가 하나 있다. 그는 1783년 로마상에 지원할 자격을 얻어 다른 경쟁자들과 함께 열심히 그림을 그렸다. 그런데 경쟁자들의 작품이 하나같이 뛰어나 보여 자신감을 잃고 그리던 그림을 파괴해버렸다. 이 사실을 알고는 스승 다비드가 그에게 와서 이런 말을 했다.

"네 작품은 그리 나쁜 게 아니었어. 오히려 상을 탈 수도 있는 작품이었는데."

자신감의 상실이 제 작품의 가치를 제대로 보지 못하게 만든 것이었다. 이듬해 그는 다시는 그런 실수를 하지 않겠다고 다짐하고는 자신감을 갖고 그림에 달라붙었다. 그 결과 그는 최고상을 받았다. 이때의 경험이 2년 뒤 〈민투르나이의 마리우스〉에서 이처럼 인상적인 장면을 만들어냈다. 정신력만 살아 있다면 극복하지 못할 것이 없음을 보여주는 그림이다.

네이처리즘, 벌거벗고 태어난 인류, 벗는 자유를 외치다

누드는 미술의 중요한 주제 가운데 하나다. 시각적인 아름다움을 다루는 미술이 벌거벗은 인체의 아름다움을 형상화하는 것은 지극히 당연해 보인다. 하지만 이는 우리나라의 미술 전통에는 해당되지 않는다. 우리는 누드 미술을 발달시키지 않았다. 하지만 서양 미술은 누드를 중요한 주제로 발달시켜왔다. 누드가 적극적으로 표현되기 위해서는 그에 대한 사회의 긍정적인 인식이 필요하다. 서양 문명은 누드 미술에 대한 인식을 그만큼 긍정적으로 발달시켜왔다.

누드 미술에 대한 긍정은 벌거벗음 자체에 대한 긍정과 밀접한 관련이 있다. 벌거벗음에 대한 서양 문명의 긍정적인 인식이 잘 표출된 것이 네이처리즘naturism이다. 누디즘nudism이라고도 불리는 이 나체주의 흐름은,

20세기 들어 유럽과 아메리카 대륙 곳곳에 누드 비치 등 나체촌을 만들어놓았다. 가뜩이나 누드를 중요한 주제로 다뤄오던 서양미술은 이 흐름과 만나 한층 적극적으로 누드를 표현할 기회를 얻었다.

네이처리즘은 독일의 표현주의자로부터

네이처리즘 운동 초기에 그 영향을 가장 잘 보여준 화가가 키르히너, 슈미트로틀루프, 헤켈, 뮐러 등 독일의 표현주의자들이다. 프랑스 야수파 화가들도 자연 속의 누드를 자주 그렸지만, 독일 표현주의자들만큼은 아니었다. 이는 현대 네이처리즘의 주된 사상적 토대가 독일에 있다는 사실과 밀접한 관련이 있다.

벌거벗는다는 사실에만 집중해 보다보면 네이처리즘은 그저 벌거벗기를 좋아하는 별난 사람들의 일탈행위 정도로 치부되기 쉽다. 하지만 네이처리즘은 단순한 노출증이나 에로티시즘의 발로가 아니다. 네이처리스트들에 따르면 네이처리즘은 인간과 자연, 세계를 바라보는 나름의 도덕적인 소신과 철학이 반영된 생활문화다.

네이처리즘이라는 단어는 벨기에인 장 바티스트 뤽 플랑숑에 의해 1778년 처음 사용되었다. 자연친화적인 삶과 건강을 추구한다는 의미를 담아 사용하기 시작했다. 하지만 오늘날 이 단어의 의미는 좀더 복합적인 것으로 확대되었다. 국제 네이처리즘 연맹International Naturist Federation은 네이처리즘을 이렇게 정의한다.

"자연과 조화를 이루는 라이프스타일로, 사회적인 노출을 통해 표현되며, 다른 견해를 가진 사람들과 환경에 대한 존중을 특징으로 한다."

네이처리즘이 하나의 라이프스타일이라는 것과, 그것이 노출행위를 통해 표현된다는 것을 명시함과 동시에, 개인의 철학과 가치관, 그리고 그를 둘러싼 환경의 다양성을 있는 그대로 존중하는 개방적인 태도임을 천명하고 있다. 이런 정의로부터 네이처리즘이 민주주의적인 가치를 매우 중시한다는 사실을 알 수 있으며, 왜 20세기 초에 사회주의를 비롯한 다양한 진보적 조류와도 연관성을 보였는지 이해할 수 있다.

네이처리즘의 조류를 화포에 적극적으로 담은 독일 표현주의 미술은 1905년 드레스덴 출신의 화가들이 중심이 된 다리파Die Brücke에 의해 시작되었다. 다리파의 다리라는 말은 니체의 『차라투스트라는 이렇게 말했다』에서 따온 것으로, "인간의 위대함은 그가 다리일 뿐 목적이 아니라는 데 있다"는 언급이 그 출처다. 이 작명 사례가 보여주듯 표현주의 화가들은 니체에 심취해 있었는데, 이들은 니체와 마찬가지로 이성과 합리성의 미명 아래 인간의 본성을 억압해온 것이 유럽 문명의 본질이라고 보았다. "천재는 본능에 거주한다"는 니체의 관념에 열렬히 환호한 이들은 원근법, 해부학적 표현, 광학적 표현 등 유럽 회화 특유의 합리적이고 이성적인 표현을 모두 거부했다. 그 대신 거친 붓놀림과 원색으로 내면의 감정과 열정을 표출했는데, 당시 본격적으로 떠오르던 네이처리즘에 이들이 깊이 빠져든 것은 지극히 자연스러운 일이었다.

키르히너가 그린 〈모리츠부르크의 목욕하는 사람들〉은 네이처리즘에 대한 표현주의자들의 반응을 잘 보여주는 그림이다. 시원한 물과 숲을 배경으로 일군의 젊은 남녀가 벌거벗은 채 어우러져 있다. 수영하는 사람, 몸을 씻는 사람, 앉아서 담소하는 사람, 누워 쉬는 사람 등 다들 편안하고 여유로워 보인다. 그림 속 등장인물은 화가의 친구들과 그들의 여자친구들, 모델들이다.

모리츠부르크의 목욕하는 사람들
에른스트 루트비히 키르히너 | 1909 | 유화 | 151×199cm | 런던 | 테이트 갤러리

피부가 죄다 녹색으로 물들어 있는 데서 이들이 자연과 온전히 하나가 되어 있음을 느낄 수 있다. 기존의 규범과 규칙을 훌훌 털어버리고 격의 없이 삶을 즐기는 모습이 표현주의 특유의 거칠고 투박한 붓놀림과 썩 잘 어울린다. 인체의 표현이 해부학적인 사실성과는 거리가 먼 데다가 빛과 그림자의 표현도 없어 더이상 전통적인 서양화의 유산을 찾아보기 어렵다. '벌거벗고 자연으로 돌아간 시대정신'을 그만큼 벌거벗은 필치로 표현했다고나 할까.

표현주의 화가들이 네이처리즘 주제를 즐겨 그린 시기는 1909~1911년 무렵이다. 특히 여름철이면 드레스덴 북쪽의 모리츠부르크 호수에 가서 벗은 채 놀며 그림을 그렸다. 당시 드레스덴은 요양원과 헬스 리조트가 많기로 유명했는데, 이 시설들은 자연치료와 누드 요법 같은 대안치료를 중시했다. 다리파 화가들이 네이처리즘 주제를 많이 그리게 된 데는 이런 지리적 배경이 큰 영향을 미쳤다.

헤켈의 〈갈대밭에서 목욕하는 사람들〉도 키르히너의 그림과 유사한 주제를 다루고 있다. 푸른 물이 시원한 배경을 이루고 초록빛 갈대밭은 자연의 생명력을 전해준다. 구릿빛 누드가 그 위에서 활기차게 움직이는데, 바로 이 피부 빛깔로 인해 키르히너의 그림에 비해 훨씬 원시적인 인상을 받게 된다. 원시적인 느낌으로 보자면 슈미트로틀루프의 〈세 누드〉도 헤켈의 그림 못지않다. 단순하게 그려진 풀잎 사이로 세 명의 여인이 서 있거나 앉아 있다. 피부와 흙의 색깔이 거의 차이가 없다. 붉게 타오르듯 그려진 사람과 대지로부터 태고의 박동이 느껴진다. 표현주의 화가들은 이처럼 네이처리즘 주제를 통해 이전의 어느 미술보다도 충일한 생명감과 원시의 순수를 만끽했다.

갈대밭에서 목욕하는 사람들
에리히 헤켈 | 1909 | 유화 | 71×81cm | 뒤셀도르프 미술관

세 누드
카롤 슈미트로톨루프 | 1913 | 유화 | 98×106cm | 베를린 국립 미술관

자연친화적인 라이프스타일일 따름

네이처리즘이 하나의 운동으로서 정확히 언제 본격적으로 시작되었는지는 특정하기 어렵다. 1903년 독일에서 파울 치머만이 최초의 네이처리스트 클럽을 함부르크에 열었고, 같은 해 프랑스에서는 S. 가이가 부아 푸르공에 최초의 네이처리스트 공동체를 설립했다. 이런 공식적인 시도들이 있기 전에 이미 개인적인 혹은 물밑 시도들이 있었고 이론적 배경도 형성되기 시작했으므로 그 기운은 19세기 후반부터 피어나기 시작했다고 보는 게 옳을 것이다.

20세기 초에는 네이처리즘을 긍정적으로 뒷받침하는 논문이나 글들이 쏟아졌다. 하인리히 푸도르는 『나크트쿨투어(네이처리즘)』라는 책을 써서 남녀공학 교육에서 누드의 이점을 설파하고, 스포츠 경기 때 나체로 경기에 나서자고 촉구했다. 리하르트 운거비터는 『벌거벗음』이라는 책에서 체력단련과 일광욕, 삼림욕에 네이처리즘 철학을 더해 정신적 단련과 도덕적 가치의 고양을 꾀했다. 그 내용들을 보면 초기의 네이처리즘 이론들은 대체로 건강에 대한 관심과 일종의 유토피아적인 이상이 결합된 형태로 나타났다고 할 수 있다.

네이처리즘이 정치적 색채를 띠게 된 것은 1920년대 급진적인 사회주의자들이 네이처리즘으로부터 사회 해체와 계급 없는 세상의 가능성을 엿보게 되면서다. 사실 공중이 완전히 벌거벗는다는 것은 남녀노소와 지위고하를 막론하고 외면상 모든 사람이 평등함을 일깨워주는 행위다. 그러므로 공개적이고 사회적인 벌거벗음은 분명 기존의 질서와 사회 전통에 대한 도전의 요소가 없지 않다. 1930년대 중후반, 나치가 건강과 위생을 중시하는 네이처리즘으로부터 나름의 정치적 효용성을 발견하고 이를 적극 후원하려다가 갑자기 억압으로 돌아섰던 것도 네이처리즘이 동성애를 고무시킬 수 있다는 우려와 함께 마르크스주의자들의 양성소가 될 수 있다는 두려움이 작용했기 때문이다. 결국 유대인과 공산주의자들을 배제하는 통제장치를 통해 네이처리즘을 제한적으로 허용하는 정책으로 방향을 바꿨다.

꼭 나치와 같은 극우파에 의한 것이 아니더라도 네이처리즘은 초기부터 지금까지 내내 사회 일반의 부정적이고 비판적인 시선에 시달렸다. 부도덕하고 남세스럽다는 평가에서부터 종교 교리에 어긋나거나 문란한 성행위, 동성애를 조장하는 등 실정법을 거스르는 것이라는 비난, 몰지각한 사람들의 동물적이고 원시적인 행위라는 규탄까지 다양한 비판이 제기되었다.

그러나 네이처리스트들은 그런 비판들이야말로 사실과 다른 편견의 소산이라고 말한다. 국제 네이처리즘 연맹의 개념 규정이 보여주듯 네이처리즘은 무엇보다 자연친화적인 라이프스타일로, 보다 건강하고 대안적인 삶을 추구하기 위한 것이라고 말한다. 이들은 네이처리즘이 자연, 환경, 타인에 대한 존중, 자존심, 건강 식단, 채식주의, 금주, 금연, 체력단련, 평화주의 등의 가치를 내포하고 있다고 주장한다.

네이처리스트들이 즐기는 방법

오늘날 네이처리즘의 실천 양태는 다채롭다. 네이처리스트 모임은 일반적으로 클럽 형태로 이뤄진다. 클럽에 따라 규칙과 문화가 조금씩 다르다. 독일 쪽은 스포츠를 중시하고, 프랑스 쪽은 휴양을 중시한다. 클럽은 크게 랜드 클럽landed club과 트래블 클럽travel club

으로 나뉜다. 랜드 클럽은 자체 시설을 갖춰 모임을 유지하는 반면, 트래블 클럽은 자체 시설 없이 그때그때 필요한 시설을 빌리거나 개인의 사유지, 네이처리스트들을 위한 대중시설 등을 이용해 모인다.

네이처리스트들을 위한 대중시설로는 홀리데이 센터, 네이처리스트 리조트, 누드 비치 등이 있다. 홀리데이 센터는 상업시설로 휴가를 즐기려는 사람들에게 아파트나 산장, 캠프장 등을 대여한다. 투숙객은 일반적으로 국제 네이처리즘 연맹 카드를 소지한 사람에 한하며, 센터 안의 수영장과 운동시설, 키즈 클럽, 식당, 슈퍼마켓 등을 이용할 수 있다.

네이처리스트 리조트는 말 그대로 리조트다. 단지 형태로 이뤄져 홀리데이 센터보다 규모가 크고 임대, 매매 모두 가능하다. 주거로 삼아 일 년 내내 거주하는 사람도 있다. 누드 비치는 누드가 가능한 해수욕장을 말하며, 폐쇄적으로 운영되는 다른 곳들과 달리 네이처리스트 멤버십을 요구하지 않는다. 그러다보니 옷을 벗고 입는 것을 개인의 선택에 맡기는 곳이 많다. 정부나 지자체의 허가를 받아 공식적으로 운영되는 누드 비치가 있는가 하면, 오래전부터 지역 주민들이 눈감아줘 관행적으로 누드 비치가 되어버린 곳도 있다. 특정한 클럽에 소속되기를 원하지 않는 네이처리스트들이나 그런 운동에는 아예 관심 없이 그저 옷을 훌훌 벗어버리고 싶은 사람들이 주로 누드 비치를 이용한다.

오늘날 구미 곳곳에서 누드 비치가 이렇듯 당연한 풍속도가 되니, 자연히 누드 비치를 그려 유명해진 화가도 나왔다. 미국 화가 에릭 피슬이 그 대표적인 인물이다. 그의 붓을 통해 표현된 누드 비치의 군상들은 그만큼 전형적인 네이처리스트의 모습과는 거리가 있다. 그들은 자연이나 건강, 평화주의 등의 가치를 추구하느라 벌거벗은 게 아니라, 그저 벌거

무제

에릭 피슬 | 1987 | 유화 | 152.4×114.3cm | 개인 소장

벗고 싶어 벗은 이들이다. 그중에서도 미국의 풍요로운 일상이 지루해 일종의 일탈로 벌거벗은 이들이 대부분이다. 그들 사이에서는 때로 관음증적인 시선이 느껴지고, 때로는 될 대로 되라는 식의 방임적 태도가 엿보인다. 그런 그들은 한편으로 자유롭고 여유로워 보이나, 다른 한편으로는 삶에 지친 표정이 역력하다. 초강대국 미국의 불안한 내면을 화가는 이런 그림으로 표현했다.

1987년 작 〈무제〉를 보면, 화창한 해변에 한 여인이 누드로 서 있다. 그녀에게 벌거벗는 일은 이제 익숙한 일상이다. 그녀의 표정이나 제스처에는 아무런 수치감도 배어 있지 않다. 그녀는 다소 피곤한 듯한 표정으로 관객 쪽을 바라보는데, 이는 해변에 누워 있는 이와 소통하기 위함이다. 우리는 누워 있는 사람을 볼 수 없다. 왜냐하면 우리가 바로 그 누운 사람으로 상정되어 있기 때문이다. 그러니까 지금 여인의 모습은 누워서 바라보는 사람의 눈에 들어온 이미지인 것이다. 그 사람(남자가 분명해 보인다)의 왼발이 화면 앞쪽에 그려져 있다. 여인의 표정이나 이 심드렁한 발에서 눈치챌 수 있듯 두 사람에게는 서로의 누드조차 이제 별 자극이 되지 않는다.

이런 피로감과 나른함이 피슬의 그림을 이루는 핵심적인 특징이지만, 그래도 작품에 따라서는 예기치 못한 자극이 표현된 그림도 없지 않다. 〈샤가 지나간 날〉 같은 작품이 그런 그림이다. 화면 앞에 해변의 햇볕을 즐기는 두 누드의 여인이 보인다. 그중 앞쪽의 여인이 뭔가를 발견한 듯 고개를 돌려 뒤를 돌아본다. 반바지를 입은 남자가 조깅을 하고 있다. 그 남자는 이란의 국왕이었던 팔레비다. 갑자기 돌출한 그 망명객으로 인해 나른하던 누드 비치에 갑자기 작은 파문이 생겼다. 하지만 그도 잠시, 여인은 금세 익숙한 나른함으로 돌아갈 것이다. 조깅하는 팔레비는 작은 자

극일 뿐, 일상의 피로는 여전할 것이기 때문이다.

현대미술, 몸을 불러모아 실험을 하다

현대미술, 특히 이차세계대전 이후의 현대미

술은 더이상 화포에만 머물지 않고 설치미술, 해프닝, 퍼포먼스, 개념미술, 비디오아트 등 전위적인 형식으로 발달해왔다. 이에 따라 네이처리즘 관련 주제도 회화의 한계를 벗어나 다양한 미디어로 표현되곤 한다. 특히 매우 다채로워진 현대의 누드 문화, 몸 문화로부터 영감을 받아 이를 다양한 형식의 현대적 조형언어로 푸는 작업들이 힘을 받고 있다. 이와 관련된 최근의 중요한 시도 가운데 하나는 미국 예술가 스펜서 튜닉의 군중 누드 작업이다.

작업할 때마다 미디어의 지대한 관심을 받는 덕에 그의 작업은 이제 일반인들에게도 매우 잘 알려져 있다. 그의 작업 형식은 이렇다. 더블린, 런던, 시드니 등 세계 주요 도시의 특정 장소에 자원자들을 불러모아 누드로 거대한 대형을 이루게 한다(가끔 삼림이나 꽃밭, 해변 같은 공간이 배경이 될 때도 있는데, 그 경우 사람 숫자는 상대적으로 적다). 그는 자신의 지시에 따라 대형을 이룬 사람들을 사진으로 촬영한다. 참가자들에게는 아무런 금전적인 대가가 지불되지 않는다. 다만 나중에 A4 용지 사이즈의 촬영 사진을 감사의 표시로 준다.

튜닉은 1992년부터 적게는 수십 명, 많게는 수천 명의 사람을 특정한 장소에 '설치'하고 사진으로 찍어왔다. 수백 명, 수천 명의 누드가 모여 일치된 자세를 취하는 것은 그 자체로 거대한 장관이다. 사람들이 일종의 화소가 되어 새롭고도 특별한 풍경을 만들어내는 것이다. 지금까지 가장 사람을 많이 모은 사례는 멕시코의 멕시코시티 소칼로 광장 설치다. 모두 1만 8000여 명이 옷을 벗고 나섰다.

전통적인 네이처리스트들 가운데는 튜닉의 이런 작업이 네이처리즘에 대한 부정적인 인식을 조장할 수 있다며 우려하는 이들이 있다. 공중을

상대로 '해괴한 짓'을 하는 것쯤으로 인식되어 그 반감이 네이처리즘 문화 전체에 대한 부정적인 인식으로 확산될 수 있다는 것이다. 하지만 튜닉이 네이처리즘을 주제로 네이처리스트들을 촬영하는 게 아니라, '인산 해방'을 주제로 '벌거벗은 시민'을 촬영하는 것이므로 그 같은 우려는 작품의 본질과 아무 관련이 없다고 보는 네이처리스트들도 적지 않다. 오히려 도심에서 합법적으로 집단 누드를 실천한다는 점에서 작품의 의도와는 관계없이 네이처리즘의 이상을 공공연하게 확산시켜주고 있다고 본다. 그래서 그의 작품에 자원자로 참여하는 네이처리스트들이 많다. 어쨌거나 도심에서 공개적으로 벌거벗는 행위에 대해 참가자들은 대체로 큰 해방감을 느끼며 매우 즐거워한다. 참가자들의 이런 긍정적인 소감은 작품이 행

〈트리스피릿〉 연작 – 매력의 법칙
잭 게쉬트 | 2007 | 사진

해질 때마다 여러 매체들과 유관 사이트들에 지속적으로 올라온다.

튜닉처럼 큰 규모는 아니어도 도시나 야외 등 공공장소를 배경으로 누드를 펼쳐 보이는 다른 작가로는 사진 분야의 잭 게쉬트, 폴 하비, 헤닝 폰 베르크, 비디오아트 분야의 찰스 맥팔런드, 개념미술 분야의 바네사 비크로프트 등이 있다. 잭 게쉬트의 경우 숲 속의 나무를 중심으로 사람들이 주위에 다양한 형태로 어우러진 모습을 촬영한 〈트리스피릿〉 연작이 유명하다. 벌거벗은 사람들이 나무에 올라가기도 하고 나뭇가지에 누워 쉬기도 한다. 나무가 상징하는 자연과 인간의 관계 회복을 염원하는 작품이다. 그의 참가자들 역시 자원자들로, 금전적인 대가 없이 자신의 모습이 찍힌 사진 한 장씩을 기념으로 받는다.

찰스 맥팔런드는 전 세계 여러 곳의 네이처리스트 리조트와 누드 비치를 촬영해왔다. 사적인 공간에서의 누드나 누드 파티도 주제로 삼았다. 그의 관심사는 공공장소에서 벌거벗는 것을 금하는 법과 도덕률에 도전해 이를 사회적으로 재고하게 하는 것이다. 그래서 누구나 자유롭게 공공장소에서 벌거벗고 다닐 수 있게 하고, 이를 비난하거나 법적인 제재를 가하는 게 먼 과거의 일이 되도록 만드는 것이다. 그의 꿈은 어쩌면 초기의 네이처리스트들이 꿈꾸었던 이상세계와 같은 것일지 모른다. 태곳적 추위에 떨며 옷을 꿈꾸었던 인간이 이제 이처럼 다시 옷을 벗기를 꿈꾸고 있다.

공공장소의 누드 public nudity

스탠퍼드 대학생들의 무닝mooning
무닝은 옷을 일부 내려 엉덩이를 드러내놓는 행위를 말한다. 주로 장난삼아 혹은 조롱하는 의미로 많이 한다.

다중 앞에서 벌거벗는 것은 네이처리스트들에게만 국한된 행위가 아니다. 다양한 사람들이 다양한 이유로 공공장소에서 벌거벗어왔다. 네이처리스트들의 노출은 다중 앞이라 하더라도 같은 생각을 가진 사람들이 외부인을 배제한 제한된 공간에서 함께 벌거벗는 경우가 대부분이므로 진정한 의미에서 공공장소에서의 노출이라 하기 어렵다. 공공장소에서의 노출은 오히려 전혀 다른 목적을 가진 사람들에 의해 시도되는 경우가 많다.

어떤 사람들은 단순히 주위의 이목을 끌기 위해 공공장소에서 신체를 노출하고, 어떤 사람들은 자신의 정치적 혹은 사회적 주의 주장을 알리기 위해(특히 항의의 목적으로) 공공장소에서 자신의 신체를 노출한다. 그 갈래 또한 다양한데, 주위의 이목을 끌기 위해 노출하는 경우라 하더라도 (주로 여성이) 가볍게, 장난스럽게 가슴이나 엉덩이 등을 드러내 보이는 플래싱flashing이 있는가 하면, 흔히 '바바리맨'으로 대표되는 위협적, 도착적 노출indecent exposure이 있다. 또 벌거벗은 채 공공장소를 달리는 스트리킹streaking도 주위의 이목을 끌기 위한 노출행위다.

대부분의 문명사회가 공공장소에서의 노출에 나름의 제재를 가해왔지만, 흥미로운 것은 서양이 동양에 비해 이런 공공장소에서의 노출에 훨씬 관대하다는 것이다. 물론 시대와 지역에 따라 다르기는 해도, 서양은 동양에 비해 대체로 공공장소에서의 노출이 쉽게 이뤄지고 대중도 이를 익숙하게 받아들인다.

그런 만큼 전통적인 네이처리스트들과는 또 다른 입장에서 노출을 하나의 일상으로 실천하는 서양 사람들이 적지 않다. 이들 가운데는 네이처리스트니 누디스트니 하는 범주 규정이 오히려 일상에서의 자유로운 노출을 왜곡되게 인식시킨다는 불만을 가진 사람들도 있다. 그런 까닭에 이들은 어떤 규칙에도 속박되지 않은 채 자유로운 노출을 시도한다.

정치적, 사회적 이슈를 제기하느라 노출을 시도하는 행위는 그 현대적 기원을 두코보르파에서 찾는다. 두코보르파는 18세기 러시아 정교회에서 독립한 일파로 박해를 피해 캐나다에 자리 잡았는데, 20세기 초 캐나다 정부의 정책에 항의해 집단적인 누드 시위를 벌였다. 근래는 핵 반대 시위나 군축 촉구 시위, 모피 반대 시위 등에서 이런 집단적인 누드 시위를 빈번히 볼 수 있다. 누드 시위를 할 경우 미디어가 이를 보도하지 않고는 못 배기기 때문이다.

역사의 미술관

ⓒ이주헌, 2011

1판　1쇄　2011년 11월　7일
1판 13쇄 2021년　1월　4일

지은이 이주헌
펴낸이 염현숙

기획·책임편집 서영희 | 편집 방재숙 오동규 | 디자인 이현정
마케팅 정민호 양서연 박지영 안남영 | 홍보 김희숙 김상만 함유지 이소정 이미희 김현지 박지원
제작 강신은 김동욱 임현식 | 제작처 한영문화사

펴낸곳 (주)문학동네
출판등록 1993년 10월 22일 제406-2003-000045호
주소 10881 경기도 파주시 회동길 210
전자우편 editor@munhak.com
대표전화 031) 955-8888 | 팩스 031) 955-8855
문의전화 031) 955-2655(마케팅) 031) 955-3561(편집)
문학동네카페 http://cafe.naver.com/mhdn | 트위터 @munhakdongne
북클럽문학동네 http://bookclubmunhak.com

ISBN 978-89-546-1641-6 03900